大学赤本シリーズ

410

明治大学

国際日本学部－学部別入試

教学社

は　し　が　き

おかげさまで，大学入試の「赤本」は，今年で創刊70周年を迎えました。

これまで，入試問題や資料をご提供いただいた大学関係者各位，掲載許可をいただいた著作権者の皆様，各科目の解答や対策の執筆にあたられた先生方，そして，赤本を使用してくださったすべての読者の皆様に，厚く御礼を申し上げます。

以下に，創刊初期の「赤本」のはしがきを引用します。これからも引き続き，受験生の目標の達成や，夢の実現を応援してまいります。

本書を活用して，入試本番では持てる力を存分に発揮されることを心より願っています。

編者しるす

＊　＊　＊

学問の塔にあこがれのまなざしをもって，それぞれの志望する大学の門をたたかんとしている受験生諸君！　人間として生まれてきた私たちは，自己の欲するままに，美しく，強く，そして何よりも人間らしく生きることをねがっている。しかし，一朝一夕にして，この純粋なのぞみが達せられることはない。私たちの行く手には，絶えずさまざまな試練がまちかまえている。この試練を克服していくところに，私たちのねがう真に人間的な世界がはじめて開かれてくるのである。

人生最初の最大の試練として，諸君の眼前に大学入試がある。この大学入試は，精神的にも身体的にも，大きな苦痛を感ぜしめるであろう。あるスポーツに熟達するには，たゆみなき，はげしい練習を積み重ねることが必要であるように，私たちは，計画的・持続的な努力を払うことによって，この試練を克服し，次の一歩を踏みだすことができる。厳しい試練を経たのちに，はじめて満足すべき成果を獲得できるのである。

本書は最近の入学試験の問題に，それぞれ解答を付し，さらに問題をふかく分析することによって，その大学独特の傾向や対策をさぐろうとした。本書を一般の参考書とあわせて使用し，まとはずれのない，効果的な受験勉強をされるよう期待したい。

（昭和35年版「赤本」はしがきより）

挑む人の、いちばんの味方

赤本創刊70周年

1954 年に大学入試の過去問題集を刊行してから 70 年。赤本は大学に入りたいと思う受験生を応援しつづけてきました。これからも，苦しいとき落ち込むときにそばで支える存在でいたいと思います。

そして，勉強をすること，自分で道を決めること，努力が実ること，これらの喜びを読者の皆さんが感じることができるよう，伴走をつづけます。

そもそも赤本とは…

受験生のための大学入試の過去問題集！

70年の歴史を誇る赤本は，500点を超える刊行点数で全都道府県の370大学以上を網羅しており，過去問の代名詞として受験生の必須アイテムとなっています。

なぜ受験に過去問が必要なのか？

大学入試は大学によって問題形式や頻出分野が大きく異なるからです。

赤本の掲載内容

傾向と対策

これまでの出題内容から，問題の「**傾向**」を分析し，来年度の入試に向けて具体的な「**対策**」の方法を紹介しています。

問題編・解答編

- 年度ごとに問題とその解答を掲載しています。
- 「**問題編**」ではその年度の試験概要を確認したうえで，実際に出題された過去問に取り組むことができます。
- 「**解答編**」には高校・予備校の先生方による解答が載っています。

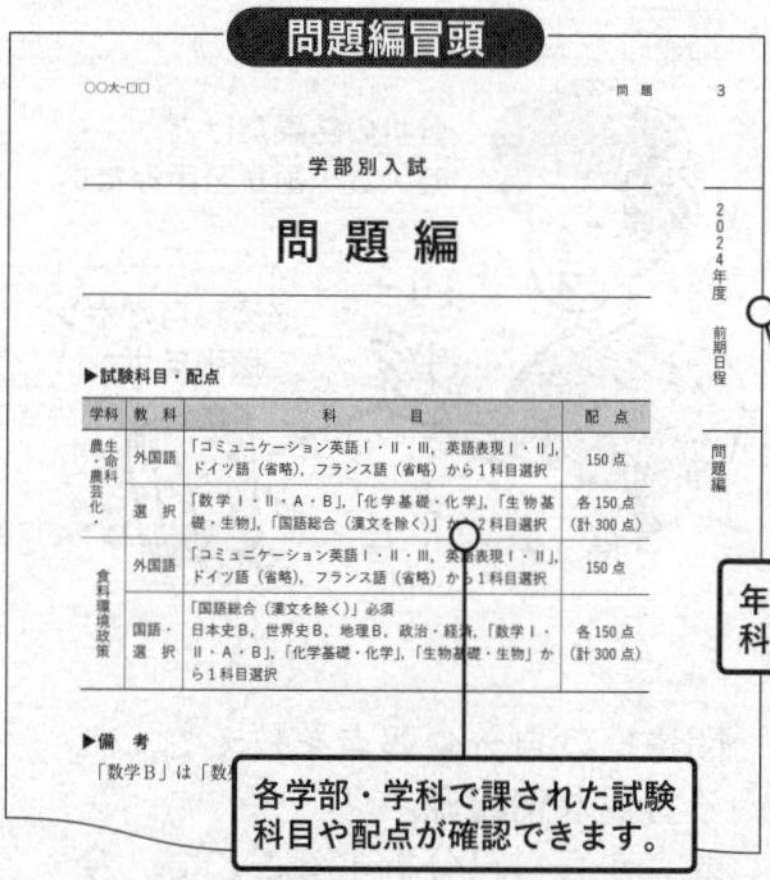

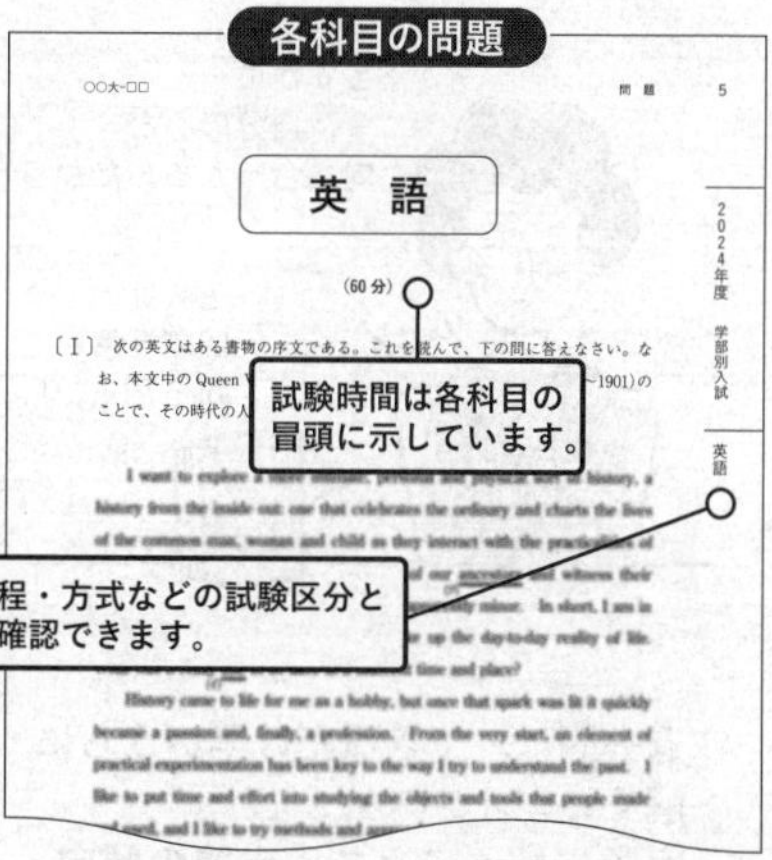

他にも，大学の基本情報や，先輩受験生の合格体験記，在学生からのメッセージなどが載っていることがあります。

● 掲載内容について ●

著作権上の理由やその他編集上の都合により問題や解答の一部を割愛している場合があります。なお，指定校推薦入試，社会人入試，編入学試験，帰国生入試などの特別入試，英語以外の外国語科目，商業・工業科目は，原則として掲載しておりません。また試験科目は変更される場合がありますので，あらかじめご了承ください。

受験勉強は

過去問に始まり，

STEP 1

なにはともあれ

まずは解いてみる

しずかに…
今，自分の心と
向き合ってるんだから
ムーン
それは
問題を解いて
からだホン!

過去問は，**できるだけ早いうちに解く**のがオススメ！
実際に解くことで，**出題の傾向，問題のレベル，今の自分の実力**がつかめます。

STEP 2

じっくり具体的に

弱点を分析する

分析の結果だけど
英・数・国が苦手みたい
スリー
必須科目だホン
頑張るホン

間違いは自分の弱点を教えてくれる**貴重な情報源**。
弱点から自己分析することで，**今の自分に足りない力や苦手な分野**が見えてくるはず！

合格者があかす 赤本の使い方

傾向と対策を熟読

(Fさん／国立大合格)

大学の出題傾向を調べるために，赤本に載っている「傾向と対策」を熟読しました。

繰り返し解く

(Tさん／国立大合格)

1周目は問題のレベル確認，2周目は苦手や頻出分野の確認に，3周目は合格点を目指して，と過去問は繰り返し解くことが大切です。

赤本の使い方 解説

過去問に終わる。

STEP 3

志望校にあわせて

苦手分野の重点対策

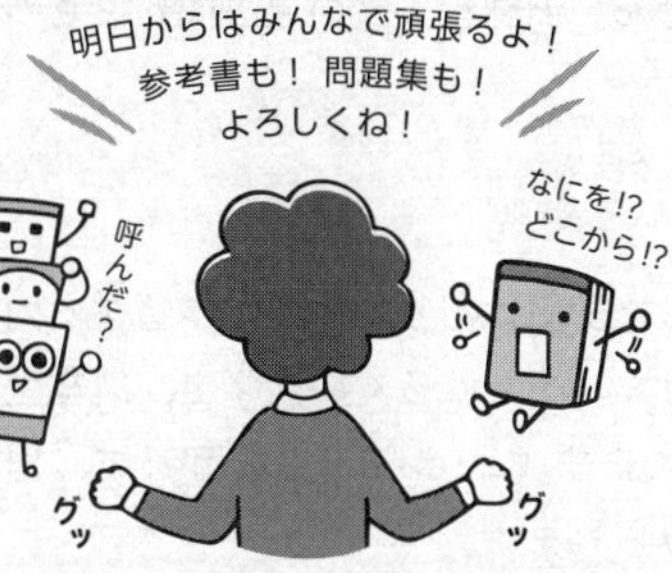
明日からはみんなで頑張るよ！
参考書も！ 問題集も！
よろしくね！
呼んだ？
なにを!?
どこから!?
グッ
グッ

参考書や問題集を活用して，苦手分野の**重点対策**をしていきます。**過去問を指針**に，合格へ向けた具体的な学習計画を立てましょう！

STEP 1▶2▶3

サイクルが大事！

実践を繰り返す

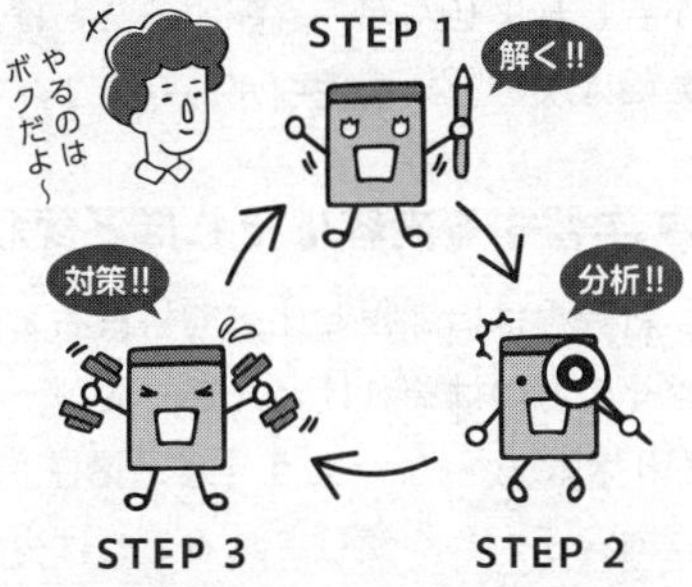
やるのはボクだよ～
STEP 1
解く!!
分析!!
対策!!
STEP 3
STEP 2

STEP 1～3を繰り返し，実力アップにつなげましょう！
出題形式に慣れることや，**時間配分を考えること**も大切です。

目標点を決める

（Yさん／私立大合格）

赤本によっては合格者最低点が載っているので，それを見て目標点を決めるのもよいです。

時間配分を確認

（Kさん／私立大学合格）

赤本は時間配分や解く順番を決めるために使いました。

添削してもらう

（Sさん／私立大学合格）

記述式の問題は先生に添削してもらうことで自分の弱点に気づけると思います。

新課程入試 Q&A

2022 年度から新しい学習指導要領（新課程）での授業が始まり，2025 年度の入試は，新課程に基づいて行われる最初の入試となります。ここでは，赤本での新課程入試の対策について，よくある疑問にお答えします。

Q1. 赤本は新課程入試の対策に使えますか？

A. もちろん使えます！

旧課程入試の過去問が新課程入試の対策に役に立つのか疑問に思う人もいるかもしれませんが，心配することはありません。旧課程入試の過去問が役立つのには次のような理由があります。

● 学習する内容はそれほど変わらない

新課程は旧課程と比べて科目名を中心とした変更はありますが，学習する内容そのものはそれほど大きく変わっていません。また，多くの大学で，既卒生が不利にならないよう「経過措置」がとられます（Ｑ３参照）。したがって，出題内容が大きく変更されることは少ないとみられます。

● 大学ごとに出題の特徴がある

これまでに課程が変わったときも，各大学の出題の特徴は大きく変わらないことがほとんどでした。入試問題は各大学のアドミッション・ポリシーに沿って出題されており，過去問にはその特徴がよく表れています。過去問を研究してその大学に特有の傾向をつかめば，最適な対策をとることができます。

出題の特徴の例	・英作文問題の出題の有無 ・論述問題の出題（字数制限の有無や長さ） ・計算過程の記述の有無

新課程入試の対策も，赤本で過去問に取り組むところから始めましょう。

Q2. 赤本を使う上での注意点はありますか？

A. 志望大学の入試科目を確認しましょう。

過去問を解く前に，過去の出題科目（問題編冒頭の表）と 2025 年度の募集要項とを比べて，課される内容に変更がないかを確認しましょう。ポイントは以下のとおりです。科目名が変わっていても，実際は旧課程の内容とほとんど同様のものもあります。

英語・国語	科目名は変更されているが，実質的には変更なし。 ▶▶ **ただし，リスニングや古文・漢文の有無は要確認。**
地歴	科目名が変更され，「歴史総合」「地理総合」が新設。 ▶▶ **新設科目の有無に注意。ただし，「経過措置」（Q３参照）により内容は大きく変わらないことも多い。**
公民	「現代社会」が廃止され，「公共」が新設。 ▶▶ **「公共」は実質的には「現代社会」と大きく変わらない。**
数学	科目が再編され，「数学Ｃ」が新設。 ▶▶ **「数学」全体としての内容は大きく変わらないが，出題科目と単元の変更に注意。**
理科	科目名も学習内容も大きな変更なし。

数学については，科目名だけでなく，どの単元が含まれているかも確認が必要です。例えば，出題科目が次のように変わったとします。

旧課程	「数学Ⅰ・数学Ⅱ・数学Ａ・数学Ｂ（数列・ベクトル）」
新課程	「数学Ⅰ・数学Ⅱ・数学Ａ・**数学Ｂ（数列）・数学Ｃ（ベクトル）**」

この場合，新課程では「数学Ｃ」が増えていますが，単元は「ベクトル」のみのため，実質的には旧課程とほぼ同じであり，過去問をそのまま役立てることができます。

Q3. 「経過措置」とは何ですか？

A. 既卒の旧課程履修者への対応です。

多くの大学では，既卒の旧課程履修者が不利にならないように，出題において「経過措置」が実施されます。措置の有無や内容は大学によって異なるので，募集要項や大学のウェブサイトなどで確認しておきましょう。

◯旧課程履修者への経過措置の例

- 旧課程履修者にも配慮した出題を行う。
- 新・旧課程の共通の範囲から出題する。
- 新課程と旧課程の共通の内容を出題し，共通範囲のみでの出題が困難な場合は，旧課程の範囲からの問題を用意し，選択解答とする。

例えば，地歴の出題科目が次のように変わったとします。

旧課程	「日本史 B」「世界史 B」から１科目選択
新課程	「**歴史総合**，日本史探究」「**歴史総合**，世界史探究」から１科目選択※ ※旧課程履修者に不利益が生じることのないように配慮する。

「歴史総合」は新課程で新設された科目で，旧課程履修者には見慣れないものですが，上記のような経過措置がとられた場合，新課程入試でも旧課程と同様の学習内容で受験することができます。

要チェックだホン

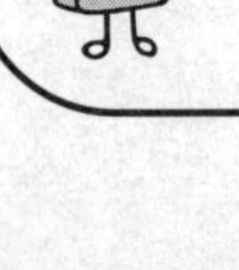

新課程の情報は WEB もチェック！
より詳しい解説が赤本ウェブサイトで見られます。
https://akahon.net/shinkatei/

科目名が変更される教科・科目

	旧課程	新課程
国語	国語総合 国語表現 現代文A 現代文B 古典A 古典B	現代の国語 言語文化 論理国語 文学国語 国語表現 古典探究
地歴	日本史A 日本史B 世界史A 世界史B 地理A 地理B	歴史総合 日本史探究 世界史探究 地理総合 地理探究
公民	現代社会 倫理 政治・経済	公共 倫理 政治・経済
数学	数学Ⅰ 数学Ⅱ 数学Ⅲ 数学A 数学B 数学活用	数学Ⅰ 数学Ⅱ 数学Ⅲ 数学A 数学B 数学C
外国語	コミュニケーション英語基礎 コミュニケーション英語Ⅰ コミュニケーション英語Ⅱ コミュニケーション英語Ⅲ 英語表現Ⅰ 英語表現Ⅱ 英語会話	英語コミュニケーションⅠ 英語コミュニケーションⅡ 英語コミュニケーションⅢ 論理・表現Ⅰ 論理・表現Ⅱ 論理・表現Ⅲ
情報	社会と情報 情報の科学	情報Ⅰ 情報Ⅱ

目　次

解答用紙は，赤本オンラインに掲載しています。
https://akahon.net/kkm/mej/index.html

※掲載内容は，予告なしに変更・中止する場合があります。

UNIVERSITY GUIDE

大学情報

基本情報

沿革

1881（明治 14）	明治法律学校開校
1903（明治 36）	専門学校令により明治大学と改称
1904（明治 37）	学則改正により法学部・政学部・文学部・商学部を設置
1920（大正　9）	大学令により明治大学設立認可
1949（昭和 24）	新制明治大学設置認可。法学部・商学部・政治経済学部・文学部・工学部・農学部を置く
1953（昭和 28）	経営学部設置
1989（平成元年）	工学部を理工学部に改組
2004（平成 16）	情報コミュニケーション学部設置
2008（平成 20）	国際日本学部設置
2013（平成 25）	総合数理学部設置
2021（令和　3）	創立 140 周年

大学マーク

明治大学には，「伝統を受け継ぎ，新世紀に向けて大きく飛躍・上昇する明治大学」をイメージした大学マークがあります。この大学マークのコンセプトは，明治大学の「M」をモチーフとして，21 世紀に向けて明治大学が「限りなく飛翔する」イメージ，シンプルなデザインによる「親しみやすさ」，斬新な切り口による「未来へのメッセージ」を伝えています。

学部・学科の構成

大　学

●法学部　1・2 年：和泉キャンパス／3・4 年：駿河台キャンパス

法律学科（ビジネスローコース，国際関係法コース，法と情報コース，公共法務コース，法曹コース）

●商学部　1・2 年：和泉キャンパス／3・4 年：駿河台キャンパス

商学科（アプライド・エコノミクスコース，マーケティングコース，ファイナンス＆インシュアランスコース，グローバル・ビジネスコース，マネジメントコース，アカウンティングコース，クリエイティブ・ビジネスコース）

●政治経済学部　1・2 年：和泉キャンパス／3・4 年：駿河台キャンパス

政治学科

経済学科

地域行政学科

●文学部　1・2 年：和泉キャンパス／3・4 年：駿河台キャンパス

文学科（日本文学専攻，英米文学専攻，ドイツ文学専攻，フランス文学専攻，演劇学専攻，文芸メディア専攻）

史学地理学科（日本史学専攻，アジア史専攻，西洋史学専攻，考古学専攻，地理学専攻）

心理社会学科（臨床心理学専攻，現代社会学専攻，哲学専攻）

●理工学部　生田キャンパス

電気電子生命学科（電気電子工学専攻，生命理工学専攻）
機械工学科
機械情報工学科
建築学科
応用化学科
情報科学科
数学科
物理学科

●農学部　生田キャンパス

農学科
農芸化学科
生命科学科
食料環境政策学科

●経営学部　1・2年：和泉キャンパス／3・4年：駿河台キャンパス

経営学科
会計学科
公共経営学科

（備考）学部一括入試により，2年次から学科に所属となる。

●情報コミュニケーション学部　1・2年：和泉キャンパス／3・4年：駿河台キャンパス

情報コミュニケーション学科

●国際日本学部　中野キャンパス

国際日本学科

●総合数理学部　中野キャンパス

現象数理学科
先端メディアサイエンス学科
ネットワークデザイン学科

大学院

法学研究科／商学研究科／政治経済学研究科／経営学研究科／文学研究科／理工学研究科／農学研究科／情報コミュニケーション研究科／教養デザイン研究科／先端数理科学研究科／国際日本学研究科／グローバル・ガバナンス研究科／法務研究科（法科大学院）／ガバナンス研究科（公共政策大学院）／グローバル・ビジネス研究科（ビジネススクール）／会計専門職研究科（会計大学院）

（注）学部・学科・専攻および大学院に関する情報は 2024 年 4 月時点のものです。

大学所在地

中野キャンパス

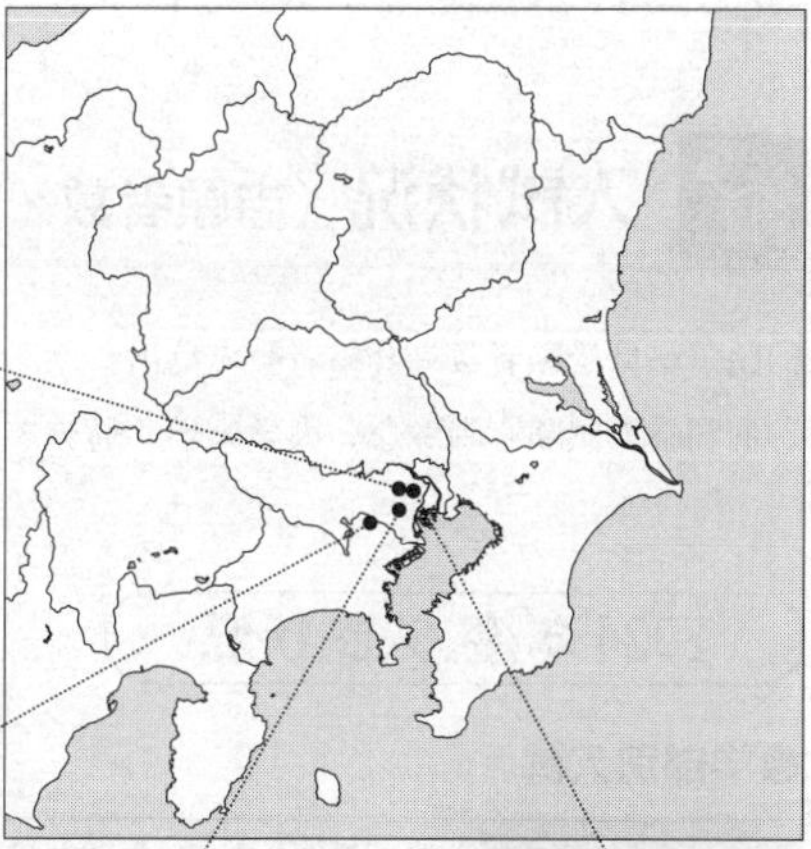

生田キャンパス

和泉キャンパス

駿河台キャンパス

駿河台キャンパス　〒 101-8301　東京都千代田区神田駿河台 1-1

和泉キャンパス　〒 168-8555　東京都杉並区永福 1-9-1

生田キャンパス　〒 214-8571　神奈川県川崎市多摩区東三田 1-1-1

中野キャンパス　〒 164-8525　東京都中野区中野 4-21-1

入試データ

入試状況（志願者数・競争率など）

○競争率は受験者数÷合格者数で算出。

○個別学力試験を課さない大学入学共通テスト利用入試は１カ年分のみ掲載。

2024 年度 入試状況

●学部別入試

（ ）内は女子内数

学部・学科等			募集人員	志願者数	受験者数	合格者数	競争率
法	法律		315	3,971(1,498)	3,283(1,229)	771(256)	4.3
商	学部別		485	8,289(2,589)	7,251(2,278)	1,301(346)	5.6
商	英語４技能試験利用		15	950(402)	834(351)	173(62)	4.8
政治経済	政治		105	1,132(346)	1,057(321)	453(130)	2.3
政治経済	経済		290	3,779(785)	3,564(740)	1,137(234)	3.1
政治経済	地域行政		70	769(249)	730(240)	223(71)	3.3
文	文	日本文学	70	1,018(587)	896(520)	180(107)	5.0
文	文	英米文学	68	912(440)	833(402)	182(79)	4.6
文	文	ドイツ文学	23	393(177)	359(166)	67(30)	5.4
文	文	フランス文学	24	297(151)	270(139)	62(31)	4.4
文	文	演劇学	29	245(191)	213(167)	44(35)	4.8
文	文	文芸メディア	43	617(388)	547(347)	105(58)	5.2
文	史学地理	日本史学	51	760(250)	683(229)	138(42)	4.9
文	史学地理	アジア史	20	282(115)	249(103)	51(22)	4.9
文	史学地理	西洋史学	32	452(163)	392(143)	69(23)	5.7
文	史学地理	考古学	24	358(133)	321(115)	57(13)	5.6
文	史学地理	地理学	27	318(72)	279(63)	55(13)	5.1
文	心理社会	臨床心理学	24	524(337)	460(288)	58(38)	7.9
文	心理社会	現代社会学	26	606(361)	534(318)	96(53)	5.6
文	心理社会	哲学	20	279(110)	239(94)	48(17)	5.0

（表つづく）

学部・学科等		募集人員	志願者数	受験者数	合格者数	競争率
理工	電気電子生命 電気電子工学	80	835(62)	795(59)	308(28)	2.6
	電気電子生命 生命理工学	27	406(131)	382(125)	123(37)	3.1
	機械工	75	1,784(137)	1,715(128)	413(37)	4.2
	機械情報工	66	754(76)	719(73)	276(27)	2.6
	建築	88	1,542(465)	1,473(448)	340(105)	4.3
	応用化	60	1,509(465)	1,442(442)	472(126)	3.1
	情報科	65	1,853(238)	1,745(222)	418(43)	4.2
	数	32	556(56)	529(52)	192(11)	2.8
	物理	35	908(111)	867(103)	273(22)	3.2
農	農	90	1,240(426)	1,049(351)	266(98)	3.9
	農芸化	84	1,037(647)	860(527)	201(116)	4.3
	生命科	92	1,316(630)	1,060(494)	257(113)	4.1
	食料環境政策	79	1,158(470)	1,037(414)	186(89)	5.6
経営	3科目	342	7,211(2,169)	6,938(2,088)	1,457(404)	4.8
	英語4技能試験活用	40	248(105)	240(100)	64(27)	3.8
情報コミュニケーション	情報コミュニケーション	357	5,014(2,249)	4,855(2,189)	971(422)	5.0
国際日本	3科目	130	2,182(1,389)	2,105(1,347)	554(341)	3.8
	英語4技能試験活用	100	1,079(687)	1,051(669)	536(346)	2.0
総合数理	現象数理	35	678(103)	579(95)	99(11)	5.8
	先端メディアサイエンス	51	931(269)	792(232)	128(36)	6.2
	ネットワークデザイン	27	359(58)	292(47)	62(10)	4.7
合計		3,716	58,551(20,287)	53,519(18,458)	12,866(4,109)	—

（備考）数値には追加合格・補欠合格（農学部のみ）を含む。

●全学部統一入試

（　）内は女子内数

学部・学科等			募集人員	志願者数	受験者数	合格者数	競争率
法	法律		115	2,343(894)	2,237(849)	570(208)	3.9
商	商		80	2,310(832)	2,232(808)	349(113)	6.4
政治経済	政治		20	523(172)	502(162)	117(32)	4.3
	経済		50	1,517(335)	1,447(319)	316(59)	4.6
	地域行政		20	495(157)	480(154)	82(23)	5.9
文	文	日本文学	16	409(234)	387(221)	77(46)	5.0
		英米文学	18	441(236)	430(229)	92(37)	4.7
		ドイツ文学	7	125(56)	122(55)	22(10)	5.5
		フランス文学	8	181(85)	169(82)	37(20)	4.6
		演劇学	8	155(124)	150(120)	26(18)	5.8
		文芸メディア	7	268(170)	254(161)	45(25)	5.6
	史学地理	日本史学	15	318(102)	310(99)	66(18)	4.7
		アジア史	6	129(60)	121(58)	24(9)	5.0
		西洋史学	8	232(89)	220(84)	52(17)	4.2
		考古学	7	162(63)	159(63)	29(12)	5.5
		地理学	11	191(48)	186(45)	49(8)	3.8
	心理社会	臨床心理学	11	285(199)	275(193)	42(28)	6.5
		現代社会学	10	371(241)	356(233)	57(32)	6.2
		哲学	8	144(56)	131(53)	35(12)	3.7
理工	電気電子生命	電気電子工学	20	283(28)	263(27)	104(13)	2.5
		生命理工学	10	174(61)	165(59)	67(22)	2.5
	機械工		12	514(35)	451(31)	100(5)	4.5
	機械情報工		17	302(32)	278(28)	99(9)	2.8
	建築		19	513(161)	477(147)	108(35)	4.4
	応用化		12	314(96)	280(84)	92(15)	3.0
	情報科		12	543(84)	495(79)	93(10)	5.3
	数		10	181(26)	172(23)	49(3)	3.5
	物理		5	185(25)	165(22)	51(6)	3.2

（表つづく）

学部・学科等			募集人員	志願者数	受験者数	合格者数	競争率
農	3科目	農	15	501(　174)	464(　165)	95(　38)	4.9
		農芸化	15	399(　269)	384(　260)	78(　49)	4.9
		生命科	10	423(　209)	398(　196)	74(　35)	5.4
		食料環境政策	5	254(　106)	241(　104)	56(　23)	4.3
	英語4技能3科目	農	5	148(　67)	140(　65)	29(　14)	4.8
		農芸化	5	172(　121)	167(　118)	27(　18)	6.2
		生命科	5	171(　93)	164(　88)	32(　17)	5.1
		食料環境政策	3	178(　95)	173(　93)	28(　12)	6.2
経営	3科目		27	1,505(　521)	1,454(　503)	134(　40)	10.9
	英語4技能3科目		3	517(　234)	506(　228)	55(　19)	9.2
情報コミュニケーション	情報コミュニケーション		25	1,469(　706)	1,424(　684)	166(　70)	8.6
国際日本	3科目		10	680(　415)	662(　401)	59(　29)	11.2
	英語4技能3科目		18	774(　494)	759(　482)	117(　64)	6.5
総合数理	3科目	現象数理	4	78(　13)	73(　12)	8(　1)	9.1
		先端メディアサイエンス	2	65(　24)	54(　22)	2(　0)	27.0
	4科目	現象数理	12	207(　38)	201(　37)	43(　4)	4.7
		先端メディアサイエンス	15	326(　107)	308(　102)	63(　10)	4.9
		ネットワークデザイン	26	293(　51)	277(　46)	82(　5)	3.4
	英語4技能4科目	現象数理	1	79(　17)	76(　16)	12(　1)	6.3
		先端メディアサイエンス	2	101(　37)	95(　35)	18(　6)	5.3
		ネットワークデザイン	1	90(　15)	87(　15)	14(　1)	6.2
合計			751	22,038(8,507)	21,021(8,160)	4,042(1,301)	—

●大学入学共通テスト利用入試

（ ）内は女子内数

学部・方式・学科等					募集人員	志願者数	受験者数	合格者数	競争率
前期日程	法	3科目	法律		60	2,367(1,017)	2,364(1,016)	927(445)	2.6
		4科目	法律		40	582(251)	581(250)	318(155)	1.8
		5科目	法律		40	1,776(631)	1,774(630)	990(365)	1.8
	商	4科目	商		50	542(203)	539(203)	193(70)	2.8
		5科目	商		45	371(124)	370(123)	147(59)	2.5
		6科目	商		30	1,041(319)	1,037(317)	412(140)	2.5
	政治経済	3科目	政治		8	343(121)	342(121)	80(33)	4.3
			経済		15	640(164)	638(163)	103(28)	6.2
		7科目	政治		15	295(93)	293(92)	165(62)	1.8
			経済		50	1,487(284)	1,469(282)	720(145)	2.0
			地域行政		12	201(68)	199(68)	78(28)	2.6
	文	3科目	文	日本文学	7	434(279)	433(278)	72(49)	6.0
				英米文学	6	235(121)	234(120)	49(24)	4.8
				ドイツ文学	3	78(46)	77(45)	18(10)	4.3
				フランス文学	2	53(26)	52(26)	12(5)	4.3
				演劇学	3	133(101)	133(101)	28(20)	4.8
				文芸メディア	5	250(162)	250(162)	54(37)	4.6
			史学地理	日本史学	6	281(94)	281(94)	54(16)	5.2
				アジア史	3	134(53)	131(52)	27(17)	4.9
				西洋史学	4	213(88)	213(88)	53(18)	4.0
				考古学	4	164(81)	164(81)	32(20)	5.1
				地理学	4	150(39)	150(39)	34(12)	4.4
			心理社会	臨床心理学	4	194(138)	192(136)	36(31)	5.3
				現代社会学	3	246(147)	245(147)	35(25)	7.0
				哲学	4	153(74)	153(74)	37(18)	4.1
		5科目	文	日本文学	3	57(24)	57(24)	20(5)	2.9
				英米文学	3	28(12)	28(12)	14(6)	2.0
				ドイツ文学	2	25(13)	25(13)	6(2)	4.2
				フランス文学	1	6(2)	6(2)	3(0)	2.0
				演劇学	1	15(13)	15(13)	2(2)	7.5
				文芸メディア	2	26(17)	26(17)	11(7)	2.4
			史学地理	日本史学	4	74(18)	74(18)	21(2)	3.5
				アジア史	2	27(7)	26(7)	10(1)	2.6
				西洋史学	1	51(14)	51(14)	10(2)	5.1
				考古学	1	22(6)	22(6)	6(2)	3.7
				地理学	1	55(13)	54(12)	10(3)	5.4

（表つづく）

日程	学部	方式	学科等	募集人員	志願者数	受験者数	合格者数	競争率
前期日程	文	5科目	心理社会 臨床心理学	2	72(42)	71(42)	10(8)	7.1
			心理社会 現代社会学	2	81(53)	81(53)	20(16)	4.1
			心理社会 哲学	2	46(18)	46(18)	15(6)	3.1
	理工	3教科	電気電子生命 電気電子工学	9	297(25)	297(25)	122(10)	2.4
			電気電子生命 生命理工学	3	259(74)	258(73)	78(21)	3.3
			機械工	5	804(70)	802(70)	221(22)	3.6
			機械情報工	6	460(61)	460(61)	168(20)	2.7
			情報科	7	784(100)	783(100)	211(21)	3.7
		4教科	電気電子生命 電気電子工学	5	163(28)	163(28)	69(11)	2.4
			電気電子生命 生命理工学	2	200(89)	200(89)	71(35)	2.8
			機械工	7	639(109)	636(109)	219(46)	2.9
			建築	12	793(292)	792(292)	175(66)	4.5
			応用化	7	762(250)	759(249)	203(76)	3.7
			情報科	7	589(115)	586(115)	171(27)	3.4
			数	6	294(44)	293(44)	136(19)	2.2
			物理	6	573(93)	571(91)	210(35)	2.7
	農		農	12	644(248)	631(245)	192(70)	3.3
			農芸化	12	529(359)	526(357)	186(131)	2.8
			生命科	15	851(427)	839(425)	331(184)	2.5
			食料環境政策	16	446(199)	442(198)	157(78)	2.8
	経営	3科目		25	1,468(540)	1,460(539)	300(128)	4.9
		4科目		25	531(187)	531(187)	171(61)	3.1
	情報コミュニケーション	3科目	情報コミュニケーション	30	1,362(648)	1,344(638)	244(127)	5.5
		6科目	情報コミュニケーション	10	449(177)	449(177)	161(65)	2.8
	国際日本	3科目	国際日本	20	1,277(813)	1,275(812)	350(217)	3.6
		5科目	国際日本	10	313(195)	312(195)	184(119)	1.7
	総合数理		現象数理	7	167(31)	167(31)	55(8)	3.0
			先端メディアサイエンス	10	278(95)	273(92)	68(21)	4.0
			ネットワークデザイン	4	183(48)	180(47)	54(18)	3.3

（表つづく）

学部・方式・学科等				募集人員	志願者数	受験者数	合格者数	競争率
後期日程	商		商	30	138(46)	134(45)	43(13)	3.1
後期日程	理工	電気電子生命	電気電子工学	3	72(11)	72(11)	32(4)	2.3
後期日程	理工	電気電子生命	生命理工学	2	30(12)	29(12)	14(6)	2.1
後期日程	理工		機械情報工	3	45(7)	45(7)	23(4)	2.0
後期日程	理工		建築	2	46(18)	46(18)	17(4)	2.7
後期日程	理工		応用化	2	23(12)	23(12)	5(2)	4.6
後期日程	理工		情報科	2	55(6)	55(6)	23(2)	2.4
後期日程	理工		数	2	22(6)	22(6)	4(2)	5.5
後期日程	理工		物理	2	22(1)	22(1)	3(0)	7.3
後期日程	総合数理		現象数理	1	15(4)	14(4)	3(1)	4.7
後期日程	総合数理		先端メディアサイエンス	1	20(5)	20(5)	5(0)	4.0
後期日程	総合数理		ネットワークデザイン	1	19(9)	19(9)	3(2)	6.3
合計				779	28,570(10,430)	28,426(10,384)	9,514(3,570)	—

2023 年度　入試状況

●学部別入試

(　)内は女子内数

学部・学科等			募集人員	志願者数	受験者数	合格者数	競争率
法	法律		375	4,325(1,510)	3,637(1,254)	1,027(342)	3.5
商	学部別		485	8,504(2,660)	7,481(2,322)	1,513(433)	4.9
	英語4技能試験利用		15	936(409)	808(352)	151(64)	5.4
政治経済	政治		105	1,642(498)	1,540(466)	450(138)	3.4
	経済		290	4,418(927)	4,204(879)	1,204(225)	3.5
	地域行政		70	534(174)	511(170)	160(49)	3.2
文	文	日本文学	70	1,062(591)	947(515)	203(111)	4.7
		英米文学	68	822(400)	721(360)	220(100)	3.3
		ドイツ文学	23	305(139)	283(127)	87(35)	3.3
		フランス文学	24	291(163)	268(149)	55(32)	4.9
		演劇学	29	275(214)	245(189)	54(40)	4.5
		文芸メディア	43	719(428)	639(382)	123(73)	5.2
	史学地理	日本史学	51	679(225)	610(191)	154(45)	4.0
		アジア史	20	201(77)	171(65)	55(21)	3.1
		西洋史学	32	479(174)	409(148)	93(37)	4.4
		考古学	24	254(89)	220(78)	64(21)	3.4
		地理学	27	268(62)	229(48)	68(14)	3.4
	心理社会	臨床心理学	24	592(373)	528(337)	61(40)	8.7
		現代社会学	26	594(352)	518(308)	111(69)	4.7
		哲学	20	312(122)	266(103)	67(21)	4.0
理工	電気電子生命	電気電子工学	80	817(59)	772(54)	289(23)	2.7
		生命理工学	27	360(96)	331(85)	120(37)	2.8
	機械工		75	1,291(81)	1,239(76)	463(26)	2.7
	機械情報工		66	847(91)	799(83)	250(29)	3.2
	建築		88	1,521(437)	1,447(421)	332(104)	4.4
	応用化		60	1,350(399)	1,293(381)	495(167)	2.6
	情報科		65	1,853(172)	1,752(161)	374(32)	4.7
	数		32	519(67)	484(62)	178(21)	2.7
	物理		35	789(95)	740(85)	276(29)	2.7

(表つづく)

学部・学科等			募集人員	志願者数	受験者数	合格者数	競争率
農	農		90	1,136(425)	912(334)	275(120)	3.3
	農芸化		84	929(580)	773(482)	232(157)	3.3
	生命科		92	1,381(655)	1,123(531)	304(154)	3.7
	食料環境政策		79	1,106(425)	1,008(378)	217(76)	4.6
経営	3科目	経営	342	7,428(2,264)	7,165(2,191)	1,772(526)	4.0
		会計					
		公共経営					
	英語4技能試験活用	経営	40	320(146)	309(139)	68(34)	4.5
		会計					
		公共経営					
情報コミュニケーション	情報コミュニケーション		372	4,878(2,129)	4,741(2,075)	1,005(441)	4.7
国際日本	3科目		130	2,418(1,503)	2,332(1,449)	589(372)	4.0
	英語4技能試験活用		100	1,225(795)	1,198(778)	592(387)	2.0
総合数理	現象数理		35	690(115)	554(91)	95(18)	5.8
	先端メディアサイエンス		51	952(245)	813(214)	108(23)	7.5
	ネットワークデザイン		28	521(80)	416(59)	31(4)	13.4
合計			3,792	59,543(20,446)	54,436(18,572)	13,985(4,690)	—

（備考）数値には追加合格・補欠合格（農学部のみ）・特別措置を含む。

●全学部統一入試

（　）内は女子内数

学部・学科等			募集人員	志願者数	受験者数	合格者数	競争率
法*	法律		115	2,620(1,011)	2,489(966)	577(217)	4.3
商*	商		80	1,834(632)	1,764(661)	348(116)	5.1
政治経済*	政治		20	467(156)	445(148)	109(36)	4.1
	経済		50	1,281(320)	1,204(303)	263(77)	4.6
	地域行政		20	251(76)	244(73)	60(18)	4.1
文	文	日本文学	16	346(185)	328(172)	71(44)	4.6
		英米文学	18	458(257)	440(248)	108(57)	4.1
		ドイツ文学	7	109(58)	108(58)	30(17)	3.6
		フランス文学	8	138(72)	134(70)	36(19)	3.7
		演劇学	8	180(144)	176(140)	32(23)	5.5
		文芸メディア	7	334(212)	320(204)	58(36)	5.5
	史学地理	日本史学	15	300(102)	292(98)	68(29)	4.3
		アジア史	6	110(49)	109(48)	28(14)	3.9
		西洋史学	8	206(69)	200(67)	64(17)	3.1
		考古学	7	97(37)	93(37)	19(6)	4.9
		地理学	11	141(42)	136(40)	40(11)	3.4
	心理社会	臨床心理学	11	333(210)	324(203)	41(25)	7.9
		現代社会学	10	309(201)	300(196)	75(56)	4.0
		哲学	8	151(57)	147(57)	39(13)	3.8
理工*	電気電子生命	電気電子工学	20	307(22)	281(18)	109(10)	2.6
		生命理工学	10	201(59)	188(56)	71(20)	2.6
	機械工		12	418(35)	362(29)	130(13)	2.8
	機械情報工		17	344(34)	320(29)	113(10)	2.8
	建築		19	489(163)	447(147)	110(39)	4.1
	応用化		12	374(126)	350(119)	110(46)	3.2
	情報科		12	636(90)	585(85)	107(21)	5.5
	数		10	161(19)	151(19)	60(7)	2.5
	物理		5	138(9)	118(6)	41(0)	2.9

（表つづく）

学部・学科等			募集人員	志願者数	受験者数	合格者数	競争率
農	3科目	農	15	378(157)	346(146)	86(35)	4.0
		農芸化	15	290(195)	274(183)	63(41)	4.3
		生命科	10	387(172)	358(162)	69(35)	5.2
		食料環境政策	5	218(110)	210(107)	32(17)	6.6
	英語4技能3科目	農	5	166(83)	159(80)	22(10)	7.2
		農芸化	5	164(115)	161(115)	28(21)	5.8
		生命科	5	162(81)	153(76)	21(9)	7.3
		食料環境政策	3	166(82)	163(81)	24(13)	6.8
経営*	3科目	経営	27	1,388(471)	1,343(459)	134(34)	10.0
		会計					
		公共経営					
	英語4技能3科目	経営	3	623(271)	605(265)	48(17)	12.6
		会計					
		公共経営					
情報コミュニケーション		情報コミュニケーション	25	1,298(652)	1,260(640)	170(91)	7.4
国際日本	3科目		10	679(433)	661(420)	62(39)	10.7
	英語4技能3科目		18	815(530)	798(520)	123(73)	6.5
総合数理*	3科目	現象数理	4	71(15)	68(15)	12(1)	5.7
		先端メディアサイエンス	3	64(16)	55(15)	4(1)	13.8
	4科目	現象数理	12	199(29)	194(28)	58(9)	3.3
		先端メディアサイエンス	20	400(113)	385(110)	53(9)	7.3
		ネットワークデザイン	27	282(54)	267(51)	85(17)	3.1
	英語4技能4科目	現象数理	1	63(8)	61(8)	15(3)	4.1
		先端メディアサイエンス	2	122(37)	117(36)	13(2)	9.0
		ネットワークデザイン	1	47(9)	45(8)	15(0)	3.0
合計			758	20,715(8,080)	19,738(7,772)	4,054(1,474)	―

（備考）

- ＊印の学部の数値には，追加合格・特別措置を含む。
- 農学部は補欠合格を含む。

2022年度　入試状況

●学部別入試

(　)内は女子内数

学部・学科等			募集人員	志願者数	受験者数	合格者数	競争率
法		法律	375	4,739(1,582)	3,996(1,312)	844(303)	4.7
商		学部別	485	7,568(2,246)	6,664(1,954)	1,628(468)	4.1
		英語4技能試験利用	15	910(425)	798(365)	150(60)	5.3
政治経済		政治	105	1,377(427)	1,284(391)	508(172)	2.5
		経済	290	3,685(685)	3,490(648)	1,329(252)	2.6
		地域行政	70	632(201)	598(189)	189(56)	3.2
文	文	日本文学	70	994(550)	889(492)	216(126)	4.1
		英米文学	68	736(355)	660(317)	210(105)	3.1
		ドイツ文学	23	355(160)	319(146)	85(44)	3.8
		フランス文学	24	325(183)	295(167)	76(45)	3.9
		演劇学	29	317(238)	270(201)	56(40)	4.8
		文芸メディア	43	694(435)	621(394)	138(96)	4.5
	史学地理	日本史学	51	753(232)	672(205)	134(32)	5.0
		アジア史	20	218(81)	187(66)	63(14)	3.0
		西洋史学	32	458(138)	384(108)	98(27)	3.9
		考古学	24	277(100)	242(84)	63(16)	3.8
		地理学	27	312(77)	273(63)	71(15)	3.8
	心理社会	臨床心理学	24	588(363)	512(315)	90(56)	5.7
		現代社会学	26	588(337)	517(298)	108(64)	4.8
		哲学	20	288(114)	251(97)	62(21)	4.0
理工	電気電子生命	電気電子工学	80	1,079(74)	1,028(69)	320(18)	3.2
		生命理工学	27	316(83)	295(77)	131(36)	2.3
		機械工	75	1,377(109)	1,305(103)	480(44)	2.7
		機械情報工	66	706(50)	671(48)	274(19)	2.4
		建築	88	1,669(501)	1,597(482)	326(105)	4.9
		応用化	60	1,259(330)	1,204(316)	472(129)	2.6
		情報科	65	1,706(175)	1,621(168)	375(28)	4.3
		数	32	394(42)	373(39)	155(14)	2.4
		物理	35	673(64)	637(58)	253(18)	2.5

(表つづく)

学部・学科等			募集人員	志願者数	受験者数	合格者数	競争率
農	農		90	1,132(406)	942(323)	297(110)	3.2
	農芸化		90	852(524)	698(420)	250(166)	2.8
	生命科		92	1,081(467)	916(404)	306(133)	3.0
	食料環境政策		79	1,108(430)	996(376)	211(91)	4.7
経営	3科目	経営	342	6,316(1,781)	6,041(1,693)	1,638(435)	3.7
		会計					
		公共経営					
	英語4技能試験活用	経営	40	337(135)	327(129)	96(34)	3.4
		会計					
		公共経営					
情報コミュニケーション	情報コミュニケーション		392	4,887(2,143)	4,741(2,100)	1,078(460)	4.4
国際日本	3科目		130	2,420(1,525)	2,335(1,475)	681(441)	3.4
	英語4技能試験活用		100	1,516(992)	1,476(962)	664(421)	2.2
総合数理	現象数理		35	717(132)	574(107)	97(13)	5.9
	先端メディアサイエンス		51	889(216)	749(173)	101(14)	7.4
	ネットワークデザイン		28	494(74)	414(62)	55(5)	7.5
合計			3,818	56,742(19,182)	51,862(17,396)	14,378(4,746)	—

（備考）数値には追加合格・補欠合格・特別措置を含む。

●全学部統一入試

(　)内は女子内数

学部・学科等			募集人員	志願者数	受験者数	合格者数	競争率
法	法律		115	2,348(818)	2,224(772)	687(215)	3.2
商	商		80	1,674(569)	1,607(546)	332(109)	4.8
政治経済	政治		20	427(134)	407(128)	101(33)	4.0
	経済		50	1,399(316)	1,330(291)	253(55)	5.3
	地域行政		20	458(154)	443(149)	68(29)	6.5
文	文	日本文学	16	356(196)	343(190)	70(42)	4.9
		英米文学	18	281(165)	272(158)	93(55)	2.9
		ドイツ文学	7	118(56)	113(54)	24(12)	4.7
		フランス文学	8	201(113)	191(104)	39(17)	4.9
		演劇学	8	152(115)	145(109)	40(29)	3.6
		文芸メディア	7	279(187)	265(180)	61(38)	4.3
	史学地理	日本史学	15	325(102)	314(98)	78(27)	4.0
		アジア史	6	82(30)	78(29)	30(17)	2.6
		西洋史学	8	176(62)	171(60)	43(15)	4.0
		考古学	6	133(51)	128(50)	30(10)	4.3
		地理学	11	236(58)	231(56)	40(12)	5.8
	心理社会	臨床心理学	11	313(200)	302(192)	63(39)	4.8
		現代社会学	10	296(184)	287(181)	55(29)	5.2
		哲学	8	140(50)	133(47)	30(8)	4.4
理工	電気電子生命	電気電子工学	20	404(24)	366(24)	120(13)	3.1
		生命理工学	10	153(55)	141(50)	55(19)	2.6
	機械工		12	347(28)	318(23)	109(11)	2.9
	機械情報工		17	289(26)	270(24)	96(9)	2.8
	建築		19	514(152)	473(144)	99(33)	4.8
	応用化		12	327(103)	306(97)	105(44)	2.9
	情報科		12	532(69)	482(63)	76(11)	6.3
	数		10	158(20)	149(19)	52(6)	2.9
	物理		5	189(18)	177(17)	52(1)	3.4

(表つづく)

学部・学科等			募集人員	志願者数	受験者数	合格者数	競争率
農	3科目	農	15	411(163)	385(149)	90(41)	4.3
		農芸化	15	336(222)	314(211)	62(44)	5.1
		生命科	10	341(133)	311(127)	58(23)	5.4
		食料環境政策	5	245(103)	239(98)	34(15)	7.0
	英語4技能3科目	農	5	119(52)	114(50)	25(9)	4.6
		農芸化	5	163(116)	156(110)	31(23)	5.0
		生命科	5	142(76)	135(75)	21(16)	6.4
		食料環境政策	3	196(106)	190(103)	22(14)	8.6
経営	3科目	経営	27	833(282)	792(265)	158(54)	5.0
		会計					
		公共経営					
	英語4技能3科目	経営	3	480(202)	461(194)	59(20)	7.8
		会計					
		公共経営					
情報コミュニケーション	情報コミュニケーション		25	1,204(615)	1,154(595)	151(83)	7.6
国際日本	3科目		10	750(474)	722(454)	60(29)	12.0
	英語4技能3科目		18	940(596)	915(578)	120(71)	7.6
総合数理	3科目	現象数理	4	63(19)	57(17)	13(1)	4.4
		先端メディアサイエンス	4	58(29)	53(28)	5(3)	10.6
	4科目	現象数理	12	174(37)	166(36)	56(12)	3.0
		先端メディアサイエンス	20	332(92)	313(89)	57(14)	5.5
		ネットワークデザイン	27	265(44)	249(42)	77(21)	3.2
	英語4技能4科目	現象数理	1	52(11)	51(11)	14(5)	3.6
		先端メディアサイエンス	2	99(32)	96(31)	11(3)	8.7
		ネットワークデザイン	1	76(20)	72(18)	5(1)	14.4
合計			758	19,586(7,479)	18,611(7,136)	4,030(1,440)	—

（備考）数値には特別措置を含む。

合格最低点（学部別・全学部統一入試）

2024 年度 合格最低点

●学部別入試

学部・学科等			満点	合格最低点	合格最低得点率
法	法律		350	241	68.9
商	学部別		350	241	68.9
	英語4技能試験利用		550	378	68.7
政治経済	政治		350	237	67.7
	経済		350	242	69.1
	地域行政		350	235	67.1
文	文	日本文学	300	209	69.7
		英米文学	300	207	69.0
		ドイツ文学	300	196	65.3
		フランス文学	300	195	65.0
		演劇学	300	201	67.0
		文芸メディア	300	212	70.7
	史学地理	日本史学	300	216	72.0
		アジア史	300	207	69.0
		西洋史学	300	214	71.3
		考古学	300	211	70.3
		地理学	300	208	69.3
	心理社会	臨床心理学	300	216	72.0
		現代社会学	300	214	71.3
		哲学	300	205	68.3

（表つづく）

<table>
<tr><th colspan="3">学部・学科等</th><th>満点</th><th>合格最低点</th><th>合格最低得点率</th></tr>
<tr><td rowspan="9">理工</td><td rowspan="2">電気電子生命</td><td>電気電子工学</td><td>360</td><td>243</td><td>67.5</td></tr>
<tr><td>生命理工学</td><td>360</td><td>257</td><td>71.4</td></tr>
<tr><td colspan="2">機械工</td><td>360</td><td>269</td><td>74.7</td></tr>
<tr><td colspan="2">機械情報工</td><td>360</td><td>252</td><td>70.0</td></tr>
<tr><td colspan="2">建築</td><td>360</td><td>274</td><td>76.1</td></tr>
<tr><td colspan="2">応用化</td><td>360</td><td>266</td><td>73.9</td></tr>
<tr><td colspan="2">情報科</td><td>360</td><td>275</td><td>76.4</td></tr>
<tr><td colspan="2">数</td><td>360</td><td>255</td><td>70.8</td></tr>
<tr><td colspan="2">物理</td><td>360</td><td>276</td><td>76.7</td></tr>
<tr><td rowspan="4">農</td><td colspan="2">農</td><td>450</td><td>317</td><td>70.4</td></tr>
<tr><td colspan="2">農芸化</td><td>450</td><td>318</td><td>70.7</td></tr>
<tr><td colspan="2">生命科</td><td>450</td><td>320</td><td>71.1</td></tr>
<tr><td colspan="2">食料環境政策</td><td>450</td><td>328</td><td>72.9</td></tr>
<tr><td rowspan="6">経営</td><td rowspan="3">3科目</td><td>経営</td><td rowspan="3">350</td><td rowspan="3">231</td><td rowspan="3">66.0</td></tr>
<tr><td>会計</td></tr>
<tr><td>公共経営</td></tr>
<tr><td rowspan="3">英語4技能試験活用</td><td>経営</td><td rowspan="3">230</td><td rowspan="3">128</td><td rowspan="3">55.7</td></tr>
<tr><td>会計</td></tr>
<tr><td>公共経営</td></tr>
<tr><td>情報コミュニケーション</td><td colspan="2">情報コミュニケーション</td><td>300</td><td>189</td><td>63.0</td></tr>
<tr><td rowspan="2">国際日本</td><td colspan="2">3科目</td><td>450</td><td>332</td><td>73.8</td></tr>
<tr><td colspan="2">英語4技能試験活用</td><td>250</td><td>170</td><td>68.0</td></tr>
<tr><td rowspan="3">総合数理</td><td colspan="2">現象数理</td><td>320</td><td>192</td><td>60.0</td></tr>
<tr><td colspan="2">先端メディアサイエンス</td><td>320</td><td>190</td><td>59.4</td></tr>
<tr><td colspan="2">ネットワークデザイン</td><td>320</td><td>173</td><td>54.1</td></tr>
</table>

●全学部統一入試

学部・学科等			満点	合格最低点	合格最低得点率
法	法律		300	197	65.7
商	商		450	304	67.6
政治経済	政治		350	238	68.0
	経済		350	232	66.3
	地域行政		350	232	66.3
文	文	日本文学	300	202	67.3
		英米文学	300	195	65.0
		ドイツ文学	300	191	63.7
		フランス文学	300	192	64.0
		演劇学	300	196	65.3
		文芸メディア	300	210	70.0
	史学地理	日本史学	300	205	68.3
		アジア史	300	199	66.3
		西洋史学	300	207	69.0
		考古学	300	201	67.0
		地理学	300	197	65.7
	心理社会	臨床心理学	300	201	67.0
		現代社会学	300	206	68.7
		哲学	300	200	66.7
理工	電気電子生命	電気電子工学	400	234	58.5
		生命理工学	400	247	61.8
	機械工		400	260	65.0
	機械情報工		400	243	60.8
	建築		400	264	66.0
	応用化		400	257	64.3
	情報科		400	280	70.0
	数		400	243	60.8
	物理		400	255	63.8

（表つづく）

<table>
<tr><th colspan="3">学部・学科等</th><th>満点</th><th>合格最低点</th><th>合格最低得点率</th></tr>
<tr><td rowspan="8">農</td><td rowspan="4">3科目</td><td>農</td><td>300</td><td>184</td><td>61.3</td></tr>
<tr><td>農芸化</td><td>300</td><td>187</td><td>62.3</td></tr>
<tr><td>生命科</td><td>300</td><td>195</td><td>65.0</td></tr>
<tr><td>食料環境政策</td><td>300</td><td>192</td><td>64.0</td></tr>
<tr><td rowspan="4">英語4技能3科目</td><td>農</td><td>300</td><td>231</td><td>77.0</td></tr>
<tr><td>農芸化</td><td>300</td><td>227</td><td>75.7</td></tr>
<tr><td>生命科</td><td>300</td><td>225</td><td>75.0</td></tr>
<tr><td>食料環境政策</td><td>300</td><td>231</td><td>77.0</td></tr>
<tr><td rowspan="6">経営</td><td rowspan="3">3科目</td><td>経営</td><td rowspan="3">350</td><td rowspan="3">244</td><td rowspan="3">69.7</td></tr>
<tr><td>会計</td></tr>
<tr><td>公共経営</td></tr>
<tr><td rowspan="3">英語4技能3科目</td><td>経営</td><td rowspan="3">350</td><td rowspan="3">292</td><td rowspan="3">83.4</td></tr>
<tr><td>会計</td></tr>
<tr><td>公共経営</td></tr>
<tr><td>情報コミュニケーション</td><td colspan="2">情報コミュニケーション</td><td>350</td><td>240</td><td>68.6</td></tr>
<tr><td rowspan="2">国際日本</td><td colspan="2">3科目</td><td>400</td><td>285</td><td>71.3</td></tr>
<tr><td colspan="2">英語4技能3科目</td><td>400</td><td>343</td><td>85.8</td></tr>
<tr><td rowspan="8">総合数理</td><td rowspan="2">3科目</td><td>現象数理</td><td>400</td><td>266</td><td>66.5</td></tr>
<tr><td>先端メディアサイエンス</td><td>400</td><td>274</td><td>68.5</td></tr>
<tr><td rowspan="3">4科目</td><td>現象数理</td><td>500</td><td>317</td><td>63.4</td></tr>
<tr><td>先端メディアサイエンス</td><td>500</td><td>333</td><td>66.6</td></tr>
<tr><td>ネットワークデザイン</td><td>500</td><td>297</td><td>59.4</td></tr>
<tr><td rowspan="3">英語4技能4科目</td><td>現象数理</td><td>400</td><td>297</td><td>74.3</td></tr>
<tr><td>先端メディアサイエンス</td><td>400</td><td>305</td><td>76.3</td></tr>
<tr><td>ネットワークデザイン</td><td>400</td><td>294</td><td>73.5</td></tr>
</table>

2023 年度　合格最低点

●学部別入試

学部・学科等			満点	合格最低点	合格最低得点率
法	法律		350	222	63.4
商	学部別		350	238	68.0
	英語 4 技能試験利用		550	388	70.5
政治経済	政治		350	240	68.6
	経済		350	233	66.6
	地域行政		350	227	64.9
文	文	日本文学	300	209	69.7
		英米文学	300	201	67.0
		ドイツ文学	300	196	65.3
		フランス文学	300	198	66.0
		演劇学	300	204	68.0
		文芸メディア	300	213	71.0
	史学地理	日本史学	300	211	70.3
		アジア史	300	202	67.3
		西洋史学	300	211	70.3
		考古学	300	200	66.7
		地理学	300	200	66.7
	心理社会	臨床心理学	300	216	72.0
		現代社会学	300	214	71.3
		哲学	300	211	70.3
理工	電気電子生命	電気電子工学	360	233	64.7
		生命理工学	360	243	67.5
	機械工		360	236	65.6
	機械情報工		360	245	68.1
	建築		360	257	71.4
	応用化		360	244	67.8
	情報科		360	259	71.9
	数		360	235	65.3
	物理		360	247	68.6

（表つづく）

学部・学科等			満点	合格最低点	合格最低得点率
農		農	450	263	58.4
		農芸化	450	263	58.4
		生命科	450	268	59.6
		食料環境政策	450	300	66.7
経営	3科目	経営	350	211	60.3
		会計			
		公共経営			
	英語4技能試験活用	経営	230	128	55.7
		会計			
		公共経営			
情報コミュニケーション		情報コミュニケーション	300	203	67.7
国際日本		3科目	450	354	78.7
		英語4技能試験活用	250	186	74.4
総合数理		現象数理	320	228	71.3
		先端メディアサイエンス	320	238	74.4
		ネットワークデザイン	320	235	73.4

●全学部統一入試

学部・学科等			満点	合格最低点	合格最低得点率
法	法律		300	211	70.3
商	商		450	312	69.3
政治経済	政治		350	251	71.7
	経済		350	243	69.4
	地域行政		350	234	66.9
文	文	日本文学	300	212	70.7
		英米文学	300	206	68.7
		ドイツ文学	300	209	69.7
		フランス文学	300	202	67.3
		演劇学	300	207	69.0
		文芸メディア	300	218	72.7
	史学地理	日本史学	300	211	70.3
		アジア史	300	209	69.7
		西洋史学	300	214	71.3
		考古学	300	205	68.3
		地理学	300	205	68.3
	心理社会	臨床心理学	300	218	72.7
		現代社会学	300	207	69.0
		哲学	300	215	71.7
理工	電気電子生命	電気電子工学	400	237	59.3
		生命理工学	400	249	62.3
	機械工		400	246	61.5
	機械情報工		400	250	62.5
	建築		400	269	67.3
	応用化		400	270	67.5
	情報科		400	284	71.0
	数		400	234	58.5
	物理		400	248	62.0

（表つづく）

学部・学科等			満点	合格最低点	合格最低得点率
農	3科目	農	300	190	63.3
		農芸化	300	198	66.0
		生命科	300	196	65.3
		食料環境政策	300	208	69.3
	英語4技能3科目	農	300	241	80.3
		農芸化	300	233	77.7
		生命科	300	241	80.3
		食料環境政策	300	241	80.3
経営	3科目	経営	350	258	73.7
		会計			
		公共経営			
	英語4技能3科目	経営	350	310	88.6
		会計			
		公共経営			
情報コミュニケーション	情報コミュニケーション		350	250	71.4
国際日本	3科目		400	300	75.0
	英語4技能3科目		400	353	88.3
総合数理	3科目	現象数理	400	250	62.5
		先端メディアサイエンス	400	287	71.8
	4科目	現象数理	500	303	60.6
		先端メディアサイエンス	500	350	70.0
		ネットワークデザイン	500	301	60.2
	英語4技能4科目	現象数理	400	291	72.8
		先端メディアサイエンス	400	314	78.5
		ネットワークデザイン	400	275	68.8

2022年度 合格最低点

●学部別入試

学部・学科等			満点	合格最低点	合格最低得点率
法	法律		350	238	68.0
商	学部別		350	243	69.4
商	英語4技能試験利用		550	401	72.9
政治経済	政治		350	221	63.1
政治経済	経済		350	216	61.7
政治経済	地域行政		350	217	62.0
文	文	日本文学	300	183	61.0
文	文	英米文学	300	177	59.0
文	文	ドイツ文学	300	176	58.7
文	文	フランス文学	300	174	58.0
文	文	演劇学	300	182	60.7
文	文	文芸メディア	300	187	62.3
文	史学地理	日本史学	300	190	63.3
文	史学地理	アジア史	300	184	61.3
文	史学地理	西洋史学	300	194	64.7
文	史学地理	考古学	300	178	59.3
文	史学地理	地理学	300	183	61.0
文	心理社会	臨床心理学	300	184	61.3
文	心理社会	現代社会学	300	192	64.0
文	心理社会	哲学	300	186	62.0
理工	電気電子生命	電気電子工学	360	246	68.3
理工	電気電子生命	生命理工学	360	236	65.6
理工	機械工		360	248	68.9
理工	機械情報工		360	241	66.9
理工	建築		360	265	73.6
理工	応用化		360	240	66.7
理工	情報科		360	261	72.5
理工	数		360	239	66.4
理工	物理		360	255	70.8

（表つづく）

学部・学科等			満点	合格最低点	合格最低得点率
農	農		450	257	57.1
	農芸化		450	257	57.1
	生命科		450	262	58.2
	食料環境政策		450	295	65.6
経営	3科目	経営	350	225	64.3
		会計			
		公共経営			
	英語4技能試験活用	経営	230	132	57.4
		会計			
		公共経営			
情報コミュニケーション	情報コミュニケーション		300	187	62.3
国際日本	3科目		450	338	75.1
	英語4技能試験活用		250	173	69.2
総合数理	現象数理		320	191	59.7
	先端メディアサイエンス		320	195	60.9
	ネットワークデザイン		320	181	56.6

●全学部統一入試

学部・学科等			満点	合格最低点	合格最低得点率
法	法律		300	222	74.0
商	商		450	350	77.8
政治経済	政治		350	275	78.6
	経済		350	274	78.3
	地域行政		350	268	76.6
文	文	日本文学	300	226	75.3
		英米文学	300	216	72.0
		ドイツ文学	300	221	73.7
		フランス文学	300	218	72.7
		演劇学	300	219	73.0
		文芸メディア	300	230	76.7
	史学地理	日本史学	300	231	77.0
		アジア史	300	222	74.0
		西洋史学	300	227	75.7
		考古学	300	224	74.7
		地理学	300	225	75.0
	心理社会	臨床心理学	300	224	74.7
		現代社会学	300	230	76.7
		哲学	300	224	74.7
理工	電気電子生命	電気電子工学	400	280	70.0
		生命理工学	400	276	69.0
	機械工		400	286	71.5
	機械情報工		400	286	71.5
	建築		400	302	75.5
	応用化		400	290	72.5
	情報科		400	321	80.3
	数		400	293	73.3
	物理		400	299	74.8

（表つづく）

学部・学科等			満点	合格最低点	合格最低得点率
農	3科目	農	300	219	73.0
		農芸化	300	225	75.0
		生命科	300	228	76.0
		食料環境政策	300	230	76.7
	英語4技能3科目	農	300	232	77.3
		農芸化	300	243	81.0
		生命科	300	250	83.3
		食料環境政策	300	250	83.3
経営	3科目	経営	350	264	75.4
		会計			
		公共経営			
	英語4技能3科目	経営	350	303	86.6
		会計			
		公共経営			
情報コミュニケーション	情報コミュニケーション		350	274	78.3
国際日本	3科目		400	326	81.5
	英語4技能3科目		400	353	88.3
総合数理	3科目	現象数理	400	270	67.5
		先端メディアサイエンス	400	300	75.0
	4科目	現象数理	500	363	72.6
		先端メディアサイエンス	500	383	76.6
		ネットワークデザイン	500	344	68.8
	英語4技能4科目	現象数理	400	318	79.5
		先端メディアサイエンス	400	330	82.5
		ネットワークデザイン	400	324	81.0

募集要項（出願書類）の入手方法

一般選抜（学部別入試・全学部統一入試・大学入学共通テスト利用入試）は Web 出願となっており，パソコン・スマートフォン・タブレットから出願できます。詳細は一般選抜要項（大学ホームページにて 11 月上旬公開予定）をご確認ください。

問い合わせ先

明治大学　入学センター事務室

〒 101-8301　東京都千代田区神田駿河台 1-1

月曜～金曜：9：00～11：30，12：30～17：00

土　　　曜：9：00～12：00

日曜・祝日：休　業

TEL　03-3296-4138

https://www.meiji.ac.jp/

明治大学のテレメールによる資料請求方法

スマートフォンから　QRコードからアクセスしガイダンスに従ってご請求ください。

パソコンから　教学社 赤本ウェブサイト(akahon.net)から請求できます。

合格体験記
募集

2025 年春に入学される方を対象に，本大学の「合格体験記」を募集します。お寄せいただいた合格体験記は，編集部で選考の上，小社刊行物やウェブサイト等に掲載いたします。お寄せいただいた方には小社規定の謝礼を進呈いたしますので，ふるってご応募ください。

応募方法

下記 URL または QR コードより応募サイトにアクセスできます。
ウェブフォームに必要事項をご記入の上，ご応募ください。
折り返し執筆要領をメールにてお送りします。

※入学が決まっている一大学のみ応募できます。

☞ http://akahon.net/exp/

応募の締め切り

総合型選抜・学校推薦型選抜 ………… 2025年 2月 23日
私立大学の一般選抜 ………… 2025年 3月 10日
国公立大学の一般選抜 ………… 2025年 3月 24日

受験にまつわる川柳を募集します。
入選者には賞品を進呈！
ふるってご応募ください。

応募方法　http://akahon.net/senryu/　にアクセス！☞

気になること、聞いてみました！

在学生メッセージ

大学ってどんなところ？ 大学生活ってどんな感じ？
ちょっと気になることを，在学生に聞いてみました。

以下の内容は 2020〜2023 年度入学生のアンケート回答に基づくものです。ここで触れられている内容は今後変更となる場合もありますのでご注意ください。

メッセージを書いてくれた先輩　［商学部］N.S. さん　A.N. さん　［政治経済学部］R.S. さん
［文学部］R.Y. さん　［経営学部］M.H. さん
［情報コミュニケーション学部］I.M. さん

大学生になったと実感！

自由になったのと引き換えに，負わなければならない責任が重くなりました。例えば，大学では高校のように決められた時間割をこなすということはなくなり，自分が受けたい授業を選んで時間割を組むことができるようになります。時間割は細かいルールに従って各々で組むため，さまざまなトラブルが発生することもありますが，その責任は学生個人にあり，大学が助けてくれることはありません。大学に入ってから，高校までの手厚い支援のありがたみに気づきました。（N.S. さん／商）

自由な時間が増えたことです。それによって遊びに行ったりバイトをしたりとやりたいことができるようになりました。その反面，自由なので生活が堕落してしまう人もちらほら見られます。やるべきことはしっかりやるという自制心が必要になると思います。（R.S. さん／政治経済）

自分から行動しないと友達ができにくいことです。高校まではクラスが存在したので自然と友達はできましたが，私の所属する学部に存在するのは便宜上のクラスのみで，クラス単位で何かをするということがなく，それぞれの授業でメンバーが大幅に変わります。そのため，自分から積極的に話しかけたり，サークルに入るなど，自分から何かアクションを起こさないとなかなか友達ができないなということを実感しました。（I.M. さん／情報コミュニケーション）

大学生活に必要なもの

持ち運び可能なパソコンです。パソコンが必須の授業は基本的にありませんが，課題でパソコンを使わない授業はほとんどありません。大学には借りられるパソコンもありますが，使用できる場所や時間が決まっていたり，データの管理が難しくなったりするので，自分のパソコンは必要です。私の場合はもともとタブレットをパソコン代わりにして使っていたので，大学では大学のパソコン，自宅では家族と共用しているパソコン，外出先では自分のタブレットとキーボードというふうに使い分けています。（N.S. さん／商）

パソコンは必要だと思います。また，私は授業のノートを取ったり，教科書に書き込む用の iPad を買いました。パソコンを持ち歩くより楽だし，勉強のモチベーションも上がるのでおすすめです！（M.H. さん／経営）

この授業がおもしろい！

演劇学という授業です。グループのなかで台本，演出，演者の役割に分かれて，演劇を作成し発表します。自分たちで演劇を作り上げるのは難しいですが，ああでもない，こうでもない，と意見を交換しながら作り上げる作業はやりがいを感じられて楽しいです。また，1，2年生合同のグループワーク形式で行うため，同級生はもちろん，先輩や後輩とも仲良くなれます。（I.M. さん／情報コミュニケーション）

ビジネス・インサイトという，ビジネスを立案する商学部ならではの授業です。この授業の最大の特徴は，大学の教授だけでなく，皆さんも知っているような大企業の方も授業を担当されるということです。金融や保険，不動産，鉄道など，クラスによって分野が異なり，各クラスで決められた分野について学んだ後，与えられた課題についてビジネスを立案し，その内容を競うというアクティブな授業です。準備は大変でしたが，グループの人と仲良くなれたり，プレゼンのスキルが上がったりと，非常に充実した授業でした。（N.S. さん／商）

ネイティブスピーカーによる英語の授業です。発音などを教えてくれるので，高校までではあまり学べなかった，実際に「話す」ということにつながる内容だと思います。また，授業中にゲームや話し合いをすることも多いので，友達もたくさん作れます!!（M.H. さん／経営）

大学の学びで困ったこと＆対処法

時間の使い方が難しいことです。私は，大学の授業と並行して資格試験の勉強に力を入れているのですが，正直，今のところうまくいっていません。特に空きコマの時間の使い方が難しいです。やっと大学の仕組みがわかってきたので，これからは課題や自習も時間割化して，勉強のペースを整えたいと思います。（N.S. さん／商）

「大学のテストはどのように勉強すればよいのだろうか？　高校と同じような方法でよいのか？」ということです。サークルに入るなどして，同じ授業を履修していた先輩から過去問をゲットしたり，アドバイスをもらったりするのが最も効果的だと思います。（I.M. さん／情報コミュニケーション）

困ったのは，履修登録の勝手がわからず，１年生はほとんど受けていない授業などを取ってしまったことです。周りは２年生だし，友達同士で受講している人が多かったので課題やテストで苦しみました。しかし，違う学年でも話しかければ「最初，履修全然わかんないよね～」と言って教えてくれました。何事も自分から動くことが大切だと思います。（M.H. さん／経営）

部活・サークル活動

マーケティング研究会という，マーケティングを学ぶサークルに入っています。基本的には週１回１コマの活動なので，他のサークルを掛け持ちしたり，勉強やバイトに打ち込んだりしながら，サークル活動を続けることができます。他大学との合同勉強会やビジネスコンテストもあり，とても刺激を受けます。（N.S. さん／商）

バドミントンサークルに所属しています。土日や長期休みに，長野や山梨などに合宿に行くこともあります！（R.Y. さん／文）

運動系のサークルに入っています。週１，２回活動しています。サークルなので行けるときに行けばよく，それでも皆が歓迎してくれるし，高校の部活のように厳しくなくてマイペースに活動できているので，とても楽しいです。友達も増えるので何かしらのサークルに入るのはとてもおススメです。（I.M. さん／情報コミュニケーション）

交友関係は？

自分の所属するコミュニティはそこまで広くなく，クラスとしか関わりはありません。クラスは高校のときとほとんど変わりありません。先輩と交友関係をもちたいのであれば，やはりサークルに入ることをおススメします。入学して２カ月ほどは新入生歓迎会をやっているサークルがほとんどなので，ぜひ参加してみてください。（R.S. さん／政治経済）

SNS で「＃春から明治」を検索して同じ専攻の人と仲良くなりました。

また，専攻ごとに交流会があるので，そこでも仲良くなれます。先輩とはサークルや部活で知り合いました。(R.Y. さん／文)

経営学部にはクラスがあり，特に週に2回ある語学の授業で毎回会う友達とはかなり仲が良くて，遊びに行ったり，空きコマでご飯に行ったりします。なお，サークルは男女関係なく集団で仲良くなれるので，高校までの友達の感覚とはちょっと違う気がします。サークルの先輩は高校の部活の先輩よりラフな感じです。気楽に話しかけることが大切だと思います！(M.H. さん／経営)

いま「これ」を頑張っています

英語の勉強です。やりたい職業は決まっているのですが，少しでも夢に近づきたいのと，やりたいことが現在所属している学部系統から少し離れるので，進路選択に柔軟性をもたせたいという意味でも，英語の勉強に力を入れています。(N.S. さん／商)

高校野球の指導です。自分は少しですが野球が得意なので現在母校で学生コーチをやらせてもらっています。大学生になると本気で何かに打ち込むということは少なくなるので，選手が必死に球を追いかけている姿を見るととても刺激になります。(R.S. さん／政治経済)

普段の生活で気をつけていることや心掛けていること

授業にしっかり出席するということです。高校生からすると当たり前と思うかもしれませんが，大学は欠席連絡をする必要もないし，大学から確認の電話がかかってくることも基本的にはありません。どうしても夜寝る時間が遅くなってしまう日もあると思いますが，そんなときでも授業には絶対に出席するようにして生活が乱れないようにしています。(R.S. さん／政治経済)

提出物の期限やテストの日程などを忘れないようにすることです。一人ひとり時間割が違うので，自分で気をつけていないと，忘れてしまって単位を落としてしまうということにもなりかねません。また，バイトやサークルなどの予定も増えるので，時間をうまく使うためにもスケジュール管理が大切です。（M.H. さん／経営）

おススメ・お気に入りスポット

ラーニングスクエアという施設です。とてもきれいで近未来的なデザインなので，気に入っています。（R.Y. さん／文）

明治大学周辺には，美味しいご飯屋さんが数多く存在し，大抵のものは食べることができます。特に，「きび」という中華そば屋さんがとても美味しいです。こってり系からあっさり系まで自分好みの中華そばを食べることができます。（I.M. さん／情報コミュニケーション）

食堂がお気に入りです。お昼休みの時間に友達と話をするためによく使っています。３階建てで席数も多く，綺麗なので快適です。Wi-Fi もあるので，パソコン作業をすることもできます。また，隣にコンビニがあるので食べたいものが基本的に何でもあり便利です。（A.N. さん／商）

入学してよかった！

施設が全体的に新しく，充実していることです。快適に過ごせるので，大学に行くモチベーションになったり，勉強が捗ったりしています。また，各キャンパスが大きすぎないのも，移動時間の観点から効率が良くて気に入っています。（N.S. さん／商）

厳しい受験を乗り越えてきた人たちばかりなので，「やるときはちゃんとやる」人が多いように感じます。テスト前に「一緒に勉強しよう！」と誘ってきてくれたり，わからないところを教え合ったりできるので，「真面目なことが恥ずかしいことではない」と感じることができ，毎日とても楽しいです。（I.M. さん／情報コミュニケーション）

たくさんの友達と出会えることです。明治大学では，自分でチャンスを探せばたくさんの人と出会えるし，コミュニティも広がると思います。また，図書館が綺麗で空きコマや放課後に作業するにも快適で気に入っています。ソファ席もたくさんあるので，仮眠も取れてとてもいいと思います。（M.H. さん／経営）

高校生のときに「これ」をやっておけばよかった

写真や動画をたくさん撮っておきましょう。文化祭や体育祭など，行事の際はもちろんですが，休み時間や，皆で集まって試験勉強をしているときなど，高校での日常の１コマを残しておくことも，後で見返したときにとても良い思い出になります。今になってそれらを見返して，ああ制服って愛おしかったな，とノスタルジーをおぼえます。（I.M. さん／情報コミュニケーション）

英語の勉強をもっとしておけばと思いました。英語は大学生になっても，社会人になっても必要です。大学では英語の授業だけでなく，他の授業でも英語を読まなければならないときがあるので，とても大事です。高校生のときにちゃんと勉強しておくだけでだいぶ変わってくると思います。（A.N. さん／商）

合格体験記

みごと合格を手にした先輩に，入試突破のためのカギを伺いました。入試までの限られた時間を有効に活用するために，ぜひ役立ててください。

（注）ここでの内容は，先輩方が受験された当時のものです。2025 年度入試では当てはまらないこともありますのでご注意ください。

・アドバイスをお寄せいただいた先輩・

Message

M.O. さん　文学部（文学科文芸メディア専攻）
全学部統一入試 2024 年度合格，栃木県出身

合格のポイントは，反復を行うこと。単語であっても問題集であっても，繰り返し解くことで身につき，長期記憶にも定着するので，反復を「無意味」と切り捨てず，根気よく続けることが大切です。

その他の合格大学　法政大（文〈日本文〉），日本大（文理〈国文〉共通テスト利用）

Message

N.S. さん　商学部
学部別入試 2023 年度合格，東京都出身

合格のポイントは，どんなことがあっても常にいつもの自分でいたことです。受験生だからといって，特別何かを我慢するということはしませんでした。また，自分を責めたり過信したりすることもせず，ありのままの自分を受け入れました。精神的に不安定になると，体調を崩したり勉強に手がつかなくなったりしたので，勉強すること以上に精神の安定を大切にして，勉強の効率を上げることを意識していました。模試や入試の結果がどうであれ，その結果を次にどう活かすかが一番大切です。結果に一喜一憂せず，次につなげるものを一つでも多く探して，それを積み重ねていった先に合格があります。

何があるかわからない受験ですが，意外とどうにかなります。だから，多少の緊張感は持っていても，受験を恐れる必要はありません！

その他の合格大学　東京女子大（現代教養）

Message

R.K. さん　文学部（史学地理学科地理学専攻）
全学部統一入試 2023 年度合格，埼玉県出身

自分の限界まで勉強したことがポイントだと思います。浪人が決まり受験勉強を始めた頃は，何度も勉強が嫌になってスマホに逃げてしまいそうになりましたが，「ここでスマホをいじったせいで不合格になったら一生後悔する」と自分に言い聞かせているうちに，だんだん受験勉強のみに専念できるようになりました。また，１日の生活を見直して無駄にしている時間はないかを考えて，勉強に充てられる時間を作り出しました。次第に参考書がボロボロになり，ペンがよく当たる指は皮が剝けたりペンだこになったりしました。自分で努力した証こそ試験会場で一番のお守りになると思うので，皆さんも頑張ってください！　応援しています！

その他の合格大学　明治大（政治経済，農），法政大（文），日本大（文理），駒澤大（文〈共通テスト利用〉）

Message

R.S. さん　政治経済学部（地域行政学科）
学部別入試 2023 年度合格，東京都出身

合格した先輩や先生の意見を取り入れることが合格のポイントです。スポーツや楽器のように，勉強も初めから上手くできる人などいません。受験を経験した先輩や先生の意見は，失敗談も含めて合格への正しい道を教えてくれると思います。全てを取り入れる必要はなく，多様な意見をまずは聞いてみて，試しながら取捨選択をしていくと，自ずと自分にとって最適な勉強法が確立できると思います。

その他の合格大学　明治大（文・経営），法政大（人間環境），東洋大（福祉社会デザイン〈共通テスト利用〉）

Message

S.O. さん　情報コミュニケーション学部
一般入試 2023 年度合格，埼玉県出身

この大学に絶対受かるぞ！という強い意志が合格のポイントだと思います。私は最後の模試がＥ判定でした。「このままだと受からないかもしれない」と何度も不安に思いました。しかし他の大学に行くことが考えられなかったので，必死で勉強しました。試験当日は緊張しすぎて一睡もできないまま本番を迎えることになったのですが，「自分が一番ここに行きたい気持ちが強いし，誰よりも過去問も解いた！」と自分に言い聞かせて，何とか緊張を乗り越えることができました。受験は先が見えず不安ばかりだと思いますが，それは周りの受験生も同じです。今までやってきたことを信じて，最大限の結果が出せるように頑張ってください！　応援しています。

その他の合格大学　明治大（文），中央大（文），武蔵大（社会〈共通テスト利用〉），東洋大（社会〈共通テスト利用〉），東京女子大（現代教養〈共通テスト利用〉）

入試なんでもQ&A

受験生のみなさんからよく寄せられる，
入試に関する疑問・質問に答えていただきました。

Q 「赤本」の効果的な使い方を教えてください。

A 過去問対策として使っていました。過去の赤本にも遡って，合計6年分の問題を解きました。一度解いてから丸付けをして，その後すぐにもう一度解き，時間が経った頃に3回目を解くようにしていました。すぐにもう一度解くことで定着を図り，また時間が経った後に解くことで定着度の確認ができます。入試本番の前日にも解いて，最後の仕上げにしました。また，入試データを見ながら，どのくらいの得点率が必要なのかを計算し，その得点率のプラス5～10%を目標に定めて解くようにしていました。　(M.O. さん／文)

A 私は科目によって赤本の使い方を変えていました。英語は，単語・文法がある程度固まったら，どんどん赤本を解いていきました。具体的なやり方としては，初めは時間を意識せずに何分かかってもいいから100点を取るんだという意識で解いていきました。最初は思ってる以上に時間がかかって苦しいと思うかもしれませんが，これを続けていくうちに時間を意識していないにもかかわらず，自然と速く正確に読むことが可能になっていきます。社会と国語は参考書を中心におき，その確認として赤本を使用していました。　(R.S. さん／政治経済)

Q どのように学習計画を立て，受験勉強を進めていましたか？

A 計画は2週間単位で立てていました。内訳は，前半1週間で，できればやりたいという優先順位の低いことまで詰め込んでできる限り消化し，残った分は後半1週間に持ち越して，時間が余ればまた別の課題を入れました。私は達成できそうもない計画を立てる割には，計画を少しでも守れないと何もやる気が出なくなってしまうタイプだったので，計画には余裕をもたせることを強く意識しました。また，精神の安定のために，まとまった休憩時間を積極的に取るようにして，効率重視の勉強をしていました。（N.S. さん／商）

Q 明治大学を攻略する上で，特に重要な科目は何ですか？ また，どのように勉強しましたか？

A 圧倒的に英語だと思います。とにかく英文が長く難しいので，まずは長文に慣れておくことが必要不可欠です。そのため日頃から，「受験本番では3ページ程度の長文を2つ読むことになるんだ」と意識しながら，英語の学習を行うとよいと思います。また，速読力はもちろん大切ですが，表面を大まかに理解するだけでなく，隅々まで読まないと解答できないという選択肢も多いので，精読力も必要になります。『速読英単語』（Z会）や音読を通して速読力と英文理解力を高めておくことが重要です。（M.O. さん／文）

A 世界史などの暗記科目だと思います。特に私が受けた情報コミュニケーション学部は，国語が独特な問題が多く点数が安定しなかったので，世界史で安定した点数を取れるように対策しました。具体的には一問一答の答えをただ覚えるのではなく，問題文をそのまま頭に入れるつもりで覚えました。MARCH レベルになると，ただ用語を答えるのではなく思考力を問う問題が多いので，日頃から出来事や人物の結びつきを意識して覚えました。（S.O. さん／情報コミュニケーション）

Q 学校外での学習はどのようにしていましたか？

A 個別指導塾に週一で通って英語の授業を受けていたのと，季節ごとの特別講習と受験直前期は週二で授業を受けていました。また，学校の授業が早く終わる水曜日は塾の自習室で赤本を解くと決めていました。個人的に苦手な範囲のプリントや，授業ではやらなかったものの「欲しい人は言ってください」と先生に言われたプリントなどは絶対にもらうようにして，解かないということがないようにしました。

（M.O. さん／文）

Q 時間をうまく使うためにしていた工夫を教えてください。

A 1日のうちのどのタイミングでどの勉強をするか，ルーティン化して決めてしまうといいと思います。私の場合，朝起きたら音読，登校中は古典単語と文学史，食事中は地図帳，下校中は英単語をやることにしていました。本番ではできるだけ解答用紙から情報を集めることが大切です。問題の詳細はわからなくても，大問の数や記述の型が過去問と違っていたとき，試験開始までに心を落ち着かせ，解くスピードや順番を考えておけば焦らなくてすみます。（R.K. さん／文）

Q 苦手な科目はどのように克服しましたか？

A 私は国語がとても苦手でした。自分の実力より少し上の大学の問題を解いて，間違えた原因や，どうすれば解けたのかを徹底的に復習して克服しました。国語は，面倒ではあるけれど復習が一番大事だと思います。ただダラダラたくさん問題を解くよりも，一つの問題を徹底的に復習するほうが合格への近道になると思います。私は復習することを怠っていたので，ずっと現代文の成績が伸びませんでした。けれど1月末に復習方法を理解してから，私大入試直前の2月になって正答率が一気に上がったので，面倒だとは思うけれどしっかり復習することをオススメします。

（S.O. さん／情報コミュニケーション）

Q スランプに陥ったとき，どのように抜け出しましたか？

A 焦らないことです。誰にでもくるもので自分だけだと思わないようにして，焦って方法を変えると逆効果だと言い聞かせました。あまり気にしすぎないほうがよいです。気にせずに同じように勉強を続けていたら，そのうち元通りになっていました。ただ，あまりにも点数の落ち方がひどいときや期間が長いときは，塾の先生に相談をしました。問題は何なのか，どこで躓いているのかを一緒に考えてもらうことで，安心感を得られたり，不安が解消されたりしました。（M.O. さん／文）

Q 模試の上手な活用法を教えてください。

A 模試ごとに試験範囲が設定されている場合には，その試験範囲に合わせて勉強するとペースがつかみやすいです。また，模試は復習が命です。模試の問題以上にその解説が大切です。間違えた問題は必ず，できれば曖昧な問題も解説を確認して，１冊のノートにポイントとして簡単に書き留めておくと，直前期に非常に役立ちます。特に社会系科目はその時の情勢などによって出題のトレンドがあるので，それの把握と演習に役立ちます。判定に関しては，単純に判定だけを見るのではなく，志望校内での順位を重視してください。特にＥ判定は幅があるので，Ｄ判定に近いのか，そうでないのかは必ず確認するべきです。（N.S. さん／商）

Q 併願をする上で重視したことは何ですか？
また，注意すべき点があれば教えてください。

A 自分の興味のある分野を学べる大学であること，第一志望の選択科目で受験できること，３日以上連続にならないことの３点を重視して選びました。私は地理選択で，大学では地理を勉強したいと思っていたので，明治大学以外で併願校を選ぶ時に選択肢が少ない分，割と簡単に決められました。あと，第一志望の大学・学部の前に，他の大学や学部で試験会場の雰囲気を感じておくと，とてもいい練習になると思います。明治大学の全学部統一入試は2月の初旬に行われますが，その前に他の大学を受験したことで新たに作戦を立てることができました。

（R.K. さん／文）

Q 試験当日の試験会場の雰囲気はどのようなものでしたか？緊張のほぐし方，交通事情，注意点等があれば教えてください。

A 試験会場は，とても静かで心地良かったです。荷物は座席の下に置くように指示があったので，それを見越した荷物の量やバッグにするとよいでしょう。また，携帯電話を身につけていると不正行為になるので（上着のポケットに入っているのもだめです），しまえるようにしておきましょう。また，新宿行きの電車はすごく混むので，ホテルなどを取る場合はなるべく新宿寄りの場所にして，当日は新宿と逆方向の電車に乗るようにするほうが賢明です。電車内では身動きが取れないので，参考書などはホームで待っている間に手に持っておくほうがよいです。

（M.O. さん／文）

Q 受験生のときの失敗談や後悔していることを教えてください。

A 基礎を疎かにしてしまったことです。単語・文法など基礎の勉強は私にとっては楽しくなく，演習のほうをやりがちになっていました。しかし，基礎が固まっているからこそ演習の意義が高まるのであり，基礎を疎かにすることは成績が伸びづらくなる要因になっていました。12月頃に学校の先生にこのことを言われて，もう一度基礎を徹底させ，なんとか受験までには間に合わせることができましたが，勉強をし始めた時期にもっと徹底的に固めていれば，と後悔しています。

（R.S. さん／政治経済）

Q 受験生へアドバイスをお願いします。

A 受験報告会などで先輩たちはたくさんの勉強をしていたと聞いて,「自分には無理だ」と思ってしまうかもしれません。しかし，そのハードワークも毎日続けてルーティンにすると辛くなくなります。習慣化するまでがしんどいと思いますが，せいぜい１，２カ月で習慣は出来上がります。辛いのは最初だけなので，少しだけ歯を食いしばってください。きっと，少ししたらハードワークに慣れている自分に気づくと思います。計画を立て，目の前のことに全力で取り組んでがむしゃらに進めば，１年はあっという間なので，あまり悲観せずに頑張ってください。

（M.O. さん／文）

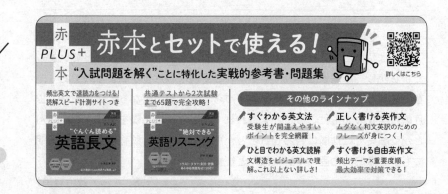

科目別攻略アドバイス

みごと入試を突破された先輩に，独自の攻略法や
おすすめの参考書・問題集を，科目ごとに紹介していただきました。

英　語

ポイントは長文に慣れること。速読力と英文理解力を高めておかないと，問題を解き終わらないうちに試験時間が終了してしまった，なんてこともあり得るので，早くから長文対策をするべきです。　（M.O. さん／文）

おすすめ参考書　『UPGRADE 英文法・語法問題』（数研出版）
『イチから鍛える英語長文』シリーズ（Gakken）
『英文法・語法 良問 500＋4技能』シリーズ（河合出版）

日本史

ポイントは，まんべんなく問題が出されるので，ヤマをはらないこと。本番では「誰も解けないだろ，これ」という難問が2，3問あるので，そのつもりで臨むとよい。　（M.O. さん／文）

おすすめ参考書　『時代と流れで覚える！日本史 B 用語』（文英堂）
『入試に出る 日本史 B 一問一答』（Z 会）

世界史

単語力と思考力がポイントです。用語は，教科書レベルの用語はもちろん，一問一答の星１レベルまで幅広く出題されているので，しっかり対策をする必要があると思います。あとは正誤問題などで細かいひっかけが多いので，物事の結び付きをいかに理解しているかがカギになると思います。

（S.O. さん／情報コミュニケーション）

おすすめ参考書 『時代と流れで覚える！ 世界史B用語』（文英堂）

地　理

自分の知識として足りなかったことは全て地図帳に書き込みました。毎日決まった時間（私の場合は昼食中）と，新たに書き込みをするときに，前に書いたメモを見ると何度も復習でき，知識が定着します。また，地図帳に掲載されている表やグラフはかなり厳選された大事なものなので，丁寧に目を通しておくことをおすすめします！ （R.K. さん／文）

おすすめ参考書 『新詳高等地図』（帝国書院）

国　語

近年は明治大学に絡んだ人物が問われているので，明治大学に関係する文学者，特に教壇に立った経験がある人物などは知っておいたほうがよいかもしれません。問題としてはそこまで難しくはないので，落ち着いて解くことが一番大切でしょう。 （M.O. さん／文）

おすすめ参考書 『古文単語 FORMULA600』（ナガセ）

『漢文早覚え速答法』（Gakken）

現代文は，どの文にも共通した論理展開をつかむことが重要になってきます。場当たり的な解法ではなく，文章の本質をつかむ勉強を多くすべきだと思います。 （R.S. さん／政治経済）

おすすめ参考書 『現代文読解力の開発講座』（駿台文庫）

TREND & STEPS

傾向と対策

科目ごとに問題の「傾向」を分析し，具体的にどのような「対策」をすればよいか紹介しています。まずは出題内容をまとめた分析表を見て，試験の概要を把握しましょう。

注　意

「傾向と対策」で示している，出題科目・出題範囲・試験時間等については，2024 年度までに実施された入試の内容に基づいています。2025 年度入試の選抜方法については，各大学が発表する学生募集要項を必ずご確認ください。

来年度の変更点

2025 年度は学部別試験が以下の 4 方式となり，個別試験の「日本史」「世界史」は実施がなくなる予定である（本書編集時点）。

①２科目方式
　⇒個別試験は「英語」「国語」の２科目。
②英語４技能試験活用方式
　⇒個別試験は「国語」の１科目のみ。
③大学入学共通テスト併用型３科目方式
　⇒個別試験は「英語」「国語」の２科目。
④大学入学共通テスト併用型英語４技能試験活用方式
　⇒個別試験は「国語」の１科目のみ。

英　語

年度	番号	項　目	内　容
2024 ◑	〔1〕	読　　解	選択：空所補充，同意表現，欠文挿入箇所，内容説明，内容真偽 記述：空所補充
	〔2〕	読　　解	選択：空所補充，同意表現，内容説明，欠文挿入箇所，内容真偽
	〔3〕	文法・語彙	選択：空所補充
	〔4〕	会 話 文	選択：空所補充
	〔5〕	会 話 文	選択：空所補充
2023 ◑	〔1〕	読　　解	選択：空所補充，同意表現，欠文挿入箇所，内容説明，内容真偽 記述：空所補充
	〔2〕	読　　解	選択：同意表現，空所補充，欠文挿入箇所，内容真偽
	〔3〕	文法・語彙	選択：空所補充
	〔4〕	会 話 文	選択：空所補充
	〔5〕	会 話 文	選択：空所補充
2022 ◑	〔1〕	読　　解	選択：空所補充，同意表現，欠文挿入箇所，内容真偽 記述：空所補充
	〔2〕	読　　解	選択：空所補充，同意表現，欠文挿入箇所，内容真偽
	〔3〕	文法・語彙	選択：空所補充
	〔4〕	会 話 文	選択：空所補充
	〔5〕	会 話 文	選択：空所補充

(注)　●印は全問，◑印は一部マークシート法採用であることを表す。

読解英文の主題

年度	番号	主　題
2024	〔1〕	世界に共通する親語の研究
	〔2〕	スポーツ指導における AI の発展
2023	〔1〕	TikTok を通じた新しい音楽のあり方
	〔2〕	多くの選択肢から決断をすることについて
2022	〔1〕	低リソース言語に対応する翻訳ツール
	〔2〕	デジタル書籍を利用することの弊害

傾向　文法・語法の知識と語彙力がカギを握る

01　出題形式は？

大問が５題で，その内訳は，読解問題２題と文法・語彙問題１題，会話文問題２題となっている。解答は，読解問題の一部を除く，ほとんどの問題でマークシート法が採用されている。試験時間は80分である。

02　出題内容はどうか？

読解問題の占める割合が非常に高い。〔１〕〔２〕では，空所補充，同意表現，内容真偽，欠文挿入箇所などが出題されており，内容把握を問うもののほか，語句の意味について問うものが目立つ。

〔３〕は，文法・語彙問題で，短文の空所補充が出題されている。文法・語法に関するものが多く，イディオムの知識も問われている。

〔４〕は，空所補充によって短い会話文を完成させる問題だが，語句や文法に関する設問の割合が高い。

〔５〕も会話文問題であるが，例年インタビュー形式で，二者間でのやりとりを空所補充によって完成させる。ただし，口語的表現や決まった言い回しに関する設問はなく，会話の流れを踏まえて解答するもので，読解問題に近い内容となっている。

03　難易度は？

読解問題については，非常に長い文章が与えられているが，扱われている語彙や文法は比較的平易で，主題も一般的なので，難易度としては標準的で読みやすい。また，設問に関しても，明確な根拠をもって判断できるものばかりである。文法・語彙問題や会話文問題についても，基本的な知識を問うものが多い。

対策

01 読解問題

設問の種類や内容によって，解法が大きく2つに分けられる。まず，空所補充については，語句の意味を知っていることは前提として，文法・語法の基本的な知識を身につけておこう。そうすれば，前後関係を確認することによって，おおむね正解を導き出すことができるだろう。次に，内容真偽については，文章を短時間で読む力に加えて，広く一般教養的な知識が要求されることもある。また，正解となる選択肢の文が本文のパラフレーズとなっているものも多いため，メッセージを的確に読みとる力が求められる。したがって，まずは，文法・語法の総合的な問題集を1冊でもかまわないので，確実に仕上げよう。暗記することも必要ではあるが，そればかりに頼ることなく，法則性を正しく理解すること。文法的構造を正しく把握できれば読解の精度も自然と上がってくる。その後は，各段落の内容を的確に把握し，全体的な主張を捉えるために，パラグラフ・リーディングを心がけよう。標準的な長文読解問題に数多く当たり，各段落のトピックや主旨を考えながら読むことが大切である。さらに，あえて難度の高い語に下線を付し同意表現を問う出題もみられるので，未知の英単語に遭遇しても，文脈や前後関係から意味を推測しながら読み進めていく習慣を身につけたい。

また，学部の性格上，最近の社会事象や社会問題に関する英文が出題されることも多い。学生向けの英字新聞を読んだり，日本の新聞にも目を通したりして，読解の背景となる知識の蓄積にも努めよう。

02 文法・語彙問題

語彙に関する知識は，英語力の基盤である。したがって，単語集はもちろん，イディオムや構文についても問題集などを利用し，一度や二度ではなく繰り返し見直しながら，確実に覚えなければならない。特に，動詞を含むイディオムは出題頻度から最重要項目といえるので，意味だけではなく用法も併せて覚えてほしい。また，さまざまな出題形式に対応できるように，できるだけ多くの問題に当たってもらいたい。

文法・語法については，01で述べたような対策をとろう。文法・語法の知識は，語彙力と同様，英語の学習には必要不可欠な要素である。『大学入試 すぐわかる英文法』（教学社）や『大学入試英語頻出問題総演習』（桐原書店），『英文法・語法問題講義の実況中継』（語学春秋社）などを利用し，演習を積んでおきたい。

03 会話文問題

いうまでもなく，発言の内容から会話の場面設定や展開などを確実に捉えられなければならない。特に，相手の発言に対して賛成しているのか反対しているのかに留意すること。また，日本語での会話を想像すればわかることであるが，たとえば，「これは君のものですか」という問いかけに対して，「はい，それは私のものです」とか「いいえ，それは彼のものです」などと即答するだろうか。むしろ，「ちょっと見せてください」とか「そうかもしれません」とか「それに似たものを持ってはいますが」など，あまりにも直接的な表現は避ける方が自然ではないだろうか。これは，英語でも同じである。つまり，疑問詞で始まる疑問文以外はYes / Noで答えるというような法則が必ずしも当てはまるとは限らず，状況によって最も自然に会話が成り立つ解答を導き出さなければならない。また，同じことがらを指すのにも，実にさまざまな表現方法があることも念頭に置いておきたい。なお，会話特有の表現については，出題頻度の高いものを覚えておけば十分に事足りるだろう。

明治大「英語」におすすめの参考書

Check!

- ✓『大学入試 すぐわかる英文法』（教学社）
- ✓『大学入試英語頻出問題総演習』（桐原書店）
- ✓『英文法・語法問題講義の実況中継』（語学春秋社）
- ✓『明治大の英語』（教学社）

国　語

年度	番号	種　類	類別	内　容	出　典
2024 ◑	〔1〕	現代文	評論	選択：内容説明，空所補充，欠文挿入箇所 記述：内容説明（60字）	「『友だち』から自由になる」　石田光規
	〔2〕	現代文	随筆	選択：語意，空所補充，ことわざ，文学史，内容説明 記述：読み，書き取り	「ことばの来し方」　青木奈緒
	〔3〕	古　文	俳文	選択：文法，空所補充，人物指摘，俳句解釈，内容説明，指示内容 記述：空所補充	「芭蕉翁終焉記」　宝井其角
2023 ◑	〔1〕	現代文	評論	選択：内容説明，空所補充 記述：内容説明（60字）	「モチベーションの心理学」　鹿毛雅治
	〔2〕	現代文	評論	選択：空所補充，内容説明，表題，慣用表現，四字熟語 記述：読み，書き取り	「物語の近代」　兵藤裕己
	〔3〕	古　文	歌論	選択：文法，口語訳，内容説明，文学史 記述：空所補充，箇所指摘	「正徹物語」　正徹
2022 ◑	〔1〕	現代文	評論	選択：空所補充，内容説明，欠文挿入箇所 記述：内容説明（60字）	「はじめての動物倫理学」　田上孝一
	〔2〕	現代文	随筆	選択：内容説明，文学史，空所補充 記述：読み，書き取り，慣用表現	「有島武郎」　荒木優太
	〔3〕	古　文	軍記物語	選択：空所補充，口語訳，文法，内容説明，文学史 記述：書き取り，人物指摘	「太平記」

（注）●印は全問，◑印は一部マークシート法採用であることを表す。

傾向　現代文は正確な読解力と幅広い国語力の養成を　古文は基本を確認しながら多くの文章に触れよう

01　出題形式は？

例年，現代文2題，古文1題の計3題の出題で，試験時間は60分。マークシート法による選択式と，解答欄に答えを書き入れる記述式の問題が併用されているが，全体的に選択式中心の出題である。記述式の出題は１題につき１～３問で，現代文では漢字や字数制限つきの内容説明，古文では空所補充・箇所指摘などが出題されている。

02 出題内容はどうか？

現代文は評論１題，随筆１題の出題が続いている。評論は，社会学・経済学・哲学・脳科学などさまざまな見地から日本人や日本語，言語などについて論じた文章が出題されることが多い。ただし，2023 年度は〔２〕で，やや感覚的な内容を扱った評論が出題された。決して難解な内容ではないが，身近な話題を論理的に分析していることに注意して読解することが必要である。学部の特性を反映して国際社会の中での日本のあり方を話題とする文章がよく選ばれているようであるが，他学部では，文明論・文化論・社会論・政治論・科学論・思想論など，例年さまざまな分野の文章が出題されているので，そのような分野の文章が出題される可能性も見据えてしっかり学習しておいてもらいたい。随筆は，比較的読みやすい文章が出題されている。いずれも設問は，文章の理解を問う内容説明が中心で，字数制限のある記述式の内容説明も含まれている。そのほか，文章内容をふまえた空所補充に加え，語意，慣用表現，ことわざ，漢字などの語彙力を試す設問が出題されている。2022・2024 年度は文学史が出題されたが，過去にも文学史が出題されたことがある。

古文は，中世・近世の作品が比較的多く出題されている。和歌や俳句を含む作品の出題も多い。設問は，空所補充，文法，内容説明，箇所指摘，人物指摘，口語訳，文学史と多彩で，和歌や俳句が含まれる場合は，その解釈や修辞を問うこともある。全体として内容理解とともに広く深い古典知識を問うものになっている。

03 難易度は？

現代文・古文ともに，ごく基本的な問題も出題されているが，設問の多彩さや試験時間に対する設問数などを加味すれば，全体としては標準レベルである。現代文では，文章のテーマや筆者の論旨を把握したうえで，選択肢をすばやく正確に吟味する力が必要である。また，語意，慣用表現，ことわざ，漢字などの総合的な国語力を試す問題も出題されており，日頃から言葉に対して敏感になっておくことも求められている。古文も，読解力と知識が広く問われる問題である。試験時間は 60 分と余裕がない。特に現代文の〔1〕では例年長文が出されており，注意が必要である。古文を 15 分程度で解答し，残りの時間を現代文に使うとよい。

対策

01 現代文

まず，評論文の基本的な読解力をつけることが必要である。幅広いジャンルの文章を多く読み，文章の論理的な展開や筆者の論旨をきちんと把握できるようにしておこう。そのためには「抽象」「観念」「恣意」「普遍」など，評論文でよく用いられる語句の意味も知っておかなければならない。用語集や国語便覧などを活用し，ひととおり目を通しておくとよいだろう。要領よく選択肢を見極める力も必要なので，他学部の問題なども解き，解答の根拠となる部分への注目のしかたなどをしっかり身につけておいてほしい。随筆文への対策も欠かせない。読解のしかたは基本的には評論文と同じで，筆者の経験や心情を文章から理解していくというものであるが，話題や文体が個性的なものも多いので，さまざまなタイプの随筆を読み慣れておくとよいだろう。

『大学入試 全レベル問題集 現代文〈4 私大上位レベル〉』（旺文社），『体系現代文』（教学社）などの標準～ハイレベルの良問を集めた問題集で学習し，実戦力を養うことが望まれる。設問は，語意や慣用表現などの国語知識を問うものも出題されている。言葉の意味や漢字の読みなどについて，日常生活でもいろいろな言葉に注意を払い，わからない言葉はそのままにせず，すぐに調べるといった姿勢を心がけてほしい。そのうえで，漢字練習用の問題集や国語便覧の難読語一覧などで，入試によく出る語の読み書き・意味などを確認しておくことが望ましい。

02 古　文

　幅広いジャンルや時代の古文を読み慣れておく必要がある。教科書に載っているような有名作品だけではなく，『明治大の国語』（教学社）を利用して，他学部で出題されたものも含めて多様な作品に触れておくようにしよう。古文単語や文法の基礎知識が必須であることは言うまでもない。口語訳に頻出の語句や，活用・接続などをふまえた文法識別，助動詞の訳し方，敬語の用法などをきちんと身につけ，基本的な問題は確実に得点したい。和歌や俳句の知識，古典常識や文学史など，広く深い知識を問う問題も多く出題されているので，１つの文章や問題に当たる際には，設問に解答するだけでなく，その文章から学習できることは何でも吸収しようという姿勢をもって取り組んでほしい。古典常識や和歌については，『大学入試 知らなきゃ解けない古文常識・和歌』（教学社）で問題を解きながら学習するのもよいだろう。

明治大「国語」におすすめの参考書　Check!

- ✓『大学入試 全レベル問題集 現代文〈4 私大上位レベル〉』（旺文社）
- ✓『体系現代文』（教学社）
- ✓『明治大の国語』（教学社）
- ✓『大学入試 知らなきゃ解けない古文常識・和歌』（教学社）

2024年度

問題と解答

学部別入試

問題編

▶試験科目・配点

	教 科	科 目	配 点
学部別3科目方式	外国語	コミュニケーション英語Ⅰ・Ⅱ・Ⅲ，英語表現Ⅰ・Ⅱ	200点
	地 歴	日本史B〈省略〉，世界史B〈省略〉から1科目選択	100点
	国 語	国語総合（漢文の独立問題は出題しない）	150点
英語4技能試験活用方式	外国語	英語4技能資格・検定試験のスコアを出願資格として利用	—
	地 歴	日本史B〈省略〉，世界史B〈省略〉から1科目選択	100点
	国 語	国語総合（漢文の独立問題は出題しない）	150点

▶備 考

- 英語4技能試験活用方式について

指定された英語4技能資格・検定試験において所定の基準（詳細は省略）を満たし，出願時に所定の証明書類を提出できる者のみが出願可能。

合否判定は「地理歴史」「国語」の2科目の総合点で行う。

英 語

（80 分）

〔Ⅰ〕 次の英文を読んで設問に答えなさい。

We've all seen it, we've all heard it, we've all done it ourselves: talked to a baby like it was, you know, a baby.

"Ooo, hellooooo baby!" you say, the pitch of your voice going up and down. However, the baby is utterly confused by your unintelligible warble[1].

Regardless of whether it helps to know it, researchers recently determined that this sing-songy baby talk — more technically known as "parentese" — seems to be nearly (A) to humans around the world. In the most wide-ranging study of its kind, more than 40 scientists helped to gather and analyze 1,615 voice recordings from 410 parents on six continents, in 18 languages from diverse communities.

[(ア)] The results, published recently in the journal *Nature Human Behavior*, showed that in every one of these cultures, the way parents spoke and sang to their infants differed from the way they communicated with adults — and that those differences were profoundly similar from group to group.

"We tend to speak in this higher pitch, high variability, like, 'Ohh, heeelloo, you're a baaybee!'" said Courtney Hilton, a psychologist at Haskins Laboratories at Yale University and a principal (B) author of the study. Cody Moser, a graduate student studying cognitive science[2] at the University of California, Merced, and the other principal author, added: "When people tend to produce lullabies[3] or tend to talk to their infants, they tend to do so in the same way."

The findings suggest that baby talk and baby song serve a (C) independent of cultural and social forces. They lend a jumping off point for future baby research and, to some degree, tackle the lack of diverse representation in psychology. To make cross-cultural claims about human behavior requires studies from many different societies. Now, we have this wide-ranging study.

[　　(イ)　　] "I'm probably the author with the most papers on this topic until now, and these findings are surprising to me," said Greg Bryant, a cognitive scientist at the University of California, Los Angeles, who was not associated with the new research. "Everywhere you go in the world, where people are talking to babies, you hear these sounds."

Sound is used throughout the animal kingdom to convey emotion and signal information, including incoming danger and sexual attraction. Such sounds display similarities between species: A human listener can distinguish between happy and sad noises made by animals. So it might not be surprising that human noises also carry commonly recognizable emotions.

Scientists have long argued that the sounds humans make with their babies play a number of important developmental and evolutionary roles. As Samuel Mehr, a psychologist and director of The Music Lab at Haskins Laboratories who conceived (D) the new study, noted, human babies are "really bad at their job of staying alive." The strange things we do with our voices when staring at a newborn not only help us survive but teach language and communication.

[　　(ウ)　　] Also, lullabies can soothe (E) a crying infant, and a higher pitched voice can hold their attention better. "You can push air through your vocal tract[4], create these tones and rhythms, and it's like giving the baby a pain killer," Dr. Mehr said.

In a previous study, Dr. Mehr led a search for universal characteristics of music. Of the 315 different societies he looked at, music was present in every one. A (F) finding and a rich data set, but one that raised more questions: How similar is the music in each culture? Do people in different cultures perceive the same music differently?

In the new study, the sounds of parentese were found to differ in 11 ways from adult talk and song around the world. Some of these differences might seem obvious. For instance, baby talk is higher pitched than adult talk, and baby song is smoother than adult song. But to test whether people have an innate (G) of these differences, the researchers created a game — Who's Listening? — that was played online by more than 50,000 people speaking 199 languages from 187 countries. Participants were asked to determine whether a song or a passage of speech was being addressed to a baby or an adult.

(H)<u>実験に参加した人たちは、乳児に向けて発せられた音声を、それらを発している人の言語や文化について全く慣れ親しんでいない場合でも、およそ70％の正確さで区別できたことを研究者たちは発見した。</u>"The style of the music was different, but the vibe of it felt the same," said Caitlyn Placek, an anthropologist at Ball State University who helped to collect recordings from the Jenu Kuruba, a tribe in India. "The essence is there."

[(エ)] The new study's sound analysis also listed out these worldwide characteristics of baby and adult communication in a way that <u>brought on</u>(I) new questions and realizations. For instance, people tend to try out many different vowel sounds and combinations when talking to babies. This happens to be quite similar to the way adults sing to each other around the world. Baby talk also closely matches the melody of song — "the 'songification' of speech, if you like," Dr. Hilton said.

This could potentially point to a developmental source of music — maybe "listening to music is one of those things that humans are just <u>wired up</u>(J) to do," Dr. Mehr said.

But there is no consensus among researchers as to how these cross-cultural similarities fit into existing theories of development. "The field going forward will have to figure out which of the things are important for language-learning," Dr. Lew-Williams, a psychologist at Princeton University, said. "And that's why this kind of work is so cool — it can spread."

Dr. Mehr agreed. "Part of being a psychologist is to step back and look at just how weird and incredible we are," he said.

(Adapted from "'Parentese' Is Truly a Lingua Franca, Global Study Finds — In an ambitious cross-cultural study, researchers found that adults around the world speak and sing to babies in similar ways" by Oliver Whang, *The New York Times*, Aug. 4, 2022)

(注)

1 warble 鳥のさえずりのような声

2 cognitive science 認知科学

3 lullaby 子守歌

4 vocal tract 発声器官

1 次の各問の答えを①～④の中から1つ選び、その番号を解答欄にマークしなさい。

(1) 空欄(A)に入る最も適切なものは次のどれか。

① ambiguous

② decisive

③ realistic

④ universal

(2) 下線部(B) principal の意味に最も近いものは次のどれか。

① last

② main

③ original

④ royal

(3) 空欄(C)に入る最も適切なものは次のどれか。

① connection

② direction

③ function

④ limitation

(4)　下線部(D) conceived の意味に最も近いものは次のどれか。

① came down to

② came out of

③ came over from

④ came up with

(5)　下線部(E) soothe の意味に最も近いものは次のどれか。

① break down

② calm down

③ keep down

④ let down

(6)　空欄(F)に入る最も適切なものは次のどれか。

① driving

② falling

③ moving

④ promising

(7)　空欄(G)に入る最も適切なものは次のどれか。

① access

② approach

③ assistance

④ awareness

(8)　下線部(I) brought on の意味に最も近いものは次のどれか。

① created

② decided

③ reported

④ solved

(9)　下線部(J) wired up の意味に最も近いものは次のどれか。

①　equipped

②　limited

③　maintained

④　supported

2　次の文が入る最も適切な場所を本文の [(ア)] ～ [(エ)] の中から１つ選び、その番号を解答欄にマークしなさい。

For instance, parentese can help some infants remember words better, and it allows them to piece together sounds with mouth shapes, which gives sense to the chaos around them.

①　(ア)

②　(イ)

③　(ウ)

④　(エ)

3　下線部(H)実験に参加した人たちは、乳児に向けて発せられた音声を、それらを発している人の言語や文化について全く慣れ親しんでいない場合でも、およそ70％の正確さで区別できたことを研究者たちは発見した。を英訳すると、たとえば次のような英文になる。

The researchers found that the participants were (①) to tell with about 70 percent (②) when the sounds were (③) at babies, even when they were totally (④) with the language and culture of the person making (⑤).

それぞれの空欄に最も適切な語を１つ書いて、文を完成させなさい。ただし、次の[　　　]内の単語は、必ず１度のみ用いること。同じ語を２度以上用いてはならない。

[aimed]

4 本文の内容について、次の質問に対する最も適切な答えを①～④の中から1つ選び、その番号を解答欄にマークしなさい。

(1) Which of the following is stated in the text?

① Courtney Hilton is a leading researcher of music around the world.

② Cody Moser created the term "songification."

③ Greg Bryant led the research of parentese at Yale University.

④ Samuel Mehr has researched common features of music across many cultures.

(2) Which of the following is NOT stated in the text?

① People with different backgrounds talk to their babies in similar ways.

② Parentese has nothing to do with the evolution of human beings.

③ There are similarities between parentese and music.

④ Researchers have not yet fully succeeded in theorizing parentese.

(3) According to the text, which of the following is NOT a characteristic of parentese?

① Varying the pitch of your voice

② Harmonizing your voice with babies

③ Stretching words

④ Trying out new combinations of vowels

〔Ⅱ〕 次の英文を読んで設問に答えなさい。

When soccer coach Eric Adams meets with his players, they come prepared. They've watched videos of their performances, analyzing their technique and their position on the field. Oh, and they're all between the ages of 9 and 10.

Copper Mountain Soccer Club, in Utah, has been using Trace technology for a little over a year to (A) its players. Trace is at the forefront of new artificial intelligence video technology that films games and then selects each player's performance to create a highlight video. Instead of rewatching an entire 90-minute soccer game, players and coaches can study the few minutes that are relevant to each player's development in the sport.

"You want to celebrate your wins with your kids. You want to learn together from the losses. And Trace fixes that by automatically editing highlights for you," said David Lokshin, Trace founder and CEO. "So (B) having to rewatch the full game … you just quickly watch all the content."

[　　(ア)　　] It may seem surprising that such young athletes are already using AI technology to improve their game. Lokshin said 45% of the coaches who signed up for Trace in April of 2023 lead teams ages 11 or younger, some as young as 4 years old. But Adams said using AI in his coaching has been instrumental (C) in supporting his players to learn the structure of the game, to see the progress they're making, and to visualize their position on the field. Drone footage[1] allows players to see where they fit on the team and solve problems with spacing and movement.

Renata Lawson, coaching director at Copper Mountain, said she loves how using AI in sports allows players to do more self-teaching. "The older they get, the more they understand and the more they can learn on their own," said Lawson, who coaches youth athletes ages 13 and older. "But they have to have the proper tools, and Trace makes it possible for them to do that."

In one-on-one training sessions, Adams shows his players footage to put them back in the moment of the game. He then asks them (D) their thought process was and to analyze (　E　) their decisions affected the rest of the game. "A lot of it is player-driven. It's getting them to actually have a little bit of reflection time as to how they played, rather than just that immediate feeling," Adams said. "It allows that dialogue to occur in a much more structured environment that's actually fun for them. That's where the learning really happens."

[　(イ)　] Adams said his athletes can't wait to watch their videos after each game, which keeps them engaged in the learning process (　F　) in becoming better soccer players. They watch their highlight videos and come to him with specific questions and insights based on their performances.

Lawson also noted how much better players' comprehension of their strengths and weaknesses becomes after watching their own performance. "When they're watching those (G) moments back-to-back, they start to recognize their own patterns," Lawson said. "It becomes more apparent to them without any instruction necessary at all."

Lokshin never meant for his technology to evolve into a company. He started using code in 2010 to edit GoPro[2] footage taken while skiing and surfing. "(　H　) you have your own GoPro footage edited for you, you realize, 'Oh my gosh, what if my entire life was like this?'" Lokshin said. "And that was really the origin of Trace."

[　(ウ)　] The tech company, based in Austin, Texas, started around four years after Lokshin first started editing his own video footage. Trace now offers video editing for soccer, baseball, and softball, with technology to incorporate additional sports in development. Lokshin's video technology originally used sensors attached to each player to help AI figure out how to distinguish between teammates. Now, it uses a form of AI called Computer Vision, that helps the program identify and differentiate between individuals on its own.

Lawson thinks the way teams recruit players will change as AI begins to play a larger role in sports. Instead of traveling to get exposure to national teams, or making sure college scouts are present during important games, players can now clip highlights to send to recruiters. Adams believes AI will also be crucial for players who get injured but still want to keep up with the cognitive aspects of their sport. Virtual reality drills and exercises, even just done for a few minutes a day, can keep them from falling behind.

AI will also help coaches continue to track performance data and measure how many of their goals they are meeting (I) a regular basis, Adams said. "Kids and parents typically think wins and losses are the only way to judge success, but there's so much more to it than that in sports," Adams said.

[(エ)] He pointed out that most concerns with the development of AI come down to the generative aspect of it, whereas using video in sports is about mining data, not creating it. "What I think that the future holds is that you don't have to do any of that editing. You don't even have to do any of that filming. The content just reaches you," Lokshin said.

A 2023 survey by Trace found that 61% of clubs plan to use more video next season. (J), 50% of club directors say that all clubs will be filming their games by 2025 and 38% of clubs expect even noncompetitive youth teams to use video. "We're at this breaking point where AI is going to make getting the highlights that you care about really, really easy, and that's going to be a turning point for people," Lokshin said. "It's a really exciting time."

(Adapted from "How AI is changing the game in youth sports" by Gabrielle Shiozawa, KSL.com, May 21, 2023)

(注)

1　footage　(試合などの)録画された一場面

2　GoPro　アメリカの企業 GoPro, Inc. が所有するブランド名。一般に、軽量の小型カメラを指す。

1　次の各問の答えを①～④の中から１つ選び、その番号を解答欄にマークしなさい。

(1)　空欄(A)に入る最も適切なものは次のどれか。

① end up
② go down
③ level up
④ turn down

(2) 空欄(B)に入る最も適切なものは次のどれか。

① as of
② because of
③ despite of
④ instead of

(3) 下線部(C) instrumental の意味に最も近いものは次のどれか。

① casual
② controversial
③ helpful
④ stressful

(4) 空欄(D)と空欄(E)に入る最も適切なものの組み合わせは次のどれか。

① (D) how (E) what
② (D) what (E) how
③ (D) which (E) why
④ (D) why (E) which

(5) 空欄(F)に入る最も適切なものは次のどれか。

① involve
② involved
③ involves
④ involving

(6) 下線部(G) those が指し示しているのは次のどれか。

① the patterns of the player

② the player's own highlights

③ the player's specific questions

④ the strengths and weaknesses of the player

(7) 空欄(H)に入る最も適切なものは次のどれか。

① As if

② Even though

③ Once

④ Until

(8) 空欄(I)に入る最も適切なものは次のどれか。

① by

② during

③ for

④ on

(9) 空欄(J)に入る最も適切なものは次のどれか。

① Additionally

② Critically

③ Rarely

④ Usually

2 次の文が入る最も適切な場所を本文中の空欄 [(ア)] ～ [(エ)] の中から1つ選び、その番号を解答欄にマークしなさい。

Lokshin sees only positives when it comes to the future of AI in sports.

① (ア)

② (イ)

③　(ウ)

④　(エ)

3　本文中の内容について、次の質問に対する最も適切な答を①〜④の中から1つ選び、その番号を解答欄にマークしなさい。

(1)　Which of the following is NOT a reason why Trace technology is used in soccer coaching?

① To automatically edit game highlights for each player

② To help players understand and reflect on their performance

③ To increase player's engagement in the learning process

④ To replace traditional coaching methods for player development

(2)　According to the text, as AI develops further, how will the recruitment process change for sports teams in the future?

① More unethical recruiting activities will occur.

② Players will send video highlights directly to recruiters.

③ Players with knowledge of AI will have an advantage in recruitment.

④ Team coaches and staff will attend more games in person.

(3)　Which of the following is stated in the text?

① A recent survey revealed that more than half of the clubs intend to increase their usage of video analysis in the upcoming season.

② According to Lokshin, many of the coaches registered with Trace primarily work with adult teams.

③ The Copper Mountain Soccer Club has implemented AI technology in their training for about a decade.

④ Trace offers video editing services across a range of sports and is planning to extend its offerings to include fields other than sports in the near future.

〔Ⅲ〕 以下の空欄に入る最も適切なものを①～④の中から1つ選び，その番号を解答欄にマークしなさい。

(1) Despite facing several challenges, they were able to work (　　) their differences and reach a mutually beneficial agreement.

① at
② in
③ off
④ out

(2) (　　) to newspaper reports, everyone wants to know what kind of jobs will disappear with the development of AI.

① According
② Close
③ Going
④ Next

(3) The bookstore had a clearance sale last week and gave (　　) all their books for free to clear out their inventory.

① away
② in
③ into
④ without

(4) The artist's work was a blend of different styles, creating a unique aesthetic that was both traditional and modern, (　　) it were.

① as
② if
③ so
④ where

(5) The school has a dress code policy that all students must adhere (　　), requiring them to wear uniforms during school hours.

① in

② on

③ to

④ up

(6) The event is (　　) to change depending on weather conditions, so please check for updates before attending.

① allowed

② coming

③ owing

④ subject

(7) The company offered competitive salaries and benefits to its employees, expecting hard work and dedication (　　) return.

① at

② for

③ in

④ off

(8) The new restaurant offers a wide variety of delicious dishes, not to (　　) their exceptional customer service.

① mention

② offer

③ speak

④ talk

(9) Today robotic systems have taken the place (　　) manual labor in many industries in the world, including Japan.

① at

② in

③ of

④ out

(10) They are (　　　) at public speaking, often feeling nervous and stumbling over their words in front of a big crowd.

① excellent

② poor

③ odd

④ rich

〔Ⅳ〕 以下の空欄に入る最も適切なものを①～④の中から１つ選び、その番号を解答欄にマークしなさい。

(1) Tim: Hey, Kent. We have to take these chairs into the next room. Can you ________?

Kent: Sure. Is it for tomorrow's conference?

① give me a break

② give me a chance

③ give me a hand

④ give me a hint

(2) Yuta: I heard Mari won the English speech contest yesterday.

Sara: ________. Her English is so good, and she practiced very hard.

① No chance

② No doubt

③ No way

④ No worries

(3) Mika: I'm afraid ______.

Ben: OK. Let me explain it again from the beginning.

① I'm not bothering you

② I'm not bringing you

③ I'm not following you

④ I'm not holding you

(4) Robert: Hi, Takashi. I'm going to have a barbecue party next Sunday. Do you want to come?

Takashi: Oh, ______. I have other plans. Thanks, anyway.

① I can't carry it out

② I can't make it

③ I can't put it off

④ I can't take it

(5) Chen: Hi, Yuki. How are you doing?

Yuki: ______. How about you?

① Can't blame

② Can't complain

③ Can't describe

④ Can't explain

(6) Luis: Bob and I are thinking about going to a baseball game tomorrow. Are you interested?

Kent: Well, ______ baseball so much.

① I'm not beyond

② I'm not into

③ I'm not over

④ I'm not through

(7) Teacher: You did a good job. ＿＿＿＿.

Student: Thank you. I will.

① Get to the good work

② Go for the good work

③ Hold on the good work

④ Keep up the good work

(8) Lisa: What are you doing on Saturday?

Meg: I'm going to ＿＿＿＿ my friend.

① bring about with

② hang out with

③ keep around with

④ turn in with

(9) Sam: How about having lunch at Toscana in Shinjuku this weekend?

Carmen: That restaurant closed last year, ＿＿＿＿.

① as far as I know

② as long as I know

③ as possible as I know

④ as soon as I know

(10) Yuna: It's a little cold here. ＿＿＿＿ if I closed the window?

Bella: No problem.

① Would you like

② Would you mind

③ Would you please

④ Would you stand

〔V〕 次の(A)～(J)の空欄に入る最も適切なものを①～⑬の中から１つ選び，その番号を解答欄にマークしなさい。ただし，同じものを２度以上使ってはならない。

In 2018, when 12 members of a boys' soccer team and their coach were trapped by rising floodwaters deep in Thailand's Tham Luang cave system, a British cave explorer handed Thai authorities a note with three names on it: Rick Stanton (RS), Rob Harper, and John Volanthen.

"They're the world's best cave divers," the note read. "Please contact them. Time is running out."

Within 24 hours, the men were on the scene, and within days they were plotting a daring rescue beyond the ability of even the world's elite military teams. Over the next two weeks, the world watched as Stanton, the leader of a dozen or so cave divers, worked with the Thai government and hundreds of specialists from many nations to bring the boys and their coach out alive.

Stanton, a 60-year-old retired British firefighter, was a central character in the National Geographic documentary, "The Rescue." He's now written an autobiography called "Aquanaut: The Inside Story of the Thai Cave Rescue." He spoke to Joel K. Bourne Jr. (JB) of "National Geographic" about his love of caving and the plan to save the boys.

JB: Something about moving water seems to have appealed to you from an early age.

RS: I was always fascinated ＿＿(A)＿＿. I was a good swimmer. I grew up in the sixties and early seventies when all those Jacques Cousteau programs were on the television. I've spent my life in rubber boots. That's what you wear when you're fishing, that's what you wear in the fire service, and that's what British cavers wear.

JB: Your first introduction to caving was in 1979, when you watched a documentary called "The Underground Eiger." It followed three young explorers ____(B)____ a world-record cave dive in Yorkshire. What about that film led to your passion for this sport?

RS: It just focused my thinking. I was aware of mountain climbing. But this seemed much more adventurous — both underground and underwater.

JB: For a lot of people, exploring a flooded cave in the dark ____(C)____. What about that is fun for you?

RS: You're aware of the concept of flow, right? It's the state of mind when you're totally in the moment. It's like this. When you are cave diving, you are in a bit of sensory deprivation because ____(D)____ and all you hear are bubbles.

JB: Even before you were called to Thailand ____(E)____, you'd made several rescues of trapped cavers, as well as numerous shocking recoveries — even having to retrieve the body of one of your best friends.

RS: No one else is going to rescue a caver apart from another caver. There's no professional rescue service, certainly not in Britain; you need folks with cave rescue and diving experience.

JB: Why was it that all these special forces groups ____(F)____ could not come up with the plan that worked, and a couple of middle-aged cavers from the UK could?

RS: With our experience in caves, we knew that no matter how keen the boys might have wanted to dive out without being sedated[1], no one was going to remain calm for two and a half hours in those conditions. It doesn't matter ____(G)____ you might be before sticking your head under the water, that's just impossible.

JB: When I first heard ＿(H)＿ were sedated so you and the other divers could basically carry them out, I was horrified. I think the world was horrified. What on earth gave you that idea?

RS: It was the fact that when we were practicing cave rescues in Yorkshire with a good friend of mine who is a very confident cave diver, he ended the exercise because he didn't like being rescued underwater and led out of the cave while being fully awake.

JB: It took a lot of convincing to get Dr. Richard Harris, the Australian cave-diving anesthesiologist[2], to agree with the plan. He initially gave it a zero chance of success.

RS: I couldn't see a reason why ＿(I)＿. There was a lot of planning as to how we were going to move the boys and how we were going to manage their breathing and stuff.

JB: What should we learn from the world's most famous cave rescue?

RS: Collaboration works. And trust the experts. That holds true in other areas, certainly coronavirus. I don't know anything about epidemiology[3], ＿(J)＿. At some point, you have to trust somebody.

（注）

1　sedate　薬を使って落ち着かせたり眠らせる

2　anesthesiologist　麻酔専門医

3　epidemiology　疫学

（Adapted from "Inside the risky cave dive that rescued a Thai soccer team" by

Joel K. Bourne, Jr., *National Geographic*, Feb. 10, 2022)

＊＊＊＊＊＊＊＊＊＊＊＊＊＊＊＊＊＊＊＊＊＊＊＊＊＊＊＊＊＊＊＊＊＊＊＊

① as they completed
② it wouldn't work
③ for going abroad
④ nor do most people
⑤ by water
⑥ from the boys
⑦ your vision is limited
⑧ how brave or confident
⑨ that the boys
⑩ to help rescue the boys
⑪ from around the world
⑫ each time a cave fills
⑬ seems like an absolute nightmare

3 同じ進路を進む仲間が誰もいないことに、心細さを感じている。

4 まだ誰も踏み入れたことがない境地に達した人生に、孤高を感じている。

5 一人寂しく人生を終えることになった境遇に、後悔を感じている。

問七 傍線d「不浄をはばかりて」とあるが、不浄をはばかる直接の原因は何か。最も適切なものを次の中から一つ選び、その番号をマークせよ。

1 菌の塊積　2 水あたり　3 泄痢

4 冷たくなった手足　5 心神の散乱

問八 傍線e「これ」の指す内容として最も適切なものを次の中から一つ選び、その番号をマークせよ。

1 旅の途中で病気になってしまったこと

2 枯野をかけめぐる夢を見てしまったこと

3 辞世の句を詠んだこと

4 詠んだ句を推敲すること

5 死期が近くなっても生に執着すること

問三　空欄 **Y** に入る語句として最も適切なものを次の中から一つ選び、その番号をマークせよ。

1　唐衣　2　草枕　3　空蝉の　4　玉の緒の　5　ひさかたの

問四　傍線a「思ひ合せて」の主語として適切なものを次の中から一つ選び、その番号をマークせよ。

1　其角　2　芭蕉　3　慈鎮和尚　4　遊子　5　津の国なる人

問五　傍線bの句で、「鶯」は作者の芭蕉と重ね合わされているが、どのようなところが重ね合わされているかの説明として、最も適切なものを次の中から一つ選び、その番号をマークせよ。

1　鶯も作者も好きなところを旅しているところ
2　鶯も作者も自由気ままな生き方をしているところ
3　鶯も作者も活動に適した時期が過ぎたのに活動を続けているところ
4　鶯も作者も自身の置かれた状況を理解できずに混迷しているところ
5　鶯も作者も死期が近いことを悟り消沈しているところ

問六　傍線c「この道を行く人なしに秋の昏」の句に詠みこまれた心情の説明として最も適切なものを次の中から一つ選び、その番号をマークせよ。

1　誰も歩いていない秋の暮れの街道の風景に、寂寥を感じている。
2　伊賀から摂津まで案内してくれる人を、頼もしく感じている。

津の国…摂津の国。今の大阪。

膳所《ぜぜ》…今の滋賀県大津市の一地区。

曲翠…芭蕉の門人。

しをり…蕉風俳諧の根本理念の一つ。人間や自然を哀憐をもって眺める心から流露したものがおのずから句の姿に現れたもの。

紙帳…紙製の蚊帳《かや》。防寒用にも使われた。

菌《くさびら》…きのこ類。

塊積《つかへ》…消化不良によるつかえ。

例の薬…薬は「薬の事」の略で病気の意か。芭蕉は以前から同様な病状で苦しんでいたらしい。

泄痢《せつり》…下痢。

去来・正秀・木節・乙州・丈草・李由・支考・惟然…いずれも芭蕉の門人。

かかる嘆き…「かかる」は強調的用法で、衰弱著しい師の姿を目の当たりにした門人たちのとほうもない嘆きの意。

問一　空欄 X に入る最も適切な言葉を本文中より抜き出せ。

問二　（設問省略）

　この道を行く人なしに秋の昏《くれ》

と聞こえけるも終《つひ》のしをりを知られたるなり。

伊賀山の嵐、紙帳にしめり、有りふれし菌《くさびら》の塊積《つかへ》にさはるなり、と覚えしかど、苦しげなれば例の薬といふより水あたりして、長月晦《みそか》の夜より床にたふれ、泄痢《せつり》度しげくて物いふ力もなく、手足氷りぬれば、あはやとてあつまる人々の中にも、去来京より馳せくるに、膳所より正秀、大津より木節・乙州・丈草、平田の李由、つき添ひて、支考・惟然とともに、かかる嘆きをつぶやき侍る。

もとよりも心神の散乱なかりければ、不浄をはばかりて、人々近くも招かれず、折々の詞につかへ侍りける。ただ壁をへだてて、命運を祈る声の耳に入りけるにや、心弱き夢の覚めたるは、とて

　旅に病んで夢は枯野をかけめぐる

また、枯野をめぐる夢心、ともせばや、と申されしが、これさへ妄執ながら風雅の上に死なん身の道を切に思ふなり、と悔やまれし八日の夜の吟なり。

〈注〉　慈鎮和尚…慈円の諡号《おくりな》。平安末期から鎌倉初期の僧侶・歌人。

遊子…旅人。

深川の庵…江戸深川にあった芭蕉の草庵。芭蕉庵。

閑素…質素なわび住まい。

心あらん人にみせばや…能因の「心あらん人にみせばや津の国の難波わたりの春の景色を」（『後拾遺和歌集』巻第一、春上）を踏まえる。この歌の詞書には「正月ばかりに津の国に侍りける頃、人の許にいひつかはしける」とある。

4　家康公の遺訓が幸田家の雰囲気を形成していたと理解したこと
5　「出ず入らず」や「程がいい」という古いことばを現代社会に生きる我々も使っていること

(三)

次の文章は、松尾芭蕉の最期を描いた、宝井其角「芭蕉翁終焉記」の一節である。これを読み、後の問に答えよ。

十余年がうち、杖と笠とをはなさず。十日ともとどまる所にては、またこそ我が胸の中を [X] のさはがし給ふなり、と語らイれしなり。

住みつかぬ旅の心や置火燵《おきごたつ》

これぞ慈鎮和尚の、

旅の世にまた旅寝して [Y] 夢の中にも夢をみるかな

とよませ給ひしにa思ひ合せて侍るなり。

遊子が一生を旅にくらしてはつ、と聞き得し生涯をかろんじ、四たび、結びつる深川の庵をまた立ち出づるとて、

b鶯や筍藪《たけのこやぶ》に老いを鳴く

人も泣かるる別れなりしが、心待ちするかたがたにかくかしがましとて、ふたたび伊賀の古郷に庵をかまへ、ここにてしばしの閑素をうかがひ給ふに、心あらん人にみせばや、と津の国なる人に招かれて、ここにも冬籠りする便りありとて思ひ立ち給ふも道祖神のすすめなるべし。

九月二十五日、膳所《ぜぜ》の曲翠子よりいたはり迎へらロれし返事に、

4　瓜《うり》の蔓《つる》に茄子《なす》はならないのだ　　5　青は藍より出でて藍より青いのだ

問六　傍線b「露伴」とあるが、幸田露伴の小説を次の中から一つ選び、その番号をマークせよ。

1　浮雲　　2　五重塔　　3　金色夜叉　　4　蒲団　　5　舞姫

問七　傍線c「こうした見方」とは、どのような見方か。最も適切なものを次の中から一つ選び、その番号をマークせよ。

1　明治維新の激しい変化の中でも徳川幕府の精神を大切にし、万事忠勤に励むべきだとする見方

2　臣下の生活の隅々にまで行き届いた家康公の遺訓の通り、大きく打って出るべきときの見極めを大切にする見方

3　維新が起こった以上、これからは主君の精神ではなく自前の尺度で判断するよう切り替えていくことが大切だとする見方

4　世の中の価値観の変化の中でも物ごとの丁度いい程度を判断していこうとする、家康公の遺訓の影響を受けた見方

5　二百五十年余続いた徳川幕府も瓦解したことを直視し、古い考え方に固執せずに新たな価値観に適応していくべきだとする見方

問八　傍線d「過去からのつながり」とあるが、ここで筆者の実感した「過去からのつながり」の説明として最も適切なものを次の中から一つ選び、その番号をマークせよ。

1　「凡例」を「ぼんれい」と読むような誤りが母親にもあったことを知ったこと

2　母親の誤りが、母方の幸田の家の、気質が出過ぎることを嫌ったことから生じたものであると思い至ったこと

3　「論語」の言葉を祖父が自己流に変化させたと気付いたこと

問三　傍線a「凡例」とは、どういう意味か。最も適切なものを次の中から一つ選び、その番号をマークせよ。

1　平凡な事例　2　標準的な用例　3　くだらない前例
4　模範となる実例　5　箇条書きされた例言

問四　空欄　X　に入るものとして最も適切なものを次の中から一つ選び、その番号をマークせよ。

1　過ぎるのも足りないのも両方ともよろしくないとした孔子の均衡は破られ、物足りないのはまだマシで、度を越せばより悪いこととなる
2　過ぎるのも足りないのも両方ともよろしくないとした孔子の均衡は破られ、度を越すのはまだマシで、物足りないのはより悪いこととなる
3　度を越すのはまだマシで、物足りないのはより悪いとした孔子の教訓は変質し、過ぎるのも足りないのも両方ともよろしくないこととなる
4　物足りないのはまだマシで、度を越せばより悪いとした孔子の教訓は変質し、過ぎるのも足りないのも両方ともよろしくないこととなる
5　物足りないのはまだマシで、度を越せばより悪いとした孔子の教訓は変質し、度を越すのはまだマシで、物足りないのはより悪いこととなる

問五　空欄　Y　に入るものとして最も適切なものを次の中から一つ選び、その番号をマークせよ。

1　鵜《う》の目鷹《たか》の目なのだ　2　同じ穴の貉《むじな》なのだ　3　鳶《とんび》が鷹《たか》を生むのだ

より万事控えめに忠勤に励むというタイプではないが、大きく打って出るべきときの見極めは厳しかったという印象を受ける。自分を客観視し、自前の尺度に照らして物ごとを判断している。

c こうした見方は露伴の母・猷《ゆう》の家事全般の教えの中にも色濃い。出しゃばりもせず、かといってめり込みもしない丁度のことを指す「出ず入らず」や、ほぼ同義だが、やんわりとした上品さがハ醸し出される「程がいい」という表現にも現れている。いずれも、分相応か不相応かの基準の上に成り立つ価値観であり、分相応の「分」、つまり前述の「過ぎるか、及ばないか」を分かつ一線がどこにあるのかといえば、それは家族やお互いよく理解しあっているコミュニティの中で長年ニツチカわれてきた内々の感覚なのだろう。

「出ず入らず」や「程がいい」ということばは、時を経て今の私の日常にも生きている。日々、あたりまえと思って使っていることばが自分の語彙となるまでの経緯をさぐろうとしてもわからないことが多い。だが、ふとしたきっかけで手がかりを得ることがある。d 過去からのつながりを体験し、今を生きる自分を介し、ことばの命がこの先もつながることを願っている。

（青木奈緒「ことばの来し方」）

〈注〉　十徳…僧や尼の着用する法衣ではないが、僧に準ずる人たちの日常の衣服。

問一　傍線イ、ハの読み方をひらがなで記せ。

問二　傍線ロ、ニのカタカナを漢字で記せ。

如かず」と混同したのかもしれない。

私にはありそうなことだと一応納得したものの、念のためと思って母の青木玉に尋ねると、なんと母まで当然のように「過ぎたるは及ばざるに如かず、でしょ」と言う。私はあっけなく、責任回避の安堵を覚えた。母がそう言い習わしてきたなら、Y。

なぜ母が思い違いをしたかはわからない。母は戦後の混乱期とはいえ大学の国文科を出ており、性格も私よりはるかに慎重である。間違えて覚えたというより、母方の幸田の家の気質が出過ぎることを嫌ったのではないかという気がした。実際、「過ぎたるはなんとやら」という言い方は、母や祖母・幸田文の口調でも私の耳に残っていた。原典である「論語」は曾祖父・露伴の十八番のようなもので、いつのまにか自己流に変化させたのだろうと、そのときはそれ以上気に留めずに過ごしていた。

それから一年か一年半が過ぎたころ、何気なくテレビをつけていて、はっと目が吸い寄せられた。歴史を扱った番組で、江戸時代を治めた徳川将軍家の話だった。それ自体、決してめずらしいものではなかったが、徳川家康の遺訓が紹介されていた。「人の一生は」で始まるさほど長くない文章で、その最後が「及ばざるは過ぎたるよりまされり」となっているのだ。

なるほど、さもありなん、という気がした。幸田の家は代々徳川幕府に表坊主として仕えており、身分は武士だが、剃髪して黒の十徳を身につけていた。歌舞伎や時代劇でも時折見かける、登城した大名の世話役であり、早い話が城内の雑用係である。当時の先祖が何を考えていたか知る由もないが、そうした身分にあれば、ピラミッドの頂点にクンリンする家康公の遺訓は絶対であろう。出過ぎるよりは控えめを尊ぶ精神は、臣下の生活の隅々にまで行き届いていたのではないだろうか。

祖母や母の話を聞き、書かれたものを通じて、私がわずかなりとも家の中の雰囲気を想像できるのは曾祖父・露伴のころまでで、露伴は慶応三(一八六七)年、二百五十年余の徳川幕府が瓦解し、明治新政府へと移り変わる年に生まれている。露伴の父母にとって明治維新は世の中がひっくり返るほどの価値観の変化だったという。露伴は明治という新しい時代を生きており、もと

(二)

次の文章を読み、後の問に答えよ。

普段、何気なくことばを使って人と会話し、自分の意図は伝わったと信じ、自らもことばを使ってものごとを考えている。空気や水と同様、大切だが、在ることがあたりまえで、ことばの意味をひとつひとつ確認していたら、日常生活は立ち行かない。だからといって、ことばを粗末に扱って構わないなどとは思っていない。自分の持っている語彙力、ことばを使う能力は意識して磨かねば気づかぬうちに失われ、歳を重ねるごとに円熟味を増すどころか、骨粗鬆症のようにすかすかになってしまう。ことばに関する限り、断捨離しても風通しがよくなるわけでも、身軽にもなるまい。

ことばは、そのことばを使う人たちと共有する財産なのだが、自分では共有しているつもりで、できていないことがある。大抵は無知か、覚え違いである。中学生になって、「凡例[a]」を「ぼんれい」と読んで失敗したことがある。大人になる過程で、その程度の恥ずかしい思いは何度したことか。直せば済むこと、調べればわかることと思っているから、なかなか身につかず、肝心なところで自分は詰めが甘いということもよく承知している。それを自覚しているだけ、まるで考えないよりは希望があると思って自らを慰めている。

つい三年ほど前、格言をひとつ、間違って覚えていることに気づいた。「過ぎたるは及ばざるが如し」とか、「過ぎたるは猶及ばざるが如し」という。何かをし過ぎることは足りないことと同様、よろしくないという意味で、原典は「論語」、孔子の教えである。

これを私はどうしたことか、「過ぎたるは及ばざるに如かず」と覚えていた。「如し」を「如かず」とすれば、[X]。

意識してそう覚えたつもりもない。ただ、なんとなくそんな口調で覚えていただけである。会話の中では「過ぎたるはなんとやらって言うからねぇ」などと、ぼかした使い方をすることもあるし、もしかしたら「百聞は一見に如かず」や「三十六計逃げるに

問八　本文からは次の一文が脱落している。入るべき箇所は本文の Ⅰ から Ⅴ のどこか。最も適切なものを次の中から一つ選び、その番号をマークせよ。

湿らせてもすぐに乾いてしまう砂のように、私たちのつながりの欲求は満たされることを知らない。すぐに訪れる乾きは、私たちをケータイ、スマホへとしばりつけてゆくのである。

1　Ⅰ　2　Ⅱ　3　Ⅲ　4　Ⅳ　5　Ⅴ

問九　傍線e「友情」とあるが、筆者は「友情」をどのようなものだと考えているか。本文の趣旨をふまえて六十字以内（句読点を含む）で説明せよ。

問五　傍線d「情報通信ツールに実装された承認の測定機能は、私たちをSNSのページに釘付けにし、新たな行為様式を確立していった」とあるが、「新たな行為様式」として当てはまらないものを次の中から一つ選び、その番号をマークせよ。

1　友だちの投稿に「いいね」を押すために定期的にSNSソフトを開く。
2　多くの承認を得るために、「SNS映え」するように写真や動画を過剰に装飾する。
3　他者から評価されることを常に意識し、投稿し続けるためのネタ探し的な行動を繰り返す。
4　コミュニケーション・ツールを介してつながっている人たちに、文字、画像、動画をつうじてメッセージを伝達する。
5　自らが発信したメッセージが親しい人や世のなかにどのくらい受け入れられているかを確認する。

問六　空欄［Y］に入る最も適切な三文字の言葉を本文中から抜き出せ。

問七　空欄［a］から［c］のそれぞれに入る言葉の組み合わせとして最も適切なものを次の中から一つ選び、その番号をマークせよ。

1　a　しかしながら　b　つまり　c　そもそも
2　a　その一方　b　つまり　c　しかしながら
3　a　つまり　b　にもかかわらず　c　ただし
4　a　しかしながら　b　その結果　c　さらに
5　a　その結果　b　しかしながら　c　その一方

1　メッセージを送っても未読のまま読んでもらえなかったことに対する不安や、既読になっても返信がなく無視されていると感じる不安

2　自分が発信したメッセージを相手が読んでくれたかどうか、読んでくれた場合はどのくらいの早さで返信をしてくれたのかが分からないことへの不安

3　対面での会話をせずに、未読や既読といった非対面のコミュニケーション履歴のみを基に相手とのつながりの状況を判断してしまう危うさに対する不安

4　メッセージを送信しても「未読スルー」や「既読スルー」をされる恐れがあるため、アプリをつうじてメッセージを発信すること自体が怖くなってしまう不安

5　相手に読んでもらうことを想定してメッセージを発信しているが、相手がそれを読んだという確証がないため、ただの独り言になっているのではないかと感じる不安

問四　空欄 X に入る表現として最も適切なものを次の中から一つ選び、その番号をマークせよ。

1　返信をすぐ返さなくてもよくなる

2　返信の義務を課されるようになる

3　返信を丁寧に書くことが礼儀になる

4　うかつに既読にしないことが求められるようになる

5　受信した内容を秘匿しなければならなくなる

5　電話をかけた後、相手から返信があるまでの時間が長かった場合に、相手から受け入れられていないのではないかと疑いを抱くかどうかで、相手との結びつきの強さが把握できるということ。

問二　傍線b「誰からも見向きもされていないという感覚を呼び起こさせる」とあるが、それはなぜか。最も適切なものを次の中から一つ選び、その番号をマークせよ。

1　携帯電話を使わない人がいるとき、その人とのコミュニケーションが取れないことを意味するようになり、情報ツールが発展したとしても、情報化社会に取り残されている人がいることをより強く意識するようになったため。
2　コミュニケーションを記録することが一般化した社会では、その記録が社会的な承認の目安として機能し、自分の電話番号やIDを相手に知られないように意識しながら生活することが、寂しいという感覚を呼び起こすため。
3　コミュニケーションを記録することが一般化した社会では、意識的にコミュニケーションを取らなければ記録が残らず、友達だと考えている相手から連絡がないことが可視化されると、実は友達でなかったことが明らかになるため。
4　情報通信ツールの普及により、いつどこでコミュニケーションが行われたかの記録が残るようになり、コミュニケーションが発生しなかったことも可視化され、社会的に受容されていないことも視覚的に意識させられるようになったため。
5　情報通信ツールの普及により、既読スルーや未読スルーという現象が起きるようになり、コミュニケーションを取る相手からの拒絶を知る機会が発生することによって、自分自身の社会的な受容について考えざるをえなくなったため。

問三　傍線c「新しい機能は別の不安を生み出してしまう」とあるが、この「別の不安」とはどのようなものか。最も適切なものを次の中から一つ選び、その番号をマークせよ。

にいない人による拘束は、常時接続前の時代から考えられないくらいに強まっている。

しかも、そこで交わされるコミュニケーションからは、対面の会話で見られる何気ない要素は削減され、メッセージ性の強いものが中心を占めるようになる。つまり、「ふつう」の自己よりも「ちょっと盛った」自己が提示されるのである。常時接続をしながら、「明るい自己」を見せることで成り立つ友人関係。そのようなつながりに相談をする人が減ってしまうのも、たしかに納得がいく。

（石田光規『「友だち」から自由になる』による）

問一　傍線 a「コミュニケーションの記録は、連絡の交通整理だけでなく、承認の目安としても機能した」とあるが、「承認の目安としても機能した」とはどういうことか。その説明として最も適切なものを次の中から一つ選び、その番号をマークせよ。

1　他者から拒絶されていることを認識した場合であっても、その相手に繰り返し働きかけをすることによって、二者間の関係性の変化を確認できるということ。

2　相手から電話がかかってきた際に、「連絡をもらったのだから返信しなくては」という拘束力が発生するかどうかで、相手とのつながりの深度が推測できるということ。

3　電話をかけた際に、相手から返信があったかどうか、どのくらいの時間で返信をしてきたかの記録を確認することによって、相手にどの程度受け入れられているかが測れるということ。

4　いつ何回電話をしたり受けたりしたかというコミュニケーションの記録を、電話を発信した側と着信した側双方が正確に把握できているかどうかで、受容の程度が確かめられるということ。

にある。この点に加え、「受け入れられる」という行為には、もうひとつ重要な特徴がある。承認そのものが［ Y ］に欠けることである。

かりに、現在受け入れられている人が、数日後にも受け入れられるとはかぎらない。今や「修復をする機会がなさそう」だからケンカをしないのが友人関係のあり方なのだ。だからこそ人びとは、コミュニケーションを繰り返して相互に受け入れられている感覚を更新しなければならない。

SNSの承認測定機能は、承認における可視化の問題を解消した。その一方で、持続性の問題は解消されないまま残っている。かりにある投稿で一万件の「いいね」を獲得したとしても、次の投稿で同じくらいの「いいね」を獲得できる保障はどこにもない。

［ a ］、SNSをつうじて承認を得ている人びとは、SNSへの投稿を目的として行動をおこすようになる。「いいね」の獲得を目的として、やや過剰に装飾した写真や動画をSNSに投稿する「インスタ映え」や「SNS映え」といった行為はその典型である。承認が可視化された社会を生きる私たちは、いかに多くの「いいね」がもらえるかを意識しながら、ネタ探し的な行動を繰り返してゆくのである。

［ b ］、投稿用のネタがそう長く続くわけではない。また、次の投稿は受け入れられないかもしれないという心理的緊張は、それだけでストレスになる。結果として一部の人はネタ探しに対する疲労をうったえるようになる。

［ c ］、ネタの継続を志向して過剰な表現に走る人も出てくる。さらに、相手の投稿に「いいね」を押すために定期的にSNSソフトを開く人も現れる。友だちが送った投稿に承認のメッセージ、すなわち、「いいね」を送ることこそが友情の証だからである。

SNSにより可視化された承認は、不安定な関係におびえる人びとをSNSに引きつけてゆく。「常時接続」の時代の、目の前しかし、何をやれば相手に受け入れてもらえるのか、ということはそう簡単にはわからない。だからこそ、人びとは対立を回避し、なるべく悪い感情を抱かれないように行動するのである。

V

情報通信端末を介したコミュニケーションは、一連の機能をつうじて、相手からの承認の度合いを徐々に可視化していった。前に触れたコミュニケーションの記録は、承認の確認装置の役割も果たしている。

他者からのメッセージの受信量、自らが発信したメッセージに対する応答の量および速さは、それだけで、人から「受け入れられている」度合いを判断する材料になる。この承認の度合いを非常にわかりやすい形で可視化したのが、多くのSNSに実装された、人びとの投稿を評価・拡散する機能である。

Ｔｗｉｔｔｅｒ、Ｆａｃｅｂｏｏｋ、Ｉｎｓｔａｇｒａｍに代表されるSNSには、いずれも、当該ソフトを介してつながっている人たちに、文字、画像、動画をつうじてメッセージを伝達する機能がある。

メッセージを受信した人は、掲載されたメッセージを「よい」と思えば、ボタンを操作して、自らの気持ちを伝えることができる。俗に言う「いいね！」機能である。また、メッセージをより多くの人と共有すべきと感じたならば、シェア機能をつうじてさらに拡散することもできる。

一方、メッセージを送った人は、「いいね」の数やシェアされた回数を自らのSNSのページから確認できる。この「いいね」やシェアの回数を確認することにより、私たちは自ら発信したものが、親しい人あるいは世のなかにどのくらい受け入れられているのか、容易に確認できるようになった。

d 情報通信ツールに実装された承認の測定機能は、私たちをSNSのページに釘付けにし、新たな行為様式を確立していった。おたがいが受け入れ合うことで成り立つ関係性の難しさは、そもそも、自らが受け入れられているかどうか確認しがたいことも増幅させる。言い換えると、「つながらないこと」に対する耐久力を大幅に落としてしまう。

たとえば、友だち、またはつきあっている人とつながらない状況を考えてみよう。「常時接続前」の時代であれば、距離の隔たった相手と「つながること」は当たり前ではないので、つながっていない状況に対する不満や不安は、そう簡単には生じない。手紙の時代であっても、相手の返信にやきもきすることはあったようだが、一日、二日連絡が来ないことは、それほど気にならなかっただろう。そもそも、手紙の時代にはそれほどの短期間で連絡をとる手段もなかった。

「常時接続」の時代になると、相手と「つながること」が常態になる。人びとが相手とつながることを当然と考えているならば、かりに、目の前にいない誰かとつながらない事態が生じると、その状況に対して強い不満や不安を抱くようになる。

しかも、「常時接続」の時代のコミュニケーションは可視化されているので、私たちはどのくらいの時間相手とつながっていないのか、相手がメッセージを確認してくれたのか、つねに意識させられる。「常時接続」の社会は、人びとから誰かとつながらないことへの耐性を奪ってゆくのである。

コミュニケーション・ツールから切断された数十分後、数時間後には不安・不満を感じる、ＬＩＮＥやＩｎｓｔａｇｒａｍを日に何度もチェックしないと落ち着かない。そういう気持ちを抱いている人たちはけっして少なくないだろう。

Ⅳ

友人関係は、究極的にはおたがいが相手を求め合うという感情に規定されている。友情に、何かの役に立ちそうだとか、仕事上のつきあいがあるからといった感情以外の要素が入ると、当該の友情はなんとなく嘘くさいものになる。

個々人が相手に抱く感情が重視される人間関係とは、「相手に受け入れてもらう」ことが重視される人間関係とも言い換えられる。こちらからはたらきかけなければ置き去りにされてしまうような社会を生きる私たちは、相手に受け入れられて「よい」友人関係を維持しなければ、つながりから放り出されてしまう可能性があるのだ。

コミュニケーションが可視化されるなかで、遠くにいる人びとと常につながり続ける状況は、私たちの孤独感をあおり立てる。たとえば、若者研究では、携帯メールを頻繁に利用する人ほど、孤独に対して恐怖を抱き、孤独に耐える力が弱くなる、と言われている。

メールやＬＩＮＥなどのコミュニケーション・ツールが人びとの孤独への恐怖をあおる仕組みについて、社会学の相対的剥奪という概念を使って考えてみよう。

相対的剥奪とは、人びとの不満は、主観的な期待水準と実際に達成されたものとの格差（剥奪）により相対的に決定されるという考え方である。たとえば、偏差値七〇のＡさんと、偏差値五〇のＢさんが中堅レベルのＸ大学に合格し、入学したとしよう。相対的剥奪の理論にしたがえば、このとき二人が感じる喜びは、ＡさんよりもＢさんのほうが大きくなる。というのも、もともと偏差値の高いＡさんは、進学先への期待水準が高くなるため、中堅レベルのＸ大学への入学という成果をあまり喜べないからだ。

一方、あまり偏差値の高くないＢさんは、進学先への期待も高くはない。そのため、Ｘ大学に入学するにあたっての剥奪感はなく、満足して入学式を迎えることができる。

この概念をもとに、つながりにおける「常時接続前」と「常時接続後」の時代を比べてみよう。

つながりが不安定化してゆくと、人びとは相手をつなぎ止められるか否かという不安を抱えるようになる。このような状況で登場した「常時接続」のつながりの場は、「自由からの逃走」の経路となるばかりでなく、人びとのつながりへの期待を拡大させる。

ケータイ、スマホの登場により、これまで私たちを隔てていた物理的な距離は無視しうるものとなった。私たちは、いつでも、どこでも意中の相手とつながる環境を手に入れたのである。しかし、膨らんだ期待は、それがかなわなかったときの失望感のやり取りを画面上で一括管理している。

　LINEは、いつ、誰にメッセージを発信し、また、いつ、誰からメッセージを受信したのかすぐにわかる仕組みになっている。つまり、私たちのコミュニケーションの履歴を非常にわかりやすい形で示しているのである。

　さらに、LINEには、自らの発したメッセージを相手が読んだか否か確認できる「既読」機能もついている。「既読」機能により、人びとは自ら発信したメッセージを相手が読んだのか否か、読んだとすればどのくらいのタイミングで返信をくれるのか、確認できるようになった。

　コミュニケーションアプリに「既読」機能が追加されたことで、メッセージを発信した当事者の「相手がメッセージを読んでくれたのか」という疑問や不安は取り除かれた。しかし、c新しい機能は別の不安を生み出してしまう。いわゆる「未読スルー」「既読スルー」問題である。

　コミュニケーションアプリをつうじてメッセージを送信する人は、基本的には、相手に読んでもらうことを想定してメッセージを発信している。そうでなければ、メッセージを送る意味はないからだ。そこで「既読」がつかなければ、送信者は相手がメッセージを読んでくれないことに対する不満感や不安感を募らせてゆく。

　その一方で、「既読」がついたにもかかわらず、返信がない場合、送信者は「自らのメッセージが届いたにもかかわらず無視された」と解釈し、いっそうの不満感、不安感を募らせてゆく。

　おたがいのやり取りが可視化されたことで、メッセージを発信した人は、相手の返信にとらわれるようになり、メッセージを受信した人は、［X］。情報通信端末によって可視化されたコミュニケーションは、不安定な人間関係を生きる私たちが、つながりの状況を判断する目安になっているのである。

Ⅲ

ができる。

この時間が長くなると、AさんはBさんから受け入れられていないのではないかと疑いを抱くかもしれない。ゆえに、Bさんには、「連絡をもらったのだから返信しなくては」という拘束力が発生する。

ここでかりにBさんが返信をせず、電話に出ることもせず、Aさんが複数回電話をかけたならば、Aさんは非常に明快な形で、Bさんから拒絶されていることを認識する。コミュニケーションの記録は、私たちが「友だちと想定している他者」から連絡を得られたか否か明示することで、二人のつながりの深度を視覚的に明らかにしてしまうのである。

Ⅰ　コミュニケーションの記録は、より大きな社会からの受容の目安にもなる。私たちは、自らのスマホを見返せば、一定の期日に、何人の人から何回の連絡があったのか、知ることができる。裏返すと、どれほど連絡がなかったのかも知ることができるのである。

二〇二一年一二月に大阪・北新地の雑居ビルで放火殺人事件が発生した。多くの犠牲者とともに死亡した容疑者のスマホに登録されていた電話番号は0件であった。「死ぬときくらい注目されたい」と検索して犯行におよんだ容疑者の孤立状況が推察される。

「どこにいてもつながりに捕捉される社会」で、誰からも捕捉されない状況は、私たちにb誰からも見向きもされていないという感覚を呼び起こさせるのである。

Ⅱ　コミュニケーションアプリ・LINEの登場により、目の前にいない人とのやり取りは、より鮮明に可視化された。

このLINEのおもな機能がメッセージサービスである。LINEは二者間、あるいは三者以上のグループによるメッセージ

国語

（六〇分）

(一)

次の文章を読み、後の問に答えよ。

情報通信ツールが普及した社会では、人びとはそれぞれに個人を識別する番号（携帯番号など）やＩＤ（ＬＩＮＥ　ＩＤなど）をもっている。番号やＩＤと個人が紐付けられることで、私たちは、「意中の人」に直接アクセスできるようになった。このような条件のもと、かなり早い段階で可視化されたのが、コミュニケーションの記録である。

携帯電話は普及しだした当初から、個々人の番号やＩＤを名前に紐付けて登録し、発信履歴、着信履歴という形で、私たちがいつ誰にアクセスし、いつ誰からアクセスされたか記録する機能をもっていた。この機能があることで、距離の離れた相手とのコミュニケーションの行き違いはかなり減少した。

a コミュニケーションの記録は、連絡の交通整理だけでなく、承認の目安としても機能した。たとえば、ＡさんがＢさんに電話をし、Ｂさんが電話に出なかった状況を想定してみよう。

携帯電話は、発信した側、着信した側双方に、「履歴」という形で何月何日何時何分に何回電話した（電話を受けた）という記録を残している。この機能を使えば、ＡさんはＢさんが着信を受けてからどのくらいの時間で返信をしてくるのか正確に知ること

解答編

英語

I 解答 **1.** (1)—④ (2)—② (3)—③ (4)—④ (5)—②
(6)—④ (7)—④ (8)—① (9)—①

2 —③

3. ① able ② accuracy ③ aimed ④ unfamiliar ⑤ them

4. (1)—④ (2)—② (3)—②

全訳

《世界に共通する親語の研究》

[1] 私たちは皆，見たことがあり，聞いたことがあり，自分でもやったことがある一赤ちゃんのように赤ちゃんに話しかけるということを。

[2] 「オォォー，ハロォォー，ベイビー！」 あなたは声の高さを上下させながら言う。しかし，赤ちゃんはあなたの訳のわからない鳥のさえずるような声にすっかり困惑している。

[3] 知っていることが役に立つかどうかは別として，研究者たちは最近，この歌を歌うような赤ちゃん言葉（専門的には「親語」として知られている）が，世界中の人類にほぼ共通しているらしいということを突き止めた。この種の研究の中で最も広範なもので，40 人以上の科学者が協力して，6 大陸の 410 人の親から 1,615 件の音声記録を集め，分析した。そして，それは多様なコミュニティに属する 18 の言語に及ぶ。

[4] 『ネイチャー・ヒューマン・ビヘイビア』誌に先日掲載された研究結果は，どの文化圏でも，親が乳児に語りかけたり歌ったりする方法は，大人同士でコミュニケーションをとる方法とは異なっており，その違いは異なる集団においても極めて類似していることを示した。

[5] 「私たちは，『オー，ハァァーロォォー，あなたはベーイビィィーよ！』

というように，より高い声，変動性の高い声で話す傾向があります」 イェール大学ハスキンズ研究所の心理学者で，この研究の主執筆者であるコートニー=ヒルトンは言う。カリフォルニア大学マーセド校で認知科学を研究している大学院生で，もう一人の主執筆者であるコディ=モーザーは「人が子守唄を歌ったり，乳児に話しかけたりするときは，同じようにする傾向があります」と付け加える。

6　この研究結果は，赤ちゃんとの会話や赤ちゃんに向けた歌は，文化的・社会的な影響とは無関係に機能していることを示唆している。この研究結果は，将来の赤ちゃん研究の出発点となり，心理学において多様なデータ収集が欠如していることにある程度対処するものである。人間の行動について異文化間の主張をするためには，多くの異なる社会においての研究が必要である。今，私たちはこの広範な研究を見ているのである。

7　「私はおそらく，これまでこのテーマに関する論文を最も多く執筆してきた著者ですが，今回の発見は私にとって驚くべきものです」と，この新しい研究とは無関係ではあるが，カリフォルニア大学ロサンゼルス校の認知科学者，グレッグ=ブライアントは言う。「世界中どこに行っても，人々が赤ちゃんに話しかけている場面では，このような音声を耳にします」

8　音声は動物界全体で，迫る危険や性的な魅力を含め，感情を伝えたり情報を知らせたりするために使われている。そのような音声は，種族間で類似性を示す：人間の聞き手は，動物が発する嬉しい音声と悲しい音声を聞き分けることができる。だから，人間の発する音も共通認識が可能な感情を伝達しているとしても驚くべきことではないかもしれない。

9　科学者たちは長い間，大人が赤ちゃんと一緒にいるときに出す音声は，発達上および進化上重要な役割がいくつもあると主張してきた。この新しい研究を発案したハスキンズ研究所のミュージック・ラボ所長で心理学者のサミュエル=メーアが述べたように，人間の赤ちゃんは「生き延びるのが本当に苦手だ」。新生児を見つめるときに私たちが声を使って行う奇妙なことは，私たち人類が生き残るのに役に立っているだけでなく，言語とコミュニケーションを教えるのにも役に立っている。

10　たとえば，親語は，乳児が言葉を覚えやすくなる手助けをし，口の形と音声を組み合わせられるようにする。それで乳児は周囲の混沌を理解できるようになる。また，子守唄は泣いている乳児をなだめることができるし，高い声はその注意をより引きつけることができる。「声道を通して空気を押し出し，こういった調子やリズムを作ることができるのです。それは，赤ちゃんに鎮痛剤を与えるようなものです」とメーア博士は言う。

11　以前の研究の中で，メーア博士は音楽の普遍的な特徴の調査を指揮した。その結果，315 の異なる社会のすべてに音楽が存在することがわかった。期待の持てる発見であり，豊富なデータによるものだが，さらなる疑問が生じた：それぞれの文化の音楽はどの程度似ているのか？　文化が違えば，同じ音楽でも受け止め方が違うのだろうか？

12　新しい研究では，親語の音声は世界中の大人同士の会話や歌と 11 の点で異なっていることがわかった。これらの違いの中には明らかであると思えるものもあるかもしれない。たとえば，赤ちゃんに向けた話し声は大人同士の話し声よりも高く，赤ちゃんのための歌は大人の歌よりも耳馴染みが良い。しかし，このような違いを人が生まれつき認識しているかどうかを調べるために，研究者たちは「聞いているのは誰？」というゲームを作成した。187 カ国，199 の異なる言語を話す 5 万人以上がオンラインでこのゲームをプレイした。参加者は，歌やスピーチの一節が赤ちゃんに向けられているのか，大人に向けられているのかを判断するよう求められた。

13　実験に参加した人たちは，乳児に向けて発せられた音声を，それらを発している人の言語や文化について全く慣れ親しんでいない場合でも，およそ 70％の正確さで区別できたことを研究者たちは発見した。「音楽のスタイルは違えど，その雰囲気は同じだと感じます」と，インドの部族ジェヌ・クルバからの録音収集に協力したボール州立大学の人類学者，ケイトリン=プラツェックは言う。「本質はそこにあるのです」

14　新しい研究による音声の分析では，赤ちゃんと大人のコミュニケーションにおける世界共通の特徴もリストアップされ，新たな疑問や気づきがもたらされた。たとえば，人は赤ちゃんに話しかけるとき，さまざまな母音やその組み合わせを試す傾向がある。これは偶然にも，世界中で大人同士が互いに歌い合うのとよく似ている。赤ちゃんとの会話はまた，歌のメロディーとも合致する。「発話の『歌化』とでも言いましょうか」とヒルトン博士は言う。

15　このことは，音楽の発生的な起源を示す可能性がある。もしかしたら，「音楽を聴くことは，元々人間に備わっているもののひとつなのかもしれません」とメーア博士は言う。

16　しかし，このような異文化間の類似性が，既存の発達理論にどのように適合するかについては，研究者の間で一致した見解は得られていない。「これから行われる研究では，言語学習にとってどれが重要なのかを解明していかなければならない」プリンストン大学の心理学者ルー=ウィリアムズ博士は言う。「だからこそ，この種の研究はとても素晴らしいのです。それは広がっていくでしょう」

17　メーア博士もそれに同意する。「心理学者とは，一歩下がって，私たちがいかに奇妙で信じられない存在であるかを見つめる存在でもあるのです」

解説

1. **(1)**　空所には seem to be に続く形容詞が入り，「～のようだ」となる。主語は this sing-songy baby talk であり，「親語」の特徴について述べられている文であるとわかる。空所(ア)の次の文（The results, published …）では，親語が異なる集団の中でも類似していることが示されている。よって，④ universal「世界共通の」が正解。① ambiguous「曖昧な」 ② decisive「決定的な」 ③ realistic「現実的な」

(2)　a principal author とは「（論文などの）主執筆者」のことである。同意表現は② main「主な」である。① last「最後の」 ③ original「最初の」 ④ royal「王族の」

(3)　空所に入るのは serve の目的語となる。serve には「～を供する」の他に「～を果たす」という意味があるため，③ function「機能」が正解。serve a function で「機能を果たす」というコロケーションは覚えておきたい。① connection「つながり」 ② direction「方向」 ④ limitation「限界」

(4)　conceive「～を考えつく」と同意になるのは，④の come up with である。conceive の意味を知らなくても，下線部直後には目的語 the new study が続くことから推測できる。下線部を含む文の As 節の主語が Samuel Mehr，それを修飾する同格カンマ，noted が動詞となる。同格カンマ後に続く語句は Samuel Mehr の説明であり，a psychologist and director of The Music Lab at Haskins Laboratories を who 以下が修飾している。主節は human babies 以下となっている。① come down to ～

「～に届く」 ② come out of ～「～から抜け出す」 ③ come over from ～「～からやってくる」

(5) soothe「～をなだめる」と同意になるのは② calm down ～「～を落ち着かせる」である。下線部は can に続くことからも動詞であるとわかり，目的語は a crying infant である。「子守唄が泣く赤ちゃんを（　　）する」と考えれば，大体の意味を推測できる。① break down ～「～を取り壊す」 ③ keep down ～「～を抑圧する」 ④ let down ～「～をがっかりさせる」

(6) 空所には finding を修飾する形容詞が入ると考えられる。空所を含む文の後ろの節に，but one that raised more questions とあることから，but の前には but 後の「さらなる疑問」とは反対の研究を肯定的に捉える内容がくると予想できる。よって，④ promising「前途有望な，期待の持てる」が正解だとわかる。

(7) 空所を含む文にある「聞いているのは誰？」というゲームは，直後の文（Participants were asked …）に「歌や言葉が赤ちゃん，大人のどちらへ向けられたものかを判断するテスト」だとある。また，被験者はさまざまな国の異なる言語を話す人々であることから，その目的は「声質の違いを生まれ持って意識しているかどうか」を明らかにすることであると考えられる。よって，④ awareness「意識」が正解。have an awareness of ～「～を意識している」となる。① access「入手権利，機会」 ② approach「接近」 ③ assistance「援助」

(8) brought on ～「～をもたらした」の同意表現は，① created「～を生み出した」となる。bring on の目的語が new questions and realizations であることもヒントになる。直後の文（For instance, people …）以降では，研究で得られた特徴や，それによって生じる疑問が述べられていることから，意味を推測することもできるだろう。② decided「～を決めた」 ③ reported「～を報告した」 ④ solved「～を解決した」

(9) wire up ～は「～に配線をつなぐ」という意味である。下線部を含む部分（humans are just wired up to do）は those things を修飾する関係代名詞の that 節内であり，humans を主語にした受動態の文である。直訳すると「人間が（そう）するように配線をつながれている（こと）」となる。つまり，「人にあらかじめ備わっている（こと）」という意味になる。

よって，① equipped「備わって」が正解。② limited「制限されて」③ maintained「維持されて」 ④ supported「支持されて」

2. 挿入する文は「たとえば，親語は，乳児が言葉を覚えやすくなる手助けをし，口の形と音声を組み合わせられるようにする。それで乳児は周囲の混沌を理解できるようになる」という意味である。help *A do*「*A* が〜するのを助ける」，allow *A* to *do*「*A* が〜するのを許可する/可能にする」，関係代名詞 which はカンマ前の文全体を先行詞としている。挿入する文が，For instance から始まるため前段の具体例になっていることが推測できる。空所(ウ)の前文，第 9 段最終文（The strange things …）を見ると，「大人が声を使って新生児にすることが言語とコミュニケーションを教えるのに役立つ」とある。挿入する文はその具体例となっているため，(ウ)が正解だとわかる。ここでの the strange things we do with our voices when staring at a newborn が parentese のパラフレーズであることに気づくことがポイントである。

3. ①「できた」の意味の able が入る。be able to *do*「〜することができる」

②「正確さ」の意味の accuracy が入る。with about 70 percent accuracy「70％の正確さで」

③「(乳児に) 向けて」の意味の aimed が入る。be aimed at 〜「〜に向けられた」

④「慣れ親しんでいない」の意味の unfamiliar が入る。

⑤「それら (を)」の意味のものが入る。the person making them「それらを発している人」の「それら」とは the sounds のことである。複数名詞を指す代名詞となるため，them が正解となる。

4. (1)「本文中で述べられているのは次のうちどれか？」

①「コートニー=ヒルトンは世界の音楽研究の第一人者である」

第 3・4 段（Regardless of whether … group to group.）および第 5 段第 1 文（“We tend to …）に不一致。ヒルトンが行った研究は，「親語」が世界共通であることを調査した研究であり，音楽との関連を研究したのは，第 11 段（In a previous … same music differently?）にあるように，メーアである。

②「コディ=モーザーは『歌化』という言葉を生み出した」

第14段最終文（Baby talk also…）に不一致。songification「歌化」という言葉を紹介しているのは，ヒルトンである。

③「グレッグ=ブライアントはイェール大学で親語の研究を主導した」

第7段第1文（“I'm probably the…）と不一致。

④「サミュエル=メーアは多くの文化に共通する音楽の特徴を研究している」

第11段第1文（In a previous…）と一致。

(2)「本文中で述べられていないことはどれか？」

①「異なるバックグラウンドを持つ人々でも，赤ちゃんに同じような話し方をする」

第4段の空所(ア)の次の文（The results, published…）で言及されている。

②「親語は人類の進化とは無関係である」

第9段第1文（Scientists have long…）に「大人が赤ちゃんと一緒にいるときに出す音声は，発達上および進化上重要な役割がいくつもある」，第3文（The strange things…）に「親語が新生児の生存を助けるだけでなく，言語やコミュニケーションを教える」とある。よって，不一致。これが正解である。

③「親語と音楽には類似点がある」

第14段第2～最終文（For instance, people… Dr. Hilton said.）に一致。

④「研究者たちはまだ十分に親語の理論化に成功していない」

第16段第1文（But there is…）と一致。

(3)「本文によると，次のうち親語の特徴でないものはどれか？」

①「声の高さを変える」

第2段第1文（“Ooo, hellooooo baby!”…），第5段第1文（“We tend to…）で言及されている。

②「赤ちゃんと声を合わせる」

本文中に言及がないため，正解となる。

③「言葉を伸ばす」

第5段第1文（“We tend to…）で親語の例として，母音を伸ばした言葉heeelloo と baaybee が挙げられている。

④「新しい母音の組み合わせを試す」

第14段第2文（For instance, people…）と一致。

Ⅱ　解答

1. (1)—③　(2)—④　(3)—③　(4)—②　(5)—②　(6)—②　(7)—③　(8)—④　(9)—①

2 —④

3. (1)—④　(2)—②　(3)—①

全訳

《スポーツ指導におけるAIの発展》

[1]　サッカーコーチのエリック=アダムスが選手たちとミーティングをするとき，選手たちは準備をしてくる。彼らは自分のプレーのビデオを見て，テクニックやフィールドでのポジションを分析済みだ。なんと，彼らは全員9歳から10歳である。

[2]　ユタ州にあるコッパーマウンテン・サッカークラブでは，1年と少し前から選手の能力向上のためにトレイス社の技術を使用している。トレイス社は新しい人工知能ビデオ技術の最先端におり，その技術は試合を撮影し，各選手のプレーを選択してハイライトビデオを作成する。90分のサッカーの試合すべてを見返す代わりに，選手とコーチは，各選手のそのスポーツの成長に関連している数分間だけを観察することができる。

[3]「子供たちと勝利を祝いたい。負けから一緒に学びたい。トレイス社は，ハイライトを自動的に編集することで，その機会を用意します」とトレイス社の創設者兼CEOであるデイビッド=ロクシンは言う。「だから，試合全部を見返す代わりに…すべての内容を素早く見ることができるのです」

[4]　このような若いアスリートが，すでにAI技術を使い，プレー技術を向上させているのは驚くべきことに思えるかもしれない。ロクシンによると，2023年4月にトレイス社と契約したコーチの45％が11歳以下のチームを率いており，中には4歳のチームもあるという。しかし，コーチングにAIを使うことで，選手たちが試合の戦い方を学び，成長を確認し，フィールドでの自分のポジションを視覚化することができる，とアダムスは言う。ドローンの映像によって，選手たちは自分がチームのどこにいるのかを確認し，ポジショニングや動き方の課題を解決することができるのだ。

[5]　スポーツにAIを使うことで，選手たちがより独学できるようになることを気に入っている，とコッパーマウンテンのコーチング・ディレクターであるレナータ=ローソンは言う。13歳以上の青少年アスリートを指導するローソンは，「年齢が上がるほど，彼らはより多くのことを理解し，よ

り多くのことを自分で学べるようになる」と述べる。「しかし，適切な道具が必要で，トレイス社はそれを可能にしてくれる」

6　1対1のトレーニングで，アダムスは選手たちに映像を見せ，試合の瞬間に立ち戻らせる。そして，彼らの思考プロセスがどのようなものであったかを尋ね，その決断がその後の試合にどのような影響を与えたかを分析するよう求める。「その多くは選手主導です。その場の感情だけでなく，自分がどうプレーしたかを少し振り返る時間を実際に持たせるのです」とアダムスは言う。「より構造化された環境で対話ができ，それを実際彼らは楽しんでいるのです。そこで本当の意味での学びが起こるのです」

7　アダムスによれば，選手たちは試合後にビデオを見るのが待ちきれない。それによって，より良いサッカー選手になるのに必要な学習プロセスに選手たちは没頭し続ける。選手たちは自分のハイライトビデオを見て，自分のプレーに基づいた具体的な質問や洞察を持って彼のところにやってくる。

8　自分自身のパフォーマンスを見たあとで，選手が自分の長所や短所をどれだけ深く理解できるようになるかについて，ローソンも言及している。「それらの瞬間を連続して見ていると，自分のパターンを認識し始めるのです」とローソンは言う。「何も教える必要が全くなしに，それがより明確になるのです」

9　ロクシンは，自身の技術を会社に発展させるつもりは全くなかった。彼は2010年，スキーやサーフィンのときに撮影したGoProの映像を編集するためにコードを使い始めた。「一度，自分のGoProの映像を編集してもらうと，『ああ，私の人生全体がこんなだったらどうだろう？』と気がつくのです」とロクシンは言う。「それこそがトレイス社の原点でした」

10　テキサス州オースティンを拠点とするこの技術系企業は，ロクシンが初めて自分でビデオ映像の編集を始めてから約4年後に創業した。トレイス社は現在，サッカー，野球，ソフトボールのビデオ編集を提供しており，さらなるスポーツを取り入れる技術も開発中である。ロクシンのビデオ技術は，当初は各選手に取り付けられたセンサーを使い，AIがチームメイトを見分けるようにしていた。現在では，コンピュータ・ビジョンというある種のAIを使用し，プログラム自身で個々人を特定し，区別している。

11　ローソンは，AIがスポーツ界でより大きな役割を果たすようになれば，チームの選手獲得方法も変わると考えている。代表チームに接触するために遠征したり，重要な試合中に大学のスカウトがいることを確認したりする代わりに，今や選手はハイライトを切り取ってスカウトに送ることができるのだ。怪我をしてもそのスポーツの認知面の水準を落としたくない選手にとっても AI は非常に重要な存在になると，アダムスは考えている。バーチャル・リアリティの反復練習やトレーニングを１日数分行うだけでも，遅れを取らないようにすることができるだろう。

12　また，コーチがパフォーマンス・データを追跡し続け，定期的にどれだけ目標を達成しているかを測定するのにも AI は役立つだろう，とアダムスは言う。「子供たちや親たちは一般的に，勝ち負けだけが成功を判断する唯一の方法だと思っていますが，スポーツにはそれ以上のことがたくさんあるのです」とアダムスは言う。

13　ロクシンはスポーツにおける AI の将来について，ポジティブな面しか見ていない。AI の開発に関する懸念のほとんどは，生成的な側面ということになると彼は指摘している。一方，スポーツでビデオを使用することは，データを掘り起こすことであり，データを作成することではない。「私が考える未来図は，編集のために何もしなくてもよくなるということです。撮影する必要もありません。コンテンツが届くだけです」とロクシンは言う。

14　トレイス社の 2023 年の調査では，61％のクラブが来シーズン，より多くのビデオを使用する予定であることがわかった。さらに，クラブの監督の 50％が，2025 年までにすべてのクラブが試合を撮影するようになると答え，38％のクラブが競争のないユースチームでもビデオを使用するようになると予想している。「私たちは今，あなたが気になるハイライトを手に入れることを AI が本当に簡単にしてくれるようになる一歩手前まで来ています。そして，それは人類にとっての転換点になるでしょう」とロクシンは言う。「本当にワクワクするよ」

解説

1．(1)　選択肢から空所には動詞が入るので，空所後の its players が目的語になっているとわかる。トレイス社の技術を使用する目的を考えると，動詞は③ level up ～「～の能力を向上させる」が正解である。① end up ～「最終的に～になる」　② go down ～「～を下る」　④ turn down ～「～を拒む，（音量など）を小さくする」

(2)　空所後の語句と主節を見比べる。「試合全部を見返す（　　　），すべての内容を素早く見ることができる」となり，④ instead of ～「～の代わりに」が正解だとわかる。① as of ～「～の時点で」 ② because of ～「～が原因で」 ③ despite of ～「～にもかかわらず」 トレイス社の技術を説明する内容で第２段最終文（Instead of rewatching …）とほぼ同じ内容になっている。

(3)　下線部 instrumental は「役に立つ」という意味の形容詞である。よって，同意の③ helpful が正解。instrumental の意味を知らなくても，using AI in his coaching が主語である文の補語であることを考え，意味を推測することができるだろう。① casual「無頓着な」 ② controversial「議論の余地のある」 ④ stressful「ストレスの多い」

(4)　空所(D)の後を見ると，their thought process was と SV が続く。「彼らの思考プロセスがどのようなものであったか」という意味にするために，SV の前につく疑問詞は名詞の働きをする what である。一方，空所(E)の後には，their decisions affected the rest of the game と SVO（＝完全文）が続いている。to analyze の目的語となり「彼らの決断がその後の試合にどのような影響を与えたか」という名詞節を作るには，疑問詞 how が適切である。

(5)　空所に入る語は，直前の名詞 the learning process を修飾する語であると推測できる。名詞を後置修飾できるのは分詞である② involved と④ involving だけである。involve は「～を伴う，～を巻き込む」という他動詞であり，空所後の前置詞 in との組み合わせを考えると，(be) involved in ～「～に関わっている」が適切であるとわかる。よって，正解は②。

(6)　下線部直前文の第８段第１文（Lawson also noted …）に「選手が自分自身のパフォーマンスを見たあとで自分の長所や短所を理解できるようになる」とあり，下線部を含む同段第２文（“When they're watching …）に，それがローソン氏の言葉で語られているため，この２文は対応した内容になっている。選手が見る「それらの」瞬間は，この「選手自身のパフォーマンス」であり，さらに，同様の内容を別のコーチが語っている前段の第７段最終文（They watch their …）にある「ハイライトビデオ」を指している。よって，②「選手自身のハイライト」が正解となる。

(7)　選択肢から，空所には接続詞が入ることがわかる。従属節は have *A*

done「*A* を〜してもらう」の形であり，「自分の GoPro の映像を編集してもらう」という意味になる。主節には「『ああ，私の人生全体がこんなだったらどうだろう？』と気づく」と続く。文脈から 2 つの文をつなぐ接続詞は③ once「いったん〜すると」である。① as if 〜「まるで〜のように」 ② even though 〜「〜だけれども」 ④ until「〜するまでずっと」

(8) 空所に続く basis とのつながりを考えると，④ on が正解だとわかる。on a 〜 basis「〜の基準で」，on a regular basis「定期的に」，on a daily basis「毎日，日常的に」などはよく使われるため覚えておきたい。

(9) 空所前後を見ると，空所を含む文は，前文と同じくトレイス社の調査内容で，前文に追加する情報であることがわかる。よって，① additionally「さらに」が正解である。② critically「批判的に」 ③ rarely「めったに〜ない」 ④ usually「いつもは」

2. 挿入する文は「ロクシンはスポーツにおける AI の将来について，ポジティブな面しか見ていない」という意味である。when it comes to 〜「〜のこととなると，〜に関しては」 この文以降は，スポーツにおける AI の将来についての文が続くと推測できる。AI の将来について述べられているパラグラフは第 13 段（He pointed out … you," Lokshin said.）である。よって，正解は(エ)となる。同段第 3・4 文（挿入した文を含む）（"What I think … of that filming.）では「私が描く未来図は，編集の必要がなくなり，撮影の必要もなくなる」と未来の AI 技術の発展について述べている。また，直前の第 12 段（AI will also … sports," Adams said.）ではアダムスの意見が述べられているが，空所(エ)の段では最終文（The content just …）に発言者としてロクシンの名前が出てくることから，空所直後の，He pointed out … の He が挿入する文のロクシンを指していると考えられる。

3. **(1)**「次のうち，トレイス社の技術がサッカーのコーチングに使われる理由でないものはどれか？」

①「各選手の試合のハイライトを自動的に編集するため」

第 2 段第 2 文（Trace is at …），第 3 段第 3 文（And Trace fixes …）に一致。

②「選手が自分のパフォーマンスを理解し，振り返るのを助けるため」

第 4 段第 3 文（But Adam said …）に一致。また，第 8 段（Lawson

also noted … necessary at all.”）等でも同様のことが述べられている。

③「選手の学習プロセスへの関与を高めるため」

第7段第1文（Adams said his …）に一致。

④「選手育成のための従来のコーチングメソッドに取って代わるため」

本文に言及なし。よって，正解は④。

(2)「本文によると，AIがさらに発展するにつれて，スポーツチームの採用プロセスは今後どのように変化していくか？」

選手をリクルートする方法がAIによって変わるということが述べられている第11段の第2文（Instead of traveling …）より，正解は②「選手が採用担当者にハイライトビデオを直接送るようになる」である。①「非倫理的なリクルート活動が増える」③「AIの知識のある選手がリクルートに有利になる」④「チームのコーチやスタッフが直接試合に出席することが増える」はいずれも言及がない。

(3)「本文中で述べられていることは次のうちどれか？」

①「最近の調査で，半数以上のクラブが来シーズンにビデオ分析の利用を増やす意向であることが明らかになった」

第14段第1文（A 2023 survey …）に一致。本文中には「61％のチーム」と具体的に数字が述べられているが，選択肢では more than half とパラフレーズされている。

②「ロクシンによると，トレイス社に登録しているコーチの多くは，主に社会人チームを担当している」

第4段第2文（Lokshin said 45％ …）には「トレイス社に登録した45％のコーチが11歳以下のチームを率いている」とある。よって，不一致。

③「コッパーマウンテン・サッカークラブでは，10年ほど前からトレーニングにAIテクノロジーを導入している」

第2段第1文（Copper Mountain Soccer …）に「トレイス社の技術を使用して1年ちょっと」とある。よって，不一致。

④「トレイス社はさまざまなスポーツのビデオ編集サービスを提供しており，近い将来，スポーツ以外の分野にもサービスを拡大する予定である」

第10段第2文（Trace now offers …）では「他のスポーツも取り込む技術を開発中」とあるが，スポーツ以外の分野に関する言及はなし。よって，不一致。

Ⅲ 解答

(1)—④　(2)—①　(3)—①　(4)—①　(5)—③　(6)—④
(7)—③　(8)—①　(9)—③　(10)—②

解説

(1)「いくつかの問題に直面しながらも，彼らは意見の相違を解決し，互恵的な合意に達することができた」

work out *one's* differences で「意見の相違を解決する，なくす」の意味なので，④が正解。② work in ～「～を盛り込む，入れる」③ work off ～「～を返済する，徐々に減らす」

(2)「新聞報道によれば，AI の発展によってどんな仕事がなくなるのか，誰もが知りたがっているという」

to の後に情報源 newspaper reports がくることからも，① according to ～「～によると」が正解だとわかる。② close to ～「～の近くに」④ next to ～「～のとなりに」

(3)「その書店は先週，在庫一掃セールを行い，在庫を空にするためにすべての本を無料で手放した」

① give away ～「(不要なもの) を無料であげる」の意味なので，正解となる。for free「無料で」とのつながりからも判断できる。② give in ～「～を提出する」

(4)「この芸術家の作品は，さまざまなスタイルが融合し，いわば伝統的でありながら現代的でもある独特の美学を生み出していた」

as it were「いわば」は挿入的に用いられる表現である。

(5)「学校には，すべての生徒が遵守しなければならない服装規定があり，学校の時間中は制服の着用が義務づけられている」

adhere は前置詞 to を伴って「～を固守する，～を遵守する」となる。

(6)「そのイベントは天候により変更になる場合がありますので，参加前に最新情報をご確認ください」

④ be subject to ～「～の影響を受けやすい」が正解である。後半の「情報の更新を確認してください」とあるため，イベントは天候に左右されることがわかる。① be allowed to *do*「～することが許可されている」，③ owing to ～「～が原因で」では文意が通らない。

(7)「その会社は従業員に他社よりも有利な給与と福利厚生を提供し，その見返りとして勤勉さと献身を期待していた」

competitive salary とは他社の同職の基準よりも少しだけ高めな給与のことである。③ in return「お返しに，見返りに」の意味なので，正解となる。① at，② for，④ off はこの表現では用いない。

(8)「この新しいレストランは，そのすばらしい顧客対応は言うに及ばず，種類豊富な美味しい料理を提供している」

① not to mention ～「～は言うまでもなく」が正解である。同意表現として，not to speak of ～ があるが，ここでは of がないため不可。② offer や④ talk にはこのような用法はない。

(9)「今日，日本を含む世界の多くの産業で，ロボットシステムが手作業の代わりを果たしている」

manual「手作業の」③ take the place of ～「～に取って代わる」が正解である。① at，② in，④ out はこの表現では用いない。

(10)「彼らは人前で話すのが苦手で，大勢の前で緊張して言葉に詰まることが多い」

文の後半（often feeling nervous …）では「緊張して言葉に詰まる」とあり，人前で話すのが不得手であることが読み取れる。よって，② be poor at *doing*「～するのが苦手である」が正解となる。① be excellent at *doing*「～するのが非常に得意だ」では文脈に合わない。③ odd や④ rich にはこのような用法はない。

Ⅳ 解答

(1)—③　**(2)**—②　**(3)**—③　**(4)**—②　**(5)**—②　**(6)**—②
(7)—④　**(8)**—②　**(9)**—①　**(10)**—②

解説

(1)　ティム：やあ，ケント。この椅子を隣の部屋に運ばなきゃいけないんだ。手を貸してくれる？

ケント：いいよ。明日の会議のため？

①「一休みさせてください，勘弁してください」②「機会をください」④「ヒントをください」

(2)　ユウタ：昨日，マリが英語のスピーチコンテストで優勝したんだって。

サラ：間違いないわ。彼女の英語はとても上手だし，一生懸命練習したんだから。

② No doubt.「間違いない」は相手の発言に強く同意するときに用いる

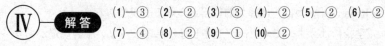

表現。反対に③ No way.「絶対ない」は相手の発言を強く否定する表現である。①「ありえない」 ④「心配しないで」

(3) ミカ：ごめんなさい，ついていけないわ。

ベン：わかりました。もう一度最初から説明させてください。

応答に，「もう一度説明する」とあるので，理解できていないことを伝える表現を選ぶ。follow には「話についていく」=「～を理解する」という意味もある。

(4) ロバート：やあ，タカシ。今度の日曜日にバーベキューパーティーをするんだ。来るかい？

タカシ：ああ，行けないよ。他に予定があるんだ。ありがとう。

make it には「間に合う」「成功する」「都合がつく」などの意味がある。よって，②が正解。① carry out ～「～を実行する」 ③ put off ～「～を延期する」

(5) チェン：やあ，ユキ。調子はどう？

ユキ：まずまずだよ。あなたは？

Can't complain.「まずまずだよ」は会話特有の表現。たとえ問題があっても満足な状態を言うときに用いる。①「～を責められない」 ③・④「～を説明できない」

(6) ルイス：明日，ボブと野球の試合を見に行こうと思っているんだ。興味あるかい？

ケント：ええと，僕は野球にはあまり興味がないんだ。

be into ～ は「～に興味がある，～が大好きである」という意味である。

(7) 先生：よく頑張ったね。その調子で頑張って。

生徒：ありがとうございます。頑張ります。

続く生徒の発言からも，励ましの言葉をかけていることがわかる。Keep up the good work.「そのままの調子で頑張って」は励ましの文句としてよく使われる。

(8) リサ：土曜日は何をするの？

メグ：友達と遊びに行く予定よ。

予定を聞かれているので，② hang out with ～「～と出かける」が正解となる。

(9) サム：今週末，新宿のトスカーナでランチはどう？

カルメン：私の知る限り，あのレストランは去年閉店したわ。

①as far as I know「私の知る限り」は頻出表現。as far as と as long as は「～する限り」と同じ日本語で訳されることも多いが意味が異なることに注意。as far as は範囲を表し，他にも as far as *A* is concerned「*A* に関していえば」などで使われる。as long as は条件を表し，only if と同意である。

⑽ ユナ：ちょっと寒いですね。窓を閉めてもいいかしら？

ベラ：大丈夫よ。

空所後につながる形を考えると，②が正解となる。Would you mind if ～?「～してもよろしいでしょうか？」は依頼やお願いをするときの頻出表現である。①would you like の後ろは，名詞や to *do* が続き，「～はいかがですか？」となる。③Would you please には動詞の原形が続き，「～してくださいませんか？」と依頼する表現になる。④stand には「我慢する」という意味があるが，その後の if 以下と合わないため不可である。

Ⅴ 解答

(A)—⑤ (B)—① (C)—⑬ (D)—⑦ (E)—⑩
(F)—⑪ (G)—⑧ (H)—⑨ (I)—② (J)—④

全訳

《タイでの洞窟救助に関するインタビュー》

[1] 2018年，増水によってタイのタムルアン洞窟の奥深くに少年サッカーチームのメンバー12人とコーチが閉じ込められたとき，英国の洞窟探検家がタイ当局に3人の名前が書かれたメモを手渡した：リック=スタントン（RS），ロブ=ハーパー，ジョン=ヴォランセン。

[2] 「彼らは世界最高の洞窟ダイバーです」とそのメモには書かれていた。「彼らに連絡してください。時間がありません」

[3] 24時間以内に彼らは現場に到着し，数日のうちに世界のエリート軍事チームさえも及ばない大胆な救出作戦を計画していた。それからの2週間，十数人の洞窟ダイバーのリーダーであるスタントンが，タイ政府や多くの国から集まった数百人の専門家と協力し，少年たちとそのコーチを生きて連れ出すのを世界中が見守った。

[4] 60歳の引退した英国人消防士であるスタントンは，ナショナル・ジオ

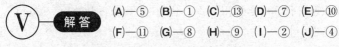

グラフィックのドキュメンタリー『救出』の中心人物だった。彼は今，『潜水技術者：タイの洞窟救出劇の内幕』という自伝を書いている。彼はナショナル・ジオグラフィックのジョエル・K・ボーン=ジュニア（JB）に，彼の洞窟探検への愛と少年たちの救出計画について語った。

JB：幼い頃から，動く水に関することに魅力を感じていたようですね。

RS：私はいつも水に魅了されていました。泳ぎは得意でした。ジャック=クストーの番組がテレビで放映されていた60年代から70年代前半に私は育ったのです。ゴム長靴を履いて人生を過ごしてきました。釣りをするときに履くものだし，消防署でも履いている。イギリスの洞窟探検家も履くのです。

JB：あなたが洞窟探検に目覚めたのは1979年，『アンダーグラウンド・アイガー』というドキュメンタリーを見たときでしたね。ヨークシャーで洞窟潜水の世界記録を達成した3人の若い探検家を追ったものでした。その映画のどこがこのスポーツに情熱を傾けるきっかけになったのですか？

RS：私の思考を集中させてくれたのです。山登りは知っていました。でも洞窟潜水は，地下でも水中でも，もっと冒険的なものに思えたのです。

JB：多くの人にとって，暗闇の中で浸水している洞窟を探検するのは全くの悪夢のように思えます。それのどこが楽しいのですか？

RS：フローという概念は知っていますよね？　完全にその瞬間に没入しているときの心の状態です。それはこんな感じです。洞窟に潜っているとき，視界は狭く，聞こえるのは泡の音だけなので，感覚が少し奪われているように感じます。

JB：少年たちの救助のためにタイに呼ばれる前から，あなたは閉じ込められた洞窟探検家たちを何度も救助し，数々の衝撃的な救出劇を演じてきました。親友の遺体を回収しなければならないこともありました。

RS：洞窟探検家を救助しに行くのは，他の洞窟探検家以外にはいないのです。イギリスにはもちろんプロの救助サービスはないのです。だから，洞窟レスキューやダイビングの経験者が必要なのです。

JB：世界中から集まった特別部隊でもうまい計画を思いつかなかったのに，なぜ少数のイギリスの中年洞窟探検家には思いつくことができたのでしょうか？

RS：私たちの洞窟での経験から，いくら少年たちが鎮静剤なしで潜って脱出したいと思っていたとしても，あの状況で2時間半も冷静でいられる人はいないとわかっていました。水中に潜る前にどんなに勇気や自信があっても意味はない。それは単純に不可能なのです。

JB：少年たちに鎮静剤が投与されてそれで，あなたや他のダイバーが彼らを実は運び出すことができたと最初に聞いたとき，私はぞっとしました。世界中がぞっとしたと思います。いったいどうしてそんなことを考えたのですか？

RS：洞窟潜水に自信のある親友のダイバーと一緒にヨークシャーで洞窟救助の練習をしていたとき，完全に意識がある状態で，水中で救助されて洞窟の外に連れ出されることが嫌で，彼が練習を打ち切ってしまったことがあったのです。

JB：オーストラリアの洞窟潜水麻酔専門医であるリチャード=ハリス博士にこの計画に同意してもらうには，かなりの説得が必要でした。彼は当初，成功の可能性はゼロだと言っていましたね。

RS：うまくいかない理由がわからなかった。少年たちをどのように移動させるか，どのように呼吸を管理するかなど，入念な計画があったのです。

JB：この世界で最も有名な洞窟救助から何を学ぶべきですか？

RS：協力はうまくいくということ。そして専門家を信頼することです。他の分野でも，もちろんコロナウイルスでも，同じことが言えます。私は疫学について何も知らないし，ほとんどの人も知らないでしょう。ある点では，誰かを信頼しなければならないのです。

解説

(A)　空所の前に受動態で was … fascinated とあるため，何に「魅了されて」いたのかを示す言葉が続くと考えられる。空所後には泳ぐのが得意だったことや，ゴム長靴をずっと履いていたことが述べられているため，⑤が適切だとわかる。

(B)　空所の前にはSVO「それ（＝ドキュメンタリー）は3人の若い探検家を追った」と文が完成しているため，空所にはOを修飾する語句や，接続詞節が続くと考えられる。選択肢には，分詞から始まる語句がなく，⑨

のthatを関係代名詞と考えても動詞がないため修飾関係を作れない。よって，接続詞を含む選択肢①や⑫が候補に挙げられる。「3人の若い探検家が世界記録を達成したとき」という節だと主節とうまくつながるため，①が正解となる。なお，①のtheyはthree young explorersを指している。

(C)　空所前には動名詞exploringを中心とした名詞句が置かれているため，これを主語と考え，空所には動詞を含んだ語句が入ると推測できる。選択肢の中で動詞から始まるのは⑬だけであり，「洞窟潜水は全くの悪夢に思える」とすれば，その後の「何が楽しいのか？」という質問につながる。

(D)　空所を含む文はRSが語るflowという状態の説明（具体例）である。「感覚が奪われたような状態」の理由としてbecause以下がある。becauseは接続詞であるため，SVがその後に続くと考えれば，⑦「視界が狭い」が正解とわかる。

(E)　空所の前はbefore節が文として成立しており，空所後もカンマのあとに，you'd made … と完成された文が置かれている。よって，空所には，Thailandを修飾する語や，before節全体を修飾する語句が置かれると推測できる。候補は，③，⑥，⑩，⑪であるが，「タイに呼ばれた」を修飾するのは，⑩「少年たちを救出するために」が適切である。to helpは不定詞の目的を表す副詞的用法である。

(F)　空所を含む文は疑問詞を強調した強調構文であることに注意。疑問詞を強調する場合は，疑問詞を文頭に出し，疑問詞＋be動詞＋it that S V ～の語順になる。that以下を見ると，all these special forces groupsが主語，空所後のcould not comeが動詞であることがわかるため，空所には主語を説明する修飾語が入ると推測できる。名詞を修飾する語句として候補に挙がるのは，⑥，⑩，⑪であるが，「世界中から集まった特殊部隊」とすると意味が通るため，⑪が正解となる。文全体が「世界中の特殊部隊が思いつかない」のに，「イギリスの中年の洞窟探検家はなぜ思いつくのか」という対比になっていることを見ても，正解にたどり着けるだろう。

(G)　空所前にはIt doesn't matterとあり，Itを形式主語と考えると，それに続くのはthat節や疑問詞節である。空所後と組み合わせて節を作ることができるのは，⑧である。how brave or confident you might beで「どのくらい勇敢で自信を持っているか」となり，形式主語Itの具体的内容となる。

(H)　空所前には動詞 heard があり，空所後には were sedated と動詞が置かれている。よって空所には，heard の目的語となる that 節の主語を含んだものでなければ文が成り立たない。よって，正解は⑨となる。「少年たちが眠らされたと初めて聞いたとき」となり，文意が通る。

(I)　空所には関係副詞 why に続く SV を含んだ語句が並ばなければならない。候補は②，⑦であるが，その後の文で「十分な計画があった」とあるため，「なぜうまくいかないのかわからない」という意味になる②が正解である。

(J)　空所の前が否定文「私は…知らない」であるため，それを受けて「ほとんどの人も知らない」を表す④が正解である。肯定文を受けて，「*A* もそうだ」という場合は，so＋動詞＋*A* となり，否定文を受けて「*A* もそうでない」とする場合は，neither または nor＋動詞＋*A* となる。

講評

2024 年度も，読解問題２題，文法・語彙問題１題，会話文問題２題の５題の出題で例年通りであった。時間配分は，Ⅰ（35 分），Ⅱ（25 分），Ⅲ（５分），Ⅳ（５分），Ⅴ（10 分）程度が理想的であろう。

Ⅰ，**Ⅱ**の読解問題は，「世界に共通する親語の研究」「スポーツ指導における AI の発展」がそれぞれテーマになっており，分量や設問形式も例年通りの出題である。英文で使用されている語彙はそれほど難易度の高いものではないため，大学受験に必要とされる基礎的な語彙力をしっかり身につけておくことが肝心である。また，同意表現選択問題がⅠでは５問，Ⅱでは１問出題されている。下線が引かれている単語や熟語の意味がわからなくても，前後の文脈を読み取ることで，正解にたどり着けるものも多い。空所補充問題と同様に，文法的な知識や，文脈からどのような意味の語句が入るかを推測して解答することが大切である。各大問の最後の設問は，内容真偽問題が出題されているが，本文と対応する箇所が分散しているため，先に選択肢を読んでおくと，該当する箇所を素早く見つけることができるだろう。

Ⅲの文法・語彙問題は，熟語やイディオムの知識を問うものが多い。

難易度は昨年と変わらず，基本的な問題が大半であるため，高得点を狙いたい。ただし，文脈から判断できる問題よりも，その表現の意味や語法を知らなければ解けない問題が多いため，日頃から語彙力をしっかりと身に付けておくことが大切になってくるだろう。

Ⅳの空所補充問題は例年同様の会話型である。会話文は基本的な単語で書かれているが，口語的なイディオム，慣用句を問う問題が多いため，普段から会話独特の表現にも注意を払って勉強しておく必要がある。

Ⅴは会話文形式の読解問題で，例年通り空所補充形式での出題であった。意味からだけ考えるのではなく，空所前後を見て，品詞や文構造など文法的に正しいかという視点で確認し，選択肢を絞った上で，意味として通るものを選ぶようにしたい。

講評

一の現代文は、情報化社会の人々の心理についての評論からの出題。問一は標準レベル。間違いの選択肢に同じパターンが複数あり、判断しやすかった。他の設問もおおむね標準レベル。問九は、記述問題であるので難レベル。本文はかなり分量があるので、どの内容を使うかの選択が難しい。また、それらの内容を六十字に詰め込むのも簡単な作業ではない。

二の現代文は、ことばについての随筆からの出題。問一の読み、問二の書き取りは標準かやや易レベル。他の設問は標準レベルだが、問八の内容説明は、紛らわしい選択肢があるので、やや難レベルである。

三の古文は、俳文からの出題。問一の箇所指摘、問三の空所補充は標準レベル。いずれも、古典常識があれば解きやすかった。問五の俳句解釈はやや難レベル。考える手掛かりは多くはない。問六の俳句解釈もやや難レベル。紛らわしい選択肢がある。問七と問八は標準かやや易レベル。

全体として、**一**の現代文は、分量的には多いが、具体例もあって読みやすい。最後の六十字の記述問題以外は、特に時間がかかるという問題はない。**二**の現代文も読みやすい。紛らわしいといえるような選択肢もごくわずかである。**三**の古文も読みやすい文章なのだが、俳句解釈は単なる口語訳では対応できないので、受験生はやや苦労したと思われる。わずかなことばから俳句世界をイメージする想像力が要求された。この三題で六十分という試験時間は、余裕がない。長めの現代文を手際よく読む力を身につけておく必要がある。

解説

問一　旅に向かって芭蕉の心を「さはがし給ふ」ものは何かと考える。「鶯や…」の句に触れた後、旅に出る芭蕉について「……も道祖神のすすめなるべし」と述べていることを参考にする。芭蕉が「給ふ」と尊敬語を使っていることもヒントになるだろう。「道祖神」とは、旅人の安全を守る神である。

問三　Y の直前の「旅の世」「旅寝」という語、Y の直後の「夢をみる」という語がヒントになる。「草枕」とは〝旅に出て草を結んで作った枕〟のこと。「旅」「露」などの枕詞としても用いる。

問四　慈鎮和尚の歌を「思ひ合せて（＝意識して）」「住みつかぬ…」の句を作った人物を答える。

問五　「鶯」と「笋藪」が取り合わされていること、鳴いているのが「老い」であることに注意する。「鶯」は梅と取り合わされることが多く、春の季語であるが、竹やぶが生い茂るのは夏以降で、季節感のずれを歌っている。「老い」を重ね、時期が過ぎているのになおも活動しようとすることを示す3が適当。4は、季節感のずれに関する説明が不十分。

問六　「この道を…」の句に漂っているものは寂しさであるが、〈注〉にある「しをり」の意味も合わせて考えると、「秋の昏」の寂しさから心に流露した感興が織り込まれていると読み取りたい。「終のしをりを知られたるなり」と合致する4が適当。

問七　1のようにきのこ類が消化不良でつかえることや、2の「水あたり」、4の「冷たくなった手足」は、「不浄」（汚いこと）には当たらない。5の「心神の散乱」はなかったと傍線dの直前に書かれている。

問八　「これ」の指示内容は、直前の「枯野をめぐる夢心、ともせばや」ということである。芭蕉は死の床について、なお「夢は枯野をかけめぐる」と「枯野をめぐる夢心」のどちらがいいかと思案しているのである。このことから、4の「推敲すること」を選ぶ。

鶯が、筍がすくすく育つ藪のなかで、みずからの季節を過ぎてしまったという老いを嘆いている

人も自然と泣けてくる別れであったが、（芭蕉翁が来るのを）心待ちにしている方々がとにかく（あれこれと）やかましくて、（芭蕉翁は）ふたたび伊賀の故郷に庵を構え、ここでしばらく質素なわび住まいをなさるが、情趣を理解する人に見せたい、と摂津の国にいる人に招かれて、ここにも冬ごもりする便宜があるということで（摂津へ行こうと）思い立ちなさるのも道祖神のすすめであったのだろう。

九月二十五日、膳所の曲翠子からいたわり迎えられた返事に、

この道を行く人が誰もいない、寂しい秋の夕暮れのような晩年を迎えた

と申しなさったのも最期の哀憐の情を知っておられたのである。

伊賀の山の嵐が、紙製の蚊帳をしめらせ、ありふれたきのこ類が消化不良によるつかえを起こすのだ、と思っていたが、（芭蕉翁が）苦しそうなのでいつもの病気（であろう）と言ううちに水あたりして、九月末の夜から病床に就き、たびたび下痢を起こしてものを言う力もなく、手足が氷のように冷えたので、あわやということで集まる人々の中でも、去来は京から駆けつけるが、膳所から正秀が、大津から木節・乙州・丈草が、平田の李由が、付き添って、支考・惟然とともに、（衰弱著しい師の姿を目の当たりにしたことで）心に寄りくる嘆きをつぶやきます。

（芭蕉翁には）もともと精神の乱れはなかったので、（下痢の）不浄をはばかって、人々は近くにも招かれず、その折々の（芭蕉翁の）言葉に（応じて）奉仕しました。ただ壁をへだてて、命運を祈る（弟子たちの）声が（芭蕉翁の）耳に入ったのだろうか、気弱な夢が覚めたのは、ということで

私自身は旅の途中で病気になってこうして臥せっているが、私の夢は枯野をかけめぐっていることだ

また、（句の文言を）「枯野をめぐる夢心」、ともしたい、と申しなさったが、これさえ（俳諧への）妄執である（と分かっている）ものの俳諧の道に（徹して生き、そして今徹したまま）死ぬような自身の道を切実に思うのだ、と悔やまれた八日の夜の（芭蕉翁の）吟である。

三

出典　宝井其角『芭蕉翁終焉記』

解答

問一　道祖神

問二　（設問省略）

問三　2

問四　2

問五　3

問六　4

問七　3

問八　4

全訳

十何年もの間、（芭蕉翁は）杖と笠とを手離さない（でおられた）。十日ほども留まるところでは、また私の胸の内を道祖神が（旅に出よと）さわがせなさるのだ、と（芭蕉翁が）語りなさった。

　ひと所に住みつくことなく、旅を重ねる心は（落ち着くこともなくて、まるで置き所の定まらない）置炬燵のようなものだよ

これは慈鎮和尚が、旅を続けて野宿をしたが、現実離れした夢のような旅の中で眠ると、また夢を見ることだよと詠みなさったものを（芭蕉翁が）意識しての句です。

旅人が一生を旅に暮らして亡くなる、と聞いた生涯を軽んじて、（芭蕉翁は）四たび、構えていた深川の庵をまた出かけるということで、（次の句を芭蕉翁が詠む）

問四「如し」は〝同等である〟の意。「如かず」は〝及ばない、劣っている〟の意。本来の「過ぎたるは及ばざるが如し」は、〝「過ぎたる」ものも、「及ばざる」ものも、同じようによくない〟の意であるが、「過ぎたるは及ばざるに如かず」では〝「過ぎたる」ものは、「及ばざる」ものよりも劣っている〟の意になる。この対応から1と判断する。

問五 筆者も筆者の母も、同じように思い違いをしていたのである。3と5では、子供が親より優れているという関係になるので不適。1は〝注意して探すこと〟の意なので、まったく無関係な意味になる。2と4が残るが、親子関係を含んでいる点で、4を選ぶ。

問七「こうした見方」は、一つ前の段落「出過ぎるよりは控えめを尊ぶ」家康公の遺訓からの教えや、傍線c直前にある「自分を客観視し…判断」する考え方を指示する。また、傍線c直後の「露伴の母・猷の家事全般の教えの中にも色濃い」という部分の「も」にも注目する。すると、「こうした見方」は「出ず入らず」「程がいい」ということばが意味するものでもあると理解される。この点から、4が適当と判断する。1の「万事忠勤に励むべきだ」は、第十一段落後ろから二文目で否定している。2については、「大きく打って出るべきときの見極めを大切にする」ことは「家康公の遺訓」ではない。3の「主君の精神ではなく自前の尺度」、5の「古い考え方に固執せずに新たな価値観に適応していく」などの二項対立の関係は文中にはない。

問八 1の「『ぼんれい』と読むような誤り」をしたのは、文中では筆者だけである。3については、筆者は曾祖父の露伴が「自己流に変化させた」（第八段落最終文）と思っていたが、実は家康公の影響かもしれないと、テレビを見ていて「気付いた」のである。5は「我々」が不適。「出ず入らず」などの古いことばを筆者は使っているが、「現代社会に生きる我々」の大多数が日常的に使っているわけではない。2と4が、どちらも「過去からのつながり」の説明であるので、やや紛らわしい。傍線dの直前の「ふとしたきっかけ」とは、たまたまテレビで家康公の言葉を知ったことである。「出ず入らず」「程がいい」という幸田の家の気質が家康公からつながっていると気付いたのである。

二

出典 青木奈緒「ことばの来し方」(『ベスト・エッセイ2021』光村図書出版)

解答

問一 **イ**、あんど **ハ**、かも
問二 **ロ**、君臨 **ニ**、培
問三 5
問四 1
問五 4
問六 2
問七 4
問八 4

要旨

ことばはそのことばを使う人たちとの共有財産であるが、共有できていないこと、つまり間違って覚えていることもある。「過ぎたるは及ばざるが如し」という格言を、筆者は「過ぎたるは及ばざるに如かず」と覚えていた。母に尋ねると、母も同じように覚えていた。それは出過ぎることを嫌う家の気質の表れではないかと思っていた。しかし、その後、テレビで徳川家康が「及ばざるは過ぎたるよりまされり」と言ったことを知る。幕臣であった幸田の家にもその精神がしみ込んでいたのかもしれない。幸田の家で培われてきた「出ず入らず」「程がいい」ということばは、筆者の日常にも生きているように、ことばが過去からつながり、筆者を介して、この先にもつながることを願う。

解説

問三 正しい読み方は「はんれい」。辞書などの冒頭に登場する、その書籍で使っている記号などの説明部分をいう。2が少し紛らわしい。

るので、「メッセージを受信した人」は、返信すべきだと考えるのである。1の「返さなくてもよくなる」はまったく逆。3の「丁寧」であるかどうかは問題にされていない。4の「うかつに既読にしない」や、5の「秘匿しなければならなくなる」といった内容は文中にない。

問五　「情報通信ツールに実装された承認の測定機能」とは、「いいね」機能やシェア機能のことである。4は、「承認の測定機能」が「実装」される前から行われてきたことであり、「新たな行為様式」ではない。それぞれ、1は第四十五段落（空欄cのある段落）の第二文に、2は第四十三段落の第二文に、3は第四十三段落の最終文に、5は第三十八段落に合致する。

問六　[Y]の直後に「欠ける」とある。承認に関して解決されていない問題があるということである。第四十二段落（空欄Yの二つあとの段落）第二文に「持続性の問題は解消されないまま残っている」とある。

問七　[b]から考えるのが効率的である。ここには逆接が入ると判断できるので、3と5に絞れる。次の作業として、3と5の[a]と[c]を確認すればよい。[c]については、3の「ただし」と5の「その一方」ではやや微妙だが、[a]については、5の「その結果」は適切であるが、3の「つまり」は不適だと判断できる。

問八　挿入文の《つながりの欲求が満たされることがないこと》《私たちがケータイ、スマホにしばりつけられてゆくこと》といった状況がすでに言及されている部分に入る。そう考えると、Ⅳ以降になるが、Ⅴの二つ前の段落からは「相手に受け入れてもらう」という別の話題に移っているので、Ⅴは不適と考える。

問九　「友情」とは、「おたがいが受け入れ合うことで成り立つ」もの、つまり、《承認を求めあう》ものであり、また、それは《不安定なもの》でもある。この二点が答えの骨格になる。これに「本文の趣旨」を示す要素を付け加えて、解答全体を構成する。その際に、骨格部分と付け加える要素との論理関係を意識することが肝要である。付け加える要素としては、《コミュニケーションが可視化した》こと、《SNSで他者と常時接続される》ことにより《孤独への耐性が低下した》ことが挙げられよう。

「受け入れられている」度合を可視化したのが、「いいね！」機能である。しかし、それでも承認の持続性の問題は残る。ＳＮＳによる承認は、不安定な関係におびえる人を引きつけ、常時接続という状況は、目の前にいない人による拘束を非常に強めたのだった。

解説

問一　3は第六段落の最終文に合致している。1は「拒絶されていることを認識した場合」に「繰り返し働きかけをする」ことや、それによる「関係性の変化」を期待するなどの内容は文中にないため不適。2は「拘束力が発生するかどうか」が不適。第五段落最終文に「発生する」とある。4も「正確に把握できているかどうか」が不適。第四段落最終文に「正確に知ることができる」とある。5も「疑いを抱くかどうか」が不適。第五段落第一文から、ほぼ間違いなく「疑いを抱く」と類推できる。

問二　4は、第七段落から第九段落の内容に合致する。1は「携帯電話を使わない人」にとっては、情報通信ツールによるコミュニケーションが取れないことは当然なので、「誰からも見向きもされていないという感覚」は生まれない。2は、情報通信ツールが普及すると、人びとは「電話番号やＩＤ」と紐づけられることは述べられているが、それらを知られる、知られないといった内容は文中にないため不適。3は「友達」に限定しており、5も「コミュニケーションを取る相手」に限定している。傍線bには「誰からも」という条件があり、つまり「より大きな社会」について述べる内容であるため、これらも不適である。

問三　傍線部直後にある「未読スルー」「既読スルー」問題である。それを説明しているのが1である。2は「分からない」が不適。ＬＩＮＥでは分かるのである。3は「対面」と「非対面」という二項対立はここでは無関係。4については、「メッセージを発信すること自体が怖くなってしまう」という内容は文中にない。5は「相手がそれを読んだという確証がない」が不適。相手が読んだかどうかは確認できる。

問四　［Ｘ］の直前に「メッセージを発信した人は、相手の返信にとらわれるようになり」とある。それがわかってい

国語

一

出典　石田光規『「友だち」から自由になる』〈第三章　会えなくてもつながる友だち〉（光文社新書）

解答

問一　3

問二　4

問三　1

問四　2

問五　4

問六　持続性

問七　5

問八　4

問九　SNSで他者と常時接続され、孤独への耐性が低下した人々が、可視化したコミュニケーションの中で承認を求めあう不安定なもの。（六十字以内）

要旨

情報通信ツールの普及により、コミュニケーションの記録が可視化され、承認の目安として機能するようになった。LINEはコミュニケーションの履歴を可視化し、「既読」機能は、相手の返信にとらわれる事態を招いた。遠くの人とつながり続ける状況は、孤独感をあおりたて、つながらないことに対する耐性を低下させた。そのような社会で重視される、

2023年度

問題と解答

■学部別入試

問題編

▶試験科目・配点

	教 科	科 目	配 点
学部別3科目方式	外国語	コミュニケーション英語Ⅰ・Ⅱ・Ⅲ，英語表現Ⅰ・Ⅱ	200 点
	地 歴	日本史Ｂ〈省略〉，世界史Ｂ〈省略〉から１科目選択	100 点
	国 語	国語総合（漢文の独立問題は出題しない）	150 点
英語4技能試験活用方式	外国語	英語４技能資格・検定試験のスコアを出願資格として利用	—
	地 歴	日本史Ｂ〈省略〉，世界史Ｂ〈省略〉から１科目選択	100 点
	国 語	国語総合（漢文の独立問題は出題しない）	150 点

▶備　考

- 英語４技能試験活用方式について

　英語４技能資格・検定試験（実用英語技能検定，TEAP，TOEFL iBT®，IELTS™〈アカデミック・モジュールに限る〉，TOEIC® L&R & TOEIC® S&W，GTEC〈CBT タイプに限る〉，ケンブリッジ英語検定）において所定の基準（詳細は省略）を満たし，出願時に所定の証明書類を提出できる者のみが出願可能。

　合否判定は「地理歴史」「国語」の２科目の総合点で行う。

英語

（80分）

〔Ⅰ〕 次の英文を読んで設問に答えなさい。

Tyler Colon played college basketball. He won a music television reality show. He's tried podcasting, modeling, and acting. But in 2019, he got serious about (A) music. "After singing in my car for, like, six months for an hour and a half every single day, I released 'Stuck In The Middle,'" he said.

He put it up on TikTok under his stage name, Tai Verdes. At the time, he was working at a mobile phone store. "I saw other people like me that had no following end up on the radio," he said. "And when you see that happen multiple times because of one app, I decided to try it."

Before he knew it, he was fielding (B) calls from presidents of record labels during his lunch break. He got a record deal, made a debut album, and is currently on a 22-city tour across America. "Stuck In The Middle" has been streamed well over 100 million times on Spotify.

TikTok is changing the music industry, and everyone from artists to analysts and even marketing bosses at the top labels are hustling to catch up.

A new way to listen

［　(ア)　］ Verdes thinks he would have made it without TikTok, but he also noticed that his fans on the app were especially engaged. They would go from his TikTok to his Spotify page or his YouTube channel.

"You just made this video, you have this song, you have this melody that they really like. They want to go get that. You just gave them something," he said.

Verdes isn't the only one to notice this trend — that TikTok users interact with music differently. "They're not just listening to music in a sort of, like, lean-back, passive way," says music industry analyst Tatiana Cirisano. "They're more likely to do more lean-forward activities, like creating playlists or listening to full albums on streaming or buying merchandise."

Consumer behavior data compiled by Cirisano shows TikTok users are more likely to spend money on music and be more invested in it. For example, 40% of active TikTok users pay a monthly subscription for music, compared to 25% of the general population. And 17% buy artist merchandise monthly, compared to 9% of the general population.

What's more, TikTok users often respond to music with their own videos, using features built into the app design. They might lip-sync a song, (C) a dance, or try to sing it.

"It's changed music listening from being a one-way relationship where a song comes out and you listen to it on your own, to something that you participate in," Cirisano said. "I mean, I don't think that any other social media app has done that to this degree. TikTok is peak UGC in that way."

UGC — short for "user-generated content" — is one of the buzzwords currently going around in the music industry.

Nina Webb is the head of marketing at Atlantic Records and said when she first started out in the industry, it was a bit simpler.

"It used to be like a simple puzzle for a 3-year-old. You had video and radio," she said. "And you just needed money and influence as a label. And now I feel like it's a complex puzzle where TikTok has a huge influence."

Webb knows exactly what she's talking about. Last August, an Atlantic Records artist named Gayle (D) a song called "ABCDEFU." They promoted the song on TikTok a lot, but it didn't really take off until months later when the sign language sub-community of TikTok got a hold of it in the middle of Gayle's tour.

"She saw the difference from playing at the beginning of the tour, when fewer people were familiar with her songs, to the end, when the whole place was going crazy," Webb said. "So November was really the tipping point, and it was 100% the sign language community."

That user-generated content made all the difference for Gayle. Her song sat at number one on the Billboard Global 200 chart for 11 weeks.

Buying influence and getting lucky

[(イ)] These days, there's a new industry dedicated to marketing a song or artist on TikTok — paying influencers to promote a song, posting short clips to see what people respond to, trying to get a dance challenge going. With 1 billion monthly active users now on TikTok after a surge in downloads over the pandemic, it's not hard to see why.

Webb says she's certainly tried different strategies, but most times when a song becomes popular on TikTok, it seems to happen organically(E).

"I mean, there's a million examples of a lot of very expensive campaigns that had no return," she said. "Like, we can't do it. It has to come from fans or the artist because you're talking to Generation Z — teenagers and those in their early 20s. They smell everything out."

[(ウ)] Sometimes those fans work in unexpected ways. Celine Dion's "It's All Coming Back To Me Now" came out 25 years ago but earlier this year set one-day streaming records on Spotify and YouTube after lip-syncing the most dramatic part of the song became a (F) TikTok trend.

Or take the song "Snowman" by Sia. That came out in 2017, but the TikTok challenge came in 2020, where people posted videos of themselves trying to sing the entire chorus in one breath.

Cirisano says the music industry used to hunt for unknown talent and develop it. But the rise of TikTok has helped to change that formula.

"I think that we are increasingly in an era where audiences are choosing what they want to hear, and record labels and the rest of the music industry are sort of listening to that," she said.

The risk of burnout

[　　(エ)　　] TikTok might create opportunities for musicians, but some artists feel that they have to constantly be "on." Creator burnout is real.

"There's kind of this fear, I think, for people that have built huge followings on TikTok that if they stop at any point, people will just stop following them or they'll forget or they'll (　G　)," Cirisano said.

Damoyee is a 21-year-old independent music artist/content creator from Dallas, Texas. She is a composer, producer, singer, songwriter, and she plays a lot of instruments. She posts a lot of covers and remixes of other songs, usually trending ones. And it's a lot of work. A minute-long TikTok usually takes around six hours to create.

"I know starting out, it took me a little less than a week to get 100 followers," she said. "And I remember, like, seeing one-zero-zero, I freaked out. I thought, hey, I'm famous, you know? I was grateful," Damoyee says with a laugh.

Sometimes a video flops (H), and sometimes it takes off. But Damoyee says that she generally feels TikTok helps boost musicians like her. That doesn't make it easy.

Damoyee is learning to balance her school work, personal life, and the social following she's trying to build.

"It's definitely been a bit of a challenge, you know, especially for my mental health," she says. "Recently, I've gone a month without posting because I just needed to take a break."

"(I)目標は、どのレーベルにも目もくれずに、独立したアーティストとして成功すること、そして、それでもひとりで音楽をリリースすることを心地よく感じるところまでプラットフォームを構築することです," she added.

In other words, she hopes to find that perfect balance between cultivating (J) her online following and making music. And when she does find this balance, she's hoping she won't have to ask the traditional powers in the music industry for recognition.

(Adapted from "TikTok has changed music — and the industry is hustling to catch up" by Mia Venkat, *NPR,* May 22, 2022)

1　次の各問の答えを①～④の中から１つ選び、その番号を解答欄にマークしなさい。

(1)　空欄(A)に入れる最も適切なものは次のどれか。

①　defending

②　finding

③　pursuing

④　switching

(2)　下線部(B) fielding の意味に最も近いものは次のどれか。

①　dealing with

②　hiding from

③　putting on

④　selling off

(3)　空欄(C)に入れる最も適切なものは次のどれか。

①　end up

②　hold up

③　make up

④　turn up

(4)　空欄(D)に入れる最も適切なものは次のどれか。

①　released

②　reported

③　requested

④　retuned

(5)　下線部(E) organically の意味に最も近いものは次のどれか。

①　attentively

②　extensively

③ naturally

④ thoughtfully

(6) 空欄(F)に入れる最も適切なものは次のどれか。

① capable

② harmonious

③ livable

④ viral

(7) 空欄(G)に入れる最も適切なものは次のどれか。

① break out

② catch up

③ move on

④ pass along

(8) 下線部(H) flops の意味に最も近いものは次のどれか。

① fails

② repeats

③ succeeds

④ tries

(9) 下線部(J) cultivating の意味に最も近いものは次のどれか。

① developing

② hiding

③ mixing

④ searching

2 次の文が入る最も適切な場所を本文の (ア) ～ (エ) の中から1つ選び、その番号を解答欄にマークしなさい。

There are downsides to this too, though.

① (ア)

② (イ)

③ (ウ)

④ (エ)

3 下線部(I)「目標は、どのレーベルにも目もくれずに、独立したアーティストとして成功すること、そして、それでもひとりで音楽をリリースすることを心地よく感じるところまでプラットフォームを構築することです」を英訳すると、たとえば次のような英文になる。

The goal is to (①) as an (②) artist (③) looking at any labels and to still build a platform to the point (④) I would feel (⑤) releasing music alone

それぞれの空欄に最も適切な語を1つ書いて、文を完成させなさい。ただし、次の[ ]内の単語は、必ず1度のみ用いること。同じ語を2度以上用いてはならない。

[comfortable]

4 本文の内容について、次の質問に対する最も適切な答を①~④の中から1つ選び、その番号を解答欄にマークしなさい。

(1) According to the text, TikTok users, compared with the general population, are more likely to do what?

① Attend live concerts

② Download music

③ Purchase artist merchandise

④ Work in the music industry

(2) Which of the following is NOT stated in the text?

① For Damoyee, a 60-second TikTok usually takes several hours to create.

② One TikTok trend involved lip-syncing part of an old Celine Dion song.

③ Tai Verdes went on a multi-city tour across America.

④ TikTok and YouTube are working together in marketing new musical talent.

(3) Which of the following is stated in the text?

① Gayle's song was never promoted on TikTok.

② Nina Webb has tried a variety of strategies for marketing songs on TikTok.

③ TikTok challenges usually involve singing a song in one breath.

④ Tyler Colon met Tai Verdes while working at a mobile phone store.

〔Ⅱ〕 次の英文を読んで設問に答えなさい。

Log on to Netflix, and you'll be presented with a menu of nearly 6,000 titles. Search for a new toothbrush on Amazon, and you'll be bombarded (A) with over 20,000 options, ranging from manual to mechanical, from packs of three to packs of 12. As someone who is comically indecisive — and who studies stress — I often think about the pressure of making decisions when presented with so many options. What do we experience, in the moment, when we decide from an (B) of choices? Does it cause us to shut down or does it energize us? Does it make us feel more confident or less confident? Could it have a lasting impact on our health and well-being?

[(ア)] Freedom of choice is a pillar of Western culture. But there's such a thing as too much choice. Researchers such as Sheena Iyengar and Barry Schwartz have pioneered this area of study, finding that dealing with too many options can create an (C) experience called "choice overload."

People tend to want as many options as possible. Whether it's buying a car or a meal, they are attracted to companies that offer more options versus fewer ones, because they believe a large selection will maximize their chances of finding the best fit.

But when it comes to actually making a decision from all of these options, people can become paralyzed — and avoid making choices altogether. Even worse, when they finally do come to a decision, they're more dissatisfied and regretful about whatever choice they make.

[　　(イ)　　] To me, this explains so much of the day-to-day stress that affects modern society. It explains the sheer excitement first-time homebuyers feel when they begin their search, followed by the fear that they won't select the ideal neighborhood, school district, or architectural style. It explains the curiosity a sociable 20-something feels before checking out the opening of a new restaurant downtown, followed by the concern it won't live up to (D) her expectations.

Although we know choice overload eventually leads to regret and dissatisfaction, it isn't as clear what people are feeling when they're in the middle of making these decisions. My colleagues and I wondered: Do people genuinely (E) feel confident about their ability to make a good decision? And, if so, when does this experience turn from good to bad?

[　　(ウ)　　] When people care more about a decision, their hearts beat faster and harder. Other measures — like how much blood the heart is pumping and how much the blood vessels are expanding — can indicate levels of confidence.

Participants in our studies reviewed personal profiles on social media. We asked them to choose one profile from many options or from just a few options. In other conditions of our studies, we simply asked them to (　F　) profiles on a scale of 1 to 10. We found that when the participants chose from many options, they felt more invested in the decision: Their hearts beat harder and faster.

But their arteries also constricted[1] — a sign that they also felt less confident about their decision. In other words, when we're presented with more choices, making the "right" or "correct" decision begins to feel more (G) and, at the same time, more unattainable. The cardiovascular system[2] responds the same way when we take an important exam feeling hopelessly unprepared, or commute to an interview for a dream job lacking the right qualifications.

Notably, even minor exposures to this kind of cardiac activity are believed to have long-term health consequences if they happen enough; they're connected to certain types of heart disease and hypertension.

［　　(エ)　　］ Sensing high stakes over a decision — but not feeling particularly confident about making the right choice — may contribute to the deep-seated fear that we'll make the wrong one. I believe this fear could be reduced by putting the decision into perspective. It might help to remember that many of the day-to-day choices you make — what to have for lunch, what flavor best complements (H) that caramel macchiato — aren't going to matter in the grand scheme of things. Even seemingly more important choices, like accepting a new job, can ultimately be changed. When thinking this way, the consequences associated with making the "wrong" choice become less scary.

It could also help to enter these situations with just a few clear guidelines and ideas of what you want — and absolutely don't want — from the range of options. This can narrow the possible choices, and also make you more confident about your decision-making abilities.

So, the next time you spend hours browsing through Netflix unable to land on a title to watch, or you wonder whether you should order your toothbrushes from Amazon in packs of three or 12, remember that removing the sheer weight of our choices can help us (I) a world full of so many options.

(Adapted from "How to make better decisions in a world overwhelmed by choice" by Thomas Saltsman, *Quartz*, October 3, 2019)

（注）

1　... their arteries also constricted　動脈も収縮した

2　The cardiovascular system　心臓血管系

1　次の各問の答えを①～④の中から1つ選び，その番号を解答欄にマークしなさい。

(1)　下線部(A) bombarded の意味に最も近いものは次のどれか。

①　destroyed

②　overwhelmed

③　penetrated

④　satisfied

(2)　空欄(B)に入る最も適切なものは次のどれか。

①　abundance

②　episode

③　identity

④　opportunity

(3)　空欄(C)に入る最も適切なものは次のどれか。

①　adequate

②　adverse

③　elementary

④　enjoyable

(4)　下線部(D) live up to の意味に最も近いのは次のどれか。

①　change

②　decide

③　exceed

④　meet

(5)　下線部(E) genuinely の意味に最も近いものは次のどれか。

①　hopefully

②　randomly

③　truly

④　usually

(6)　空欄(F)に入る最も適切なものは次のどれか。

①　add

②　find

③　rate

④　save

(7)　空欄(G)に入る最も適切なものは次のどれか。

①　artificial

②　crucial

③　lethal

④　usual

(8)　下線部(H) complements の意味に最も近いものは次のどれか。

①　comes with

②　copes with

③　goes with

④　stays with

(9)　空欄(I)に入る最も適切なものは次のどれか。

①　direct

②　navigate

③　organize

④　study

2　次の文が入る最も適切な場所を本文中の空欄 [(ア)] ～ [(エ)] の中から１つ選び、その番号を解答欄にマークしなさい。

For our studies, we sought to peer into participants' internal experiences as they made decisions, tracking their cardiovascular responses.

① (ア)
② (イ)
③ (ウ)
④ (エ)

3　本文中の内容について、次の質問に対する最も適切な答を①～④の中から１つ選び、その番号を解答欄にマークしなさい。

(1) Which of the following is stated in the text?
① Studies have shown that making decisions has nothing to do with higher blood pressure.
② Companies have come to offer fewer choices to their customers to avoid choice overload.
③ Knowing what you don't want will increase your confidence in your ability to make decisions.
④ It is rare for customers to be dissatisfied with the decision they have made.

(2) Which of the following is NOT stated in the text?
① People tend to prefer companies that offer as many options as possible.
② People have no idea about the negative consequence of choice overload.
③ People may avoid making a choice if there are too many options.
④ People can find ways to reduce the fear caused by making decisions.

(3) Which of the following is suggested by the author of the text?

① Companies should deal with the problem of wrong choices by their customers.

② The possibility of changing one's decision is one of the causes of choice overload.

③ Frequent choice overload may have long-term negative effects on people's health.

④ Every single choice people make will be significant for their well-being.

〔Ⅲ〕 以下の空欄に入る最も適切なものを①～④の中から１つ選び、その番号を解答欄にマークしなさい。

(1) I'm fed up (　　　) attending classes online. Having a face-to-face discussion with my classmates is so nice!

① against

② for

③ to

④ with

(2) (　　　) the fact that we are in a very unstable world with the pandemic and global conflicts, I'm still very excited about what the future has to offer.

① Against

② Despite

③ Regardless

④ Without

(3) With the spread of social media, people may feel isolated (　　　) than connected.

① better

② other

③ rather

④ worse

(4) Although my brothers are different and fight all the time, they have a lot (　　) common as well.

① for

② in

③ out

④ without

(5) I feel (　　) ease with online classes. They allow for more time and convenience.

① against

② at

③ for

④ up

(6) Let's keep (　　) mind that if you help people, you will also receive help from them someday.

① ahead

② in

③ on

④ out

(7) As (　　) as you follow the directions of your boss, do you think you will be promoted?

① long

② narrow

③ short

④ wide

(8) It (　　) without saying that Japan's population is destined to shrink steadily in the coming century.

① comes

② goes

③ leaves

④ moves

(9) (　　) than ever, the use of AI is crucial for a successful business.

① Less

② More

③ Never

④ Once

(10) It rains every day and is so cold here. I (　　) like living in Okinawa or Hawaii for the rest of my life.

① feel

② imagine

③ make

④ wish

〔Ⅳ〕 以下の空欄に入る最も適切なものを①～④の中から１つ選び，その番号を解答欄にマークしなさい。

(1) A: Thank you for taking care of my children all day today. You've (　　).

B: You're welcome. If you need anything else, please feel free to contact me.

① made me angry
② made my day
③ made the mistake
④ made the point

(2) A: I think you said that last weekend was the final exam for your driver's license. How was it?

B: (　　) I'll take you for a drive soon.

① It all depends on you.
② It was a piece of cake.
③ That's absolutely ridiculous.
④ That's probably a mistake.

(3) A: There's a new Mexican restaurant in the neighborhood. Would you like to join me there this weekend?

B: (　　)

A: OK. Then, perhaps next time.

① I couldn't agree with you more.
② I've always wanted to go to a Mexican restaurant.
③ Sorry. I have a lot to do.
④ Wonderful. That surely is a great idea.

(4) A: Excuse me. Could you tell me where the train station is?

B: Sure.　Go straight down this street and turn right at the next corner.

A: Thank you so much!　(　　　), so I really don't know my way around yet.

① I just moved here last week

② I know a lot of people in this town

③ I've been to this city many times

④ I've lived here for five years now

(5) A: Nice to meet you.　My name is Hiroshi.　I'm from Hokkaido.

B: Really?　I'm also from Hokkaido.　(　　　), what part of Hokkaido are you from?

A: Furano City.　Have you ever been there?

① If there is a problem

② If there is such a thing

③ If you don't mind my asking

④ If you like my hometown

(6) A: It's over 30 degrees again today.　Isn't it getting much hotter these days?

B: (　　　)　I can't live without an air conditioner anymore.

A: I wonder if this is an effect of global warming.

① I completely disagree with you.

② It's raining cats and dogs.

③ Where did your idea come from?

④ You can say that again.

(7) A: What do you think about this new plan?　You look a little less than enthusiastic.

B: (　　　)　I think the change itself is good, but isn't it a little too costly?

A: I understand what you're saying.　Let's see if we can figure out a way to make it less expensive.

① Allow me to congratulate you.

② Allow me to reintroduce myself.

③ Let me express my thanks.

④ Let me make myself clear.

(8) A: Hey!　We haven't seen each other for a long time.　How have you been?

B: I've been busy preparing for the project, but now I finally have some time.　Let's catch up sometime soon.（　　）

A: Sure, why not?　Give me a call when you're free.

① What do you mean?

② What do you say?

③ What kind of place should it be?

④ What time is convenient for you?

(9) A: Hello.　I'd like to book two tickets for next weekend's baseball game.

B: Please wait a moment.　Oh,（　　）We have only four tickets left. Would you like to sit in the infield or the outfield?

① you're in a good mood today.

② you're in command today.

③ you're in luck today.

④ you're in that position today.

(10) A: You know what?　Chris in the department next to ours was fired（　　）.

B: You've got to be kidding me.　He was the top seller in our company last month.

① out of control

② out of service

③ out of the blue

④ out of the question

〔Ⅴ〕 次の(A)～(J)の空欄に入る最も適切なものを①～⑬の中から1つ選び、その番号を解答欄にマークしなさい。ただし、同じものを2度以上使ってはならない。

The term "neurodiversity" describes the idea that people experience the world around them in many ways, and there is no "right" way of thinking or behaving. It is often used in relation with autism spectrum disorder (ASD) and attention deficit hyperactivity disorder (ADHD). Educational consultant Kate Kamoshita has turned a passion into a business by helping others find the right program for their goals and needs. Having been diagnosed with ADHD in her mid-thirties, she has a particular interest in supporting individuals and families living with ADHD and in promoting awareness of the issues they face. Kate comes from California but now resides in Tokyo with her husband and two sons. Kate talks to Louise George Kittaka for "Savvy Tokyo."

LGK: What brought you to Japan?

KK: I first came here on the JET[1] program in 2006 to teach in Mie Prefecture. I studied abroad in high school and then worked in the study abroad department at my university. The study abroad advisor was a former JET teacher and suggested Japan to me. I definitely didn't think ＿＿(A)＿＿ 16 years later.

LGK: What led to you starting your business, Learning Compass?

KK: After completing my master's degree[2] in education at Sophia University in Tokyo in the spring of 2021, I was working as an English teacher and helping lawyers prepare to study abroad. I realized I liked ____(B)____ the right programs and guiding them through the application process, more than teaching English. I call myself a "forever student" as I love school, and I'm starting my third degree, a master's degree in psychology and neuroscience at King's College London.

LGK: What services do you offer?

KK: Essentially, I help people — both students themselves and their families — navigate the right educational path. I support my clients in finding the best programs for their goals, ____(C)____ a higher degree or certification in yoga.

LGK: Why did you decide to get involved with the neurodiversity movement?

KK: After ____(D)____, there was an increase in ADHD influencers and educators on social media. The neurodiversity movement was getting quite big overseas, and as someone ____(E)____ at 34, I wanted to get involved.

LGK: What kind of support can you offer as an ADHD educator?

KK: I work with individuals, families, and companies. I'm not a psychiatrist or a coach; I'm a teacher, and now my subject is ADHD. I run a virtual classroom, and I have designed courses to help people understand ADHD better.

LGK: What was the biggest challenge with growing your business?

KK: If you have ADHD, you ____(F)____ to make sure you finish what you started. The first step I took was actually hiring a business coach, as ADHD brains need accountability and help to stay on track. I'm grateful that I could invest this time and money into building my business.

LGK: What is the best thing about working with your clients?

KK: So far, all my clients have got into their top choice schools, and their achievements make me so proud. The ADHD side is always rewarding (which is also good as ADHD brains need dopamine boosts). I've already helped a number of people get a diagnosis, or start the diagnosis process. It's also great to know my Instagram account has helped to dismiss common myths and has inspired people to speak up about ADHD.

LGK: Can you share your own journey with ADHD?

KK: As I mentioned, I was diagnosed with ADHD in 2016 when I was 34. It is actually very common for women to be diagnosed in their mid-thirties and forties. I had been diagnosed with GAD, General Anxiety Disorder, which means I'm often anxious. I was also suffering from postpartum depression and PMDD, Premenstrual Dysphoric Disorder, both of which have a high correlation to ADHD. I remember speaking to my doctor about how this couldn't just be anxiety, and he asked if I had thought about ADHD.

LGK: How did things go from there?

KK: Honestly, I was a bit skeptical after my initial diagnosis, but ___(G)___ taking medication for ADHD, my anxiety was reduced almost immediately.

LGK: How has life changed for you since you found out?

KK:　It has improved one million percent. It's why I'm so vocal about my diagnosis and about ADHD. As a high achiever, school was okay, but I had interpersonal problems, and I ＿＿(H)＿＿ "too sensitive, too loud, too excited, too weird." Once I was armed with the right information, I could make positive changes. I finally had an instruction manual that I didn't know I was missing.

LGK:　How can people better understand what it's like to live with ADHD?

KK:　ADHD people have trouble regulating attention and focus. We don't have a deficit of attention, we have an abundance of attention; we just have no way to filter it. One way I describe this filtering system is to imagine you are in a room with 10 televisions all on different channels and you can't control the volume or find the remote control. We don't have control over what our brains focus on, but we can focus, especially when we are engaged and interested. This is why your child might be able to focus on a video game for hours, but ＿＿(I)＿＿ for five minutes.

LGK:　Where is Japan in terms of resources for those with neurodiversity, including ADHD?

KK:　People here often still see neurodiversity as a learning disability, and also seem to judge the severity solely on how one performs in an academic or professional setting. We need more doctors that offer counseling, testing, occupational therapy, and family therapy at affordable prices, and we need to lessen the stigma[3] of disclosing neurodiversity to schools and employers here.

LGK:　What's ahead for you?

KK: I'm working a lot with individuals now, but I really hope bigger companies or schools will start to contact me about training opportunities that I can offer. I'm also working on a podcast called ADHD Abroad, where I would talk about neurodiversity around the world. If ___(J)___ and have ADHD, then let's talk. I'd love to hear from you.

(注)

1 JET Japan Exchange and Teaching

2 master's degree 修士号(大学院修了者が得られる学位)

3 stigma 汚名

(Adapted from "Kate Kamoshita of Learning Compass: Navigating life with ADHD in Japan" by Louise George Kittaka, *Savvy Tokyo*, June 8, 2022)

****

① can't focus on homework

② whether that means

③ as soon as I started

④ who was diagnosed

⑤ they need to be

⑥ I would still be here

⑦ more difficult than usual

⑧ may well need help

⑨ I started my business

⑩ you are living abroad

⑪ to be different from

⑫ helping them find

⑬ would often be called

問六　傍線d「一の類にてだにあれば」の意味として最も適切なものを次の中から一つ選び、その番号をマークせよ。

1　どれか一つの数寄だけでも欠けていれば
2　少なくとも一つの数寄に当てはまれば
3　第一の数寄を少しでも身に付ければ
4　第一の数寄をしっかり身に付けさえすれば
5　最上級の数寄まで身に付ければ

問七　傍線e「智蘊は「我は茶くらひの衆なり」と申し侍りし」から、智蘊はどのような人物だと推定されるか。最も適切なものを次の中から一つ選び、その番号をマークせよ。

1　自惚れの強い人　2　短気な人　3　頑固な人　4　謙虚な人　5　冷静な人

問八　著者の正徹は、『新古今和歌集』を代表するある歌人を崇拝していた。「見渡せば花も紅葉もなかりけり浦の苫屋の秋の夕暮れ」などの歌で知られるその歌人とは誰か。その人物を次の中から一つ選び、その番号をマークせよ。

1　後鳥羽上皇　2　西行　3　寂蓮　4　藤原定家　5　慈円

問二　空欄 [A] に入る最も適切な四文字の言葉を本文中より抜き出せ。

問三　傍線a「会所などしかるべき人」の意味として最も適切なものを次の中から一つ選び、その番号をマークせよ。

1　会所などで茶会を催せる人
2　会所などについてもきちんとしつらえている人
3　会所などでも一続などを詠める人
4　会所などにおいても振舞いが立派な人
5　会所などにも茶道具を揃えている人

問四　傍線b「あきらめ悟り」の意味として最も適切なものを次の中から一つ選び、その番号をマークせよ。

1　はっきりと見抜き
2　できるだけ信じ
3　限界あるものとわきまえ
4　迷いなく捨て
5　排除して心を清め

問五　傍線c「この三の数寄」とは何か。本文中より三つそのまま抜き出せ。

〈注〉

具足…道具。

建盞…宋・元時代の福建省の建窯《けんよう》で作られた天目茶碗。盞は小さな碗。

天目…中世に広く用いられた、下部に台をそえる抹茶喫茶用の茶器。

水差…釜に足し入れたり、茶碗や茶筅を洗うための水を入れておく器。

一続…続歌《つぎうた》の一形式。続歌とは、歌会で題を探って人々が一定数の歌を詠むこと。永正日記「一続と申し候は懐紙の歌など候はで、ふといざ詠まんとて詠み候」。

会所…詩歌等の会を催すために設けられた客殿。

十服茶…「聞茶」の一種で、十服の茶を飲んで種類を判別するもの。

三番…二番茶を摘み取った後に出た新芽の茶。味質ともに劣る。

栂尾…京都市右京区。宇治とならぶ著名な茶の産地。

とばたの薗・さかさまの薗…ともに栂尾の茶園と考えられる。

前山名金吾…山名時熙。幕府の宿老。宗全の父。「前」は故人の意と考えられる。

歌の髄脳…和歌の神髄。転じて、歌学書・歌論書のこと。

ひくづ…茶を箕でふるって残ったくず。そのくずで淹れた粗悪な茶。

智蘊…蜷川親当。幕府政所代。連歌師。歌道は正徹に師事。

問一　二重傍線イ～ホの「り」を含む語の中で、他と品詞が異なるものはどれか。次の中から一つ選び、その番号をマークせよ。

1　イ　　2　ロ　　3　ハ　　4　ニ　　5　ホ

(三)　次の文章を読み、後の問に答えよ。

歌の数寄《すき》につきてあまたあり(イ)。茶の数寄にも品々あり。先づ茶の数寄といふ者は、茶の具足をきれいにして、建盞《けんさん》・天目《てんもく》・茶釜・水差などの色々の茶の具足を、心の及ぶ程たしなみもちたる人は、茶数寄なり。これを歌にていはば、硯・文台・短冊・懐紙などをうつくしく［　A　］て、何時も一続《ひとつぎ》など詠み、(a)会所などしかるべき人は、茶数寄のたぐひなり。

また茶飲みといふ者は、別して茶の具をばいはず、いづくにても十服《じっぷく》茶などをよく飲みて、宇治茶ならば、「三番茶なり。時分は三月一日わたりにしたる茶なり」と飲み、栂尾《とがのを》にては、「これはとばたの薗」とも、「これはさかさまの薗」とも飲み知るやうに、よくその所の茶と前山名金吾などの様に飲み知るを茶飲みといふなり。これを歌にては、歌の善悪《よしあし》を弁《わきま》へ、詞の用捨を存じ、心の邪正を(b)あきらめ悟り、人の歌をもよく高下を見分けなどせんは、いかさまにも歌の髄脳にとほり(ロ)てさとり(ハ)しれり(ニ)と心得べし。これを先の茶飲みのたぐひにすべし。

さて茶くらひといふは、大茶碗にてひくづにても吉《よ》き茶にても、茶といへば飲みゐて、更に茶の善悪をも知らず、おほく飲みゐたるは、茶くらひなり。これは歌にては、詞の用捨もなく、心の善悪をもいはず、下手とまじはり(ホ)、上手ともまじはりて、いか程ともなく詠む事を好みて詠みゐたるは、茶くらひのたぐひなり。

(c)この三の数寄は、いづれにてもあれ、(d)一の類にてだにあれば、座につらなるなり。(e)智蘊は「我は茶くらひの衆なり」と申し侍りし。

（正徹『正徹物語』による）

問八　空欄［D］に入る表現として、最も適切なものを次の中から一つ選び、その番号をマークせよ。

1　重層化　　2　正当化　　3　潜在化　　4　統一化　　5　複合化

問九　傍線d「近代の「自我」の観念を、庶民の心意伝承を起点にして相対化しようとする」とはどういうことか。その説明として、不適切なものを次の中から一つ選び、その番号をマークせよ。

1　自我とは分割不可能な「個」であるという近代西洋的な発想が絶対的なものではないことを、日本の伝統的な「我」の考え方によって示すこと。

2　一人一人が固有の性質を持つという近代西洋的な「個性」の発想が絶対的なものではないことを、「我」とは前世の無数の経験の複合体だという発想によって示すこと。

3　「個性」や「人格」といった近代西洋的な人間の捉え方が絶対的なものではないことを、前世とひとつづきのものという日本の庶民の人間観によって示すこと。

4　ショーペンハウエルやスペンサーに基づく近代西洋的な「自我」の捉え方が絶対的なものではないことを、前世からの因果という仏教や神道の観念によって示すこと。

5　人間の感じるものを個人的な知覚や感情によって説明しようとする近代西洋的な「自我」観が絶対的なものではないことを、前世という日本人の発想によって示すこと。

3　雪をいただいた高山を眺めたときや、永遠にとどろく潮騒のざわめきを聞いたときに感じる、畏怖の念をともなう崇高な感情

4　現世の自分はたくさんの前世の行為と思念の集合体であるという感覚

5　霊魂の不滅性をまざまざと思い知らされるようなおごそかな感じ

問五　この文章は、前半と後半に分かれており、後半には傍線b「「自我」の観念」というタイトルが付けられている。それでは、前半のタイトルは何か。空欄 A に入る最も適切なものを次の中から一つ選び、その番号をマークせよ。

1　声の記憶　　2　少女の「こんばんは」　　3　物の怪の三味線弾き

4　神戸時代のハーン　　5　平井呈一のみごとな訳文

問六　傍線c「「因果」ということばをよく口にする」とあるが、「因果」を使った表現として、不適切なものを次の中から一つ選び、その番号をマークせよ。

1　因果が尽きる　　2　因果は巡る　　3　親の因果が子に報う

4　因果を含める　　5　因果を施す

問七　空欄 C に入る表現として、最も適切なものを次の中から一つ選び、その番号をマークせよ。

1　奇怪千万　　2　荒唐無稽　　3　千変万化　　4　魑魅魍魎　　5　天衣無縫

注目されるのだ。

（兵藤裕己『物語の近代』による）

問一　傍線イ、ハの読み方をひらがなで記せ。

問二　傍線ロ、ニのカタカナを漢字で記せ。

問三　空欄 B に入る表現として、最も適切なものを次の中から一つ選び、その番号をマークせよ。

1　見知らぬはるか異国の時と場所との感じ
2　おごそかな神の国の時と場所の感じ
3　ただの生きている記憶のなかの時と場所との感じ
4　前世とのつながりを感じられる時と場所の感じ
5　これから遠い未来にきたるべき時と場所の感じ

問四　傍線a「「この世に生を享けるまえの、つまり、前世」からの「快感と哀感」」に当てはまらないものを、次の中から一つ選び、その番号をマークせよ。

1　女三味線弾きの歌声から受ける、物柔らかでありながら、おののき慄えるような感じ
2　ロンドンの少女の声から思い出す、心の浮き立つような、胸を緊めつけられるようなあやしい心もち

は、人間が生きてきた祖先の生の海から、ほうはいとして打ち寄せてくるもの」である。

ハーンはまた、自分という存在を「無量無数の前世の行為と思念の集合体」とみる「我《エゴ》」の観念は、じつは科学によってあきらかにされつつある知見とも合致するのだと述べている。

当時最新の科学知識だった進化論や遺伝学、またショーペンハウエルの哲学などを引用しながら、前世というものが、けっして妖怪話のような［ C ］なものではないことを論じるのだが、一九世紀のスペンサーの『心理学原理』を引用していわれるつぎのようなことばも、ハーンの文脈のなかに置かれると、たんなる近代主義といってはすまされない特別なニュアンスをもってひびいてくる。

人間の脳髄とは、生命の進化のうちに、というよりも、人間という有機体に達するまでの、幾つもの有機体の進化のうちに受けた、限りない無数の経験の組織化された記録である。

肉体はもちろん、霊魂《ソウル》もまた、キリスト教で説かれるような不滅なものではない。それは未生以前の無量劫の経験と記憶からなる複合体であり、その一つの組み合わせが解消し、肉体や霊魂はほろんでも、またつぎの組み合わせになってゆく。それが転《てん》生《しょう》ということである。そのような自我のありようは、いずれは、西欧の「個性」や「人格」といった「ケチ臭い（crude）」観念をクチクするだろうとも述べている。

科学の知見にてらして日本人（庶民）の心意の［ D ］をこころみるハーンの企ての当否は、わたしにはわからない。あるいは、こんにちの大脳生理学などは、ハーンにちかい立場をとっているのだろうか。いずれにせよ、理性主体の意識存在としてモデル化される近代の「自我」の観念を、庶民の心意伝承を起点にして相対化しようとする試みは、その企ての先駆性において世に生を享けるまえの、つまり、前世」からの「快感と哀感」の記憶である。

「私」という存在は、未生以前の世界とのつながりとしてある。ハーンの文学がいまもよく読まれるのは（ハーンの文章は、日本人の読者を想定して書かれていないのだが）、かれの文章にただようこうした惻々とした哀感が、現代のわたしたちにも、あるなつかしい「時と場所」の記憶を喚びおこすからだろう。

b「自我」の観念

ハーンの『こころ』には、この「時と場所」の分析をこころみた文章が収められている。「前世の観念（The Idea of Pre-existence）」という文章である。

ハーンが観察したところでは、日本人は、「因果だから仕方がない……」「おまえは因果なやつだ……」「なんの因果でおまえのようなやつと……」というぐあいに、c「因果」ということばをよく口にする。日本人の心意に、前世からの因果という観念が浸透しており、日本の庶民は、自分という存在が前世とひとつづきのものであることを日常的に感じているのだという。

ハーンによれば、日本人にとっての「我《エゴ》」は、インディヴィジュアル（分割不可能）な「個」としてあるのではない。現世の自分は、前世の行為と思念の寄りあつまりである。

それはカルマ（業《ごう》）という「仏教流の解釈」によるだけでなく、「神道流の解釈（一種奇怪な霊魂の分裂繁殖説）」によるにしても、「自分というものは、いろいろなものから集まり成った合成体」であり、「日本では、この信念が一般に行き渡っていることを、わたくしは充分に見とどけてきている」という。

たとえば、わたしたちが雪をいただいた高山を遠くながめたとき、あるいは海辺にたたずんで永遠にとどろく潮騒のざわめきを耳にしたときの、あの言いしれぬ畏怖の念をともなう崇高な感情も、個人的な知覚や感情ということでは、とうてい説明することはできないという。つまり、「どんなばあいにも、感情のごく深い波は、けっして個人的なものではない。かならず、それたったその歌詞は、いわゆるクドキ(口説)である。

クドキは、七七調ないしは七五調の歌詞を、単調な朗誦的旋律のくりかえしで歌い語るストローフィック(strophic)な歌謡形式の総称。とくに盲目の女三味線弾き(瞽女《ごぜ》)が伝えたクドキは、瞽女唄ともいわれ、越後の瞽女がうたうクドキは、今日でも市販のCDなどで容易に聞くことができる。この種の三味線俗謡にハーンが少なからぬ関心を寄せていたことは、『こころ』の付録として、「三つの俗謡」が翻訳されていることからもわかるのだ。

門つけの女三味線弾きの声の秘密について考えるハーンは、かつてロンドンに住んでいたころの記憶を喚びおこす。二五年ほどまえのある夏の宵、ロンドンの公園で、ひとりの少女がだれかに「こんばんは(Good night)」というのを聞いた、その声の記憶である。

その後、百の季節が移り去ったのちになっても、いまだにその少女の「こんばんは」を思い出すと、わたくしは、なにか心の浮きたつような、同時に、なにか胸を緊《し》めつけられるような、このふたつの気もちがふしぎに[ロ]コウサクした、あるあやしい心もちを[ハ]唆られるのである。――この快感と哀感とは、これは疑いもなく、わたくしのものではない。げんに、ここにいまこうして生きているわたくしのものではない。おそらく、わたくしがこの世に生を享《う》けるまえの、つまり、前世からのものであるにちがいない。

女三味線弾きのうた声によって喚びおこされた「とうに忘れ去ってしまった時と場所との感覚」は、ここでは、「わたくしがこの世に生を享けるまえの、つまり、前世からのもの」といいかえられている。

あるなつかしい声が、個人的な経験を超えた遠い「時と場所との感覚」を喚びおこす。それはハーンによれば、人として「[a]この

(二)　次の文章を読み、後の問に答えよ。

[A]

ラフカディオ・ハーン（小泉八雲）が、神戸に住んでいたころのできごとを書いた文章に、「門つけ（A Street Singer）」という小篇がある。一八九六（明治二九）年にロンドンとボストンで出版された『こころ（Kokoro）』に収められた文章である。

ある日、ハーンの家に、小さな男の子を連れた女の三味線弾きがやってきた。不器量なうえに疱瘡のあばたの跡のある女は、ふた目と見られぬような容貌である。女は盲人だった。

だが、やおら三味線を弾いてうたいだすと、女の「引きつったような醜（イ）いくちびるから、まるで思いもかけない奇蹟のような声」が流れでる。それを聞いたときのハーンの感懐は、つぎのように記される。

それは、目に見えないものを切ないほど追い求める気持、とでもいったらよかろうか。まるでなにか目には見えない物柔らかなものが、自分の身のまわりにひたひたと押し寄せてきて、おののき慄《ふる》えているかのようであった。そして、とうに忘れ去ってしまった時と場所との感覚が、あやしい物の怪《け》のような感じと打ちまじって、そこはかとなく、心に蘇ってくるのだった。その感じは、[B]とは、ぜんぜん別種のものであった。

平井呈一のみごとな訳文にもよるだろうが、「目には見えない物柔らかなものが、自分の身のまわりにひたひたと押し寄せて」くるような文章である。

三味線弾きの女が連れていた子どもから唄本を買ったハーンは、その歌詞の一節を紹介している。大阪で起きた心中事件をう

問六　傍線e「人間もメカニズムだけでは動かない」とあるが、そのことを示している例として、最も適切なものを次の中から一つ選び、その番号をマークせよ。

1　感染症から人々を救いたいと切望しても、ウイルスの構造や感染の仕組みが分からなければ、対応策の検討はできない。

2　高い語学力があっても、海外の大学に行って学びたいという気持ちがなければ、留学しようとはしない。

3　一晩中ゲームをしていたいと思っても、生理的欲求の一つである睡眠欲を抑えられなければ、ゲームを続けられない。

4　ベンチャー企業を立ち上げようとしても、起業に関わる手続きやその進め方を知らなければ、会社は設立できない。

5　スマホに便利なアプリがたくさん入っていても、それを使いこなすスキルがなければ、アプリを使ってみようとはしない。

問七　空欄 Z に入る言葉として、最も適切なものを次の中から一つ選び、その番号をマークせよ。

1　コントロール（統制）　2　マネージメント（管理）　3　バリエーション（変型）
4　ダイナミズム（力学）　5　コンセンサス（一致）

問八　傍線f「実際の行動は接近と回避の合力によって決まる」とはどういうことか。本文に即して六十字以内（句読点を含む）で説明せよ。

2　人間のダイナミックな側面を説明しようとするなら、プッシュ―プル・モデルのプッシュ要因は動因とはなり得ない。

3　人間の行動を方向づける心理的エネルギーの中で強烈なモチベーションといえば、欲求の代表格である生理的欲求以外にない。

4　欲求があっても、当人がその欲求を意識できなければ、欲求は動因にはならず、人は特定の行動に駆り立てられない。

5　人間は、どんなに優れた知識や能力を持っていても、行動に駆り立てられる動因がなければ、行動は起こさない。

問五　傍線d「誘因」に関する説明として、最も適切なものを次の中から一つ選び、その番号をマークせよ。

1　モチベーションは、正と負の両方の誘因に左右されており、その一方だけでは人間の行動を引き起こすことはできない。

2　誘因には「強さ」という性質があり、それほど強くない場合は正の誘因として、非常に強い場合は負の誘因として機能する。

3　ある人にとっての正の誘因は、別の人にとっては負の誘因となることもあるため、誘因の正負は固定的なものではない。

4　正の誘因は、ある行動を引き起こす個人の内側からの心理的エネルギーであり、何かに接近しようとする行動を誘発するはたらきを持つ。

5　負の誘因は、ある行動から人を遠ざけるモチベーションを引き起こすものであり、回避や予防などを抑制するはたらきを持つ。

問二　空欄 X と Y に入る言葉の組み合わせとして、最も適切なものを次の中から一つ選び、その番号をマークせよ。

1　X　エンジン　Y　ハンドル
2　X　アクセル　Y　ウィンカー
3　X　タイヤ　Y　ハンドル
4　X　アクセル　Y　タイヤ
5　X　エンジン　Y　ウィンカー

問三　傍線b「プッシュ要因」に刺激されて行動が起こるケースとして、当てはまらないものを次の中から一つ選び、その番号をマークせよ。

1　飛行機代を少しでも安価に抑えようと考えて、平日プランで旅行を考える。
2　SNSの「いいね！」をたくさん集めたくて、写真映えする人気スポットを調べる。
3　テレビでたまたま目にした高山植物の可憐さに惹かれて、初夏の山旅の計画を練る。
4　セレブと知り合うチャンスを狙って、セレブ御用達の高級温泉旅館を検索する。
5　自分の英語力を試す機会になると考えて、英語圏の国を訪ねる旅行を計画する。

問四　傍線c「動因」に関する説明として、最も適切なものを次の中から一つ選び、その番号をマークせよ。

1　人間は、興味があっても、動因が活性化されなければ、知識やスキルの獲得へとつながらず、学習も発達もしない。

［Z］によって決まってくるのである。

（鹿毛雅治『モチベーションの心理学』による）

問一　傍線a「モチベーションを理解するには、この種の量的な発想だけでは不十分であり、その行為の質的側面にも着目する必要がある」とあるが、それはなぜか。最も適切なものを次の中から一つ選び、その番号をマークせよ。

1　行動や発言の量だけでなく、その目的や意図にも目を向けることで、活動的でエネルギッシュな人ほどモチベーションが高いということをより明確に示せるから。

2　ある行動を起こす具体的な目標があり、方向性がはっきりしていても、その行動を推し進める動力が不十分な場合は、モチベーションを正しく判断できないから。

3　ある行動に対するエネルギー性の高さが、その行動が向かうやる気の方向性を決定づけるので、両者を統合して評価しなければ、モチベーションの本質を明らかにできないから。

4　動作や発言の量だけでなく、それが何のための行為なのかという点にも着目して判断しなければ、その人のモチベーションを正しく捉えることはできないから。

5　モチベーションの高さは、その目的や目標といった方向性によってのみ決定されるにもかかわらず、動きの多少や強弱などの量的側面に着目される傾向にあるから。

る。

この接近─回避モデルが快楽原則に基づいているという点も見逃せない。これはフロイトが提唱したもので、人を含む生命体は「快を求め、不快を避けるように動く」という考え方を指し、モチベーションは快を求める接近動機づけと不快を避ける回避動機づけの2種類に大別されることになる。快を求める接近動機づけによってビーチに行くのに対し、不快を避ける回避動機づけによってビーチには行かないというわけだ。この快楽原則は、近年、脳神経科学的な知見によっても裏づけられており、もはやモチベーションの大原則だといっても過言ではない。

ただ接近動機づけと一口にいっても、そこで目指される目標は多様である。営業活動に励むセールスマンの場合、営業所でナンバーワンの成績を目指している人もいれば、上司や同僚に認められようと頑張っている人もいるだろう。レポートを仕上げようと努力している大学生の場合、「優」の成績が目標の人もいれば、興味のあるテーマなので少しでも立派な内容のものを提出することが目標の人もいるだろう。

また、接近動機づけだけでは説明できない現象も多い。夏場は暑いので、戸外での営業活動は避けたいというのが本音のセールスマンは多いに違いない。レポートを書くことは苦手で、できればやりたくないと考えている学生も少なくないはずだ。このように営業やレポート作成のモチベーションには、接近動機づけと回避動機づけという相反する要素が混在しているのである。

ポイントは、f実際の行動は接近と回避の合力によって決まるという点だろう。夏場のセールスマンのモチベーションは、「営業成績をアップさせたい」という動機と「戸外での営業活動はしたくない」という動機の相反する心理的エネルギーの差し引きによって決まる。前者が強ければ営業活動に前向きになるだろうし、後者が強ければ営業活動を避けようとするだろう。両者が同等で拮抗していれば葛藤が生じ、どっちつかずで身動きがとれない状態に陥る。

このように実際の場面におけるモチベーションは、エネルギー性と方向性、動因と誘因、接近─回避といった諸要因の

この種の「ご褒美」は代表的な誘因に違いないが、人のモチベーションを規定するプル要因はそれだけではないという点には注意すべきだろう。誘因とは当人に特定の行為を要求する環境側からのシグナルであり、われわれの行為を引き起こすはたらきを持つ目標対象全般を意味しているのである。

誘因は、ボーナスのような「引く力」を持つものばかりではない。そこから「遠ざける力」を持つ誘因もある。たとえば、落第や罰金はそれを避けようというモチベーションを引き起こす。引く力を持つ正の誘因に対して、遠ざける力を持つ誘因は負の誘因と呼ばれる。つまり、われわれを取り囲む環境には、それに接近しようとする行動を引き起こす正の誘因と、それを回避したり、予防したりする行動(たとえば、落第を避けるために講義に出席する)を引き起こす負の誘因が存在し、われわれのモチベーションはその両方に左右されているのである。

同一の誘因であっても、人によってその作用が異なる場合もある。たとえば、リゾートのビーチは確かに多くの人にとって正の誘因かもしれない。しかし、「海は苦手」とか「日焼けは避けたい」と思う人も少なくない。そのような彼らにとっては、ビーチはむしろ避けたい旅行先であり負の誘因なのである。

また、誘因には「強さ」という性質もある。ある人にとってビーチは「気が向いたら行ってもいいかな」という程度の、それほど強くない正の誘因かもしれない。別の人にとっては「たとえ恋人に誘われたとしてもビーチには絶対行かない」というように強い負の誘因として機能する場合もある。以上のような正負や強さといった誘因の性質は誘意性と呼ばれている。

もちろん、そこには動因も関連している。ビーチに行くのはマリンスポーツを楽しみたいからかもしれないし、ビーチに行かないのは日焼けを避けたいからかもしれない。いずれにせよそこには個人内の「〇〇したい(したくない)」という要因がからんでいる。ビーチに行くか、行かないかというモチベーションとその強さは、誘因(誘意性)と動因(欲求)の相乗作用によって生じるわけである。このように「近づく―遠ざかる」という行動に着目したモチベーションの説明は「接近―回避モデル」と呼ばれていは作動しない。それと同様に、e人間もメカニズムだけでは動かない。人を行動に駆り立てるような、機械の動力に対応する説明概念が必要で、それが動因だとウッドワースは主張したのである。

例示された動因のひとつに興味がある。好奇心旺盛な子どもたちの姿をみればわかるように、興味が強力な動因となって彼らの行為（ものをいじってみたり、大人にしつこく質問したりすることなど）が活性化される。また、興味が視線などの身体の動きを引き起こし、それが知識やスキルの獲得へとつながっていく。このように動因は人間の学習や発達のプロセスにも影響を及ぼしているのだという。

典型的な動因は欲求だろう。欲求とは、簡潔にいうなら「〇〇したい」と感知する心身のはたらきを指す。つまり、「個人の内側から行為を引き起こす心理的エネルギー」を意味し、その種類に応じて人を特定の行動に駆り立てたり、その行動を方向づけたりする。そしてその欲求が満たされることで快の感覚（満足）が得られる。欲求は必ずしも当人に意識されるとは限らず、無意識のうちにモチベーションを左右するという点もポイントである。

欲求の代表格が生理的欲求だ。食欲、のどの渇きを満たす欲求、睡眠欲、排せつ欲、暑さや寒さを回避する欲求、危害を回避して身体を守ろうとする欲求など、それらの充足なしには生存が危ぶまれるような各種の欲求は生理的欲求と総称されている。「腹が減っては軍《いくさ》はできぬ」ということわざの通り、他のことをやろうとしていたとしても、空腹であれば食欲を満たすことが最優先になる。生理的欲求のうち、とりわけ「呼吸欲」や「痛さを避ける欲求」などは緊急性の高い強力な動因としてはたらく。息ができない、痛いといった状態は極度に不快な状態であるため、その状態から逃れようとする強烈なモチベーションが、身体の内部から突き動かされるように生じるに違いない。

一方、環境側のプル要因は誘因と総称される。ボーナスや昇給といった金銭や、より上位のステータス（役職）などを意味することが多く、そこには「インセンティブの提示によってモチベーションが高まるはずだ」という暗黙の前提があるようだ。確かによっては「マチュ・ピチュ遺跡」を訪れるということによって「こんな遠い名所まで来ることができた」と自分に誇りを感じたり、他者から「すごいね！」とほめられたりしたいといった場合がある。

一方、プル要因についてはどうだろう。「海が俺を呼んでいる」といったやや気取った言い回しがあるが、その意味は「海に導かれるかのごとく出向いてしまう」ということであり、文字通りにとらえれば、当人にとって海がプル要因だということになる。

旅行の魅力は何といっても、見慣れた日常とはまったく異なる光景だろう。もちろん、目的地が持つユニークな魅力だけではなく、行きやすい場所であるか、治安がよいか、さらには商業的に形成されたポジティブなイメージもプル要因になりうる。いずれにせよ環境側のプル要因に引っ張られるようにして旅行に出向くというわけである。

ただ、このプッシュ—プル・モデルはいささか単純で、モチベーションの説明として必ずしも十分とはいえない。押す力と引く力の二元論であるため、エネルギー性や方向性については大まかには理解できるものの、行為の始発、持続、方向づけについてまったく触れられていないからである。

プッシュ—プル・モデルの発展形が動因モデルと誘因モデルだろう。[c]動因(drive)によって押す力が、[d]誘因(incentive)によって引く力が生じると考えられている。

この動因という言葉を使って、モチベーションの存在を初めて明確に指摘した心理学者がウッドワースだった。彼は人の動きを説明するために「メカニズム」と「動因」の2つを区別した。彼の説明によれば、メカニズムとは「一連の行動がどのように為されるのか」(how の問い)に対する答えであるのに対し、動因とは「その行動をなぜ為すのか」(why の問い)に対する答えなのだという。

両者の違いは機械の比喩によって説明される。メカニズムがいかに立派であっても、動力(電力など)が提供されなければ機械目的や意図が問われるだろう。全体での議論を深めようとして発言する人もいれば、単に自己アピールのため、あるいはライバルの提案を却下することをもくろんだ批判という場合もあるかもしれない。だから、発言が多いという量的側面だけで、その人のモチベーションを判断してはならない。「どこに向かうやる気なのか」というモチベーションの質的側面にも着目する必要があるのだ。

世の中には多種多様な「車」があるが、それらは自ら動く自動車と、人が力を加えないと動かない他動車（荷車、台車、乳母車など）とに大別できる。自動車は自ら動く力を備えているのに対し、他動車にはそれがなく、押されたり引っ張られる力に頼っている。

車と同様に、人も自力で動く場合と、他の何かに動かされる場合の2種類がある。この区別については自らの体験を振り返れば理解しやすいだろう。好きな本を自ら進んで読書するというように、自分から行動を起こす場合もあれば、宿題の読書感想文のために課題図書をしぶしぶ読みはじめるというように、環境側の要因（宿題）によって行動が引き起こされる（動かされる）こともある。

このように人の行動は個人内から押し出されるようにして（押す力によって）、あるいは環境側から引っ張られるようにして（引く力によって）生じる。最もシンプルなモチベーションのメカニズムはこれである。自動であれ、他動であれ、何らかの力によって行動が引き起こされると考えるわけである。

この押す力（プッシュ）と引く力（プル）によってモチベーションを説明する枠組みはプッシュ－プル・モデルと呼ばれ、主にレジャーや観光の研究領域で取り上げられてきた。

たとえば、旅行のモチベーションには、bプッシュ要因として、休養したい、リラックスしたいとか、冒険心、異文化への興味などが挙げられる。「自尊心を満たす」とか「名声や評判を得る」という、一見、旅行とは無関係に思える要因も挙げられる。人にモチベーションに「エネルギー性」と「方向性」という2つの要素が含まれているというのは定説である。モチベーションの語源は「動き」にある。その「動き」は「動力(エネルギー)」と「方向」という2要因によって説明できると考えられている。

自動車に例えるとわかりやすい。エネルギー性とは、いわば [X] のはたらきを指し、それがなければ動かないという要因(=動力)である。「馬力」があり加速がよい車もあれば、速度に限界がある車もあろう。このような距離や速度といった比喩は、動きの多少、強弱を左右するモチベーションの量的な側面を指す。エネルギー性とはその動力の性質に該当し、人の動きを解明するための必要不可欠な要素だといえる。

とかくわれわれはモチベーションのエネルギー的な側面に目を向けがちだ。活発に動き回るエネルギッシュな人にモチベーションの高さを感じるのは、みえやすい量的側面に着目してしまう傾向がわれわれにあるからだろう。しかし、それだけでは人の動きの説明として不十分なのである。「動き」には向かう方向が必ず伴っているからだ。

エネルギー性を象徴する [X] に対して、方向性とは [Y] のはたらきを意味する。たとえば、[X] の性能が同じ車であっても、北に進む車と東に進む車が同じ動きをしているとはいえない。目指す方向が違えば、動き自体の意味が異なってくる。

読書の例で考えてみよう。エネルギー性とは、たとえば、1ヵ月に本を何冊読むか、あるいは1時間に何ページ読み進められるかといった量的側面である。それに対して方向性とは、その本を趣味や教養のために読むのか、報告書作成のために読むのかといった行為の目的の違いを指す。また、同じ報告書であったとしても、社内の会議で報告するための文書なのか、営業の一環として顧客に見せる資料なのかといった具体的な目標の違いを意味する。つまり、方向性とは「何のための行為なのか」という着眼点だといえよう。

人の動きはこの方向性によって決定される。会議中の発言の例でいえば、「あの人が多くの発言をしたのは何のためか」という

国語

（六〇分）

（一）

次の文章を読み、後の問に答えよ。

かつて栄養ドリンクのコマーシャルに「24時間、働けますか」というコピーがあった。ビジネスマンのやる気を長続きさせるために、「ぜひともこの1本でエネルギー補給を！」と訴えかけているわけだ。このコマーシャルの背後には、モチベーションを動力としてとらえ、長時間働きつづける姿の背後には、エネルギーとしてのやる気があるはずだという発想が見え隠れする。

やる気に対して、われわれはこのように動的なイメージを持っている。「やる気がある知人」を思い浮かべてほしい。たとえば、「あの人は長時間残業して頑張った」「あの子は何時間も机に向かって勉強していた」「彼は会議中の発言が多い」「先生に何回も質問していた生徒がいる」「彼女はレポートを何度も書き直していた」というように、身体的な動きが活発な人を想像するのではないだろうか。静かでじっとしている人より、頻繁に動き回ったり、動作が多かったりする人のほうが活動的でエネルギッシュにみえて、モチベーションが高いと思われがちなのである。

しかし、われわれはこのような「素朴概念」をまず改めなければならない。[a]モチベーションを理解するには、この種の量的な発想だけでは不十分であり、その行為の質的側面にも着目する必要があるのだ。

解答編

英語

I **解答** 1．(1)—③　(2)—①　(3)—③　(4)—①　(5)—③　(6)—④　(7)—③　(8)—①　(9)—①

2—④

3．① thrive または succeed　② independent　③ without　④ where　⑤ comfortable

4．(1)—③　(2)—④　(3)—②

◆全　訳◆

≪TikTokを通じた新しい音楽のあり方≫

タイラー=コロンは大学のバスケットボール選手だったが，テレビの音楽番組のリアリティーショーで優勝した。そして，ポッドキャスト，モデル，俳優業にも挑戦している。しかし2019年，彼は真剣に音楽の道に進むことに決めた。「毎日1日も欠かさず車の中で1時間半歌うことを，そう，6カ月くらい続けた後，『スタック・イン・ザ・ミドル』をリリースしたんだ」と彼は語る。

彼はそれをステージネームのタイ=ヴェルデスでTikTokに投稿した。その当時，彼は携帯電話ショップで働いていた。「僕のようにファンのいない他の人たちが，最終的にはラジオに行き着くのを見た。そして，たった1つのアプリのおかげでそれが何度も起こるのを見たとき，試してみようと決めたのさ」と彼は言う。

気がつくと，彼は昼食の休憩の間にいくつかのレコードレーベルの社長からの電話に対応していた。レコード契約をし，デビューアルバムを作り，現在はアメリカ横断ツアーで22の都市を回っている。Spotifyで「スタック・イン・ザ・ミドル」がストリーミングされる回数は優に1億回を超えた。

TikTokは音楽業界に変化をもたらしており，アーティストからアナリスト，そしてトップレーベルのマーケティングの大物に至るまで，すべての人が必死に遅れまいとしている。

音楽の新たな聴き方

ヴェルデスは TikTok がなくても成功しただろうと思っているが，アプリで聴いている自分のファンが特に夢中になっていることにも気づいた。ファンたちはよく彼の TikTok から，彼の Spotify のページか YouTube チャンネルへと移ったものだ。

「ただこのビデオを作っただけで，この歌ができて，みんなが本当に気に入るこのメロディーができる。みんなそれを欲しがる。彼らに何かを提供するだけさ」と彼は語る。

TikTok ユーザーが以前とは異なるやり方で音楽と関わるというこの傾向に気づいているのは，ヴェルデスだけではない。「彼らは何と言うか，ゆったりくつろいで受け身で音楽を聴いているだけではありません」と言うのは音楽業界アナリストのタチアナ=シリサノだ。「彼らはプレイリストを作ったり，ストリーミングでアルバム全体を聴いたり，関連商品を購入したりなど，もっと積極的な参加の仕方をする傾向がより強いのです」

シリサノによって集められた消費者行動に関するデータでは，TikTok ユーザーは音楽にお金を使い，音楽に投資をする傾向がより強いことを示している。例えば，音楽に対して毎月の定額料金を払っているのは，一般の人だと 25％であるのに比べて，熱心な TikTok ユーザーの場合は 40％である。そして，アーティスト商品を毎月購入しているのは，一般の人が 9％であるのに対し，TikTok ユーザーは 17％である。

さらに，TikTok ユーザーはアプリの設計に組み込まれた機能を使って，自分の動画で音楽に反応していることが多い。彼らはリップシンクして歌ったり，ダンスをつけたり，実際に歌おうとする場合もある。

「これは音楽を聴くことを，歌が流れてきてそれを 1 人で聴くという一方通行の関係から，自らが参加するものに変えたのです」とシリサノは言う。「つまり，このレベルまでそういうことをしたソーシャルメディア・アプリは他にないと思います。TikTok は，その意味で UGC の頂点なのです」

UGC とは「user-generated content（ユーザーによって作られたコンテンツ）」の略語で，音楽業界で現在広まっている業界用語の一つである。

ニーナ=ウェッブはアトランティック・レコード社の営業部長で，最初この業界に入ったときはもう少し単純だったと語る。

「昔は，3歳児向けの簡単なパズルのようでした。ビデオとラジオしかなくて，必要なのはお金とレーベルとしての影響力だけでした。でも今はTikTokが巨大な影響力を持っている複雑なパズルのように思えます」と彼女は言う。

ウェッブは自分が話していることがちゃんとわかっている。この前の8月，アトランティック・レコード社のゲイルという名のアーティストが，「ABCDEFU」という歌を発表した。同社ではこの歌をTikTokで大々的に宣伝したが，売り上げが本当に伸び始めたのは数カ月後に，ゲイルのツアーの最中にTikTokの手話のサブコミュニティーがこの曲を手に入れてからのことだった。

「彼女はまだ自分の歌をほとんどの人が知らなかったツアーの初めに歌うのと，その場全体が熱狂しているツアーの最後に歌うこととの違いを目の当たりにしたのです」とウェッブは言う。「だから，11月が大きな転換点で，それは100％，手話のサブコミュニティーのおかげだったのです」

ゲイルにとっては，ユーザーが生み出したそのコンテンツがあらゆる違いを生み出した。彼女のこの歌は，ビルボード・グローバル200のチャートで11週連続ナンバーワンを記録した。

影響力を買って幸運を得る

最近では，TikTokでの歌やアーティストの売り込みを専門に行う新しい業界があり，インフルエンサーにお金を出して歌の宣伝をしてもらい，人々の反応を知るために短いクリップを投稿し，ダンスチャレンジを進めようとしている。パンデミック下でダウンロードが急増した後，今や毎月10億人のアクティブユーザーがTikTokを利用している中，その理由を知ることは難しいことではない。

たしかにいろいろな戦略を試してみたが，ある歌がTikTokで人気が出るとき，たいていそれは自然に起きているように思える，とウェッブは言う。

「つまり，ものすごくお金のかかるキャンペーンを行っても全く利益は得られなかった，という例は無数にあるのです。何と言うか，私たちには不可能なのです。それはファンとかアーティストから出てこなければいけないのです。なにしろ，相手にしているのは，10代とか20代前半の人たちから成るZ世代なのですから。彼らは何でも嗅ぎつけてしまいます」

ときには，そういうファンは予想もしないやり方で反応することがある。セリーヌ=ディオンの「イッツ・オール・カミング・バック・トゥ・ミー・ナウ」は25年前に発表された曲だが，今年の初めに，この歌の最もドラマチックな部分をリップシンクすることがTikTokで拡散し，Spotifyと YouTubeで1日のストリーミング記録を達成した。

または，シーアの「スノーマン」という歌を例にとってみよう。これは2017年に出た曲だが，TikTokチャレンジは2020年に流行し，人々は自分がコーラス全体を一息で歌おうとしている動画を投稿した。

かつて音楽業界は無名の才能を探し出して，その人を育て上げたものだった，とシリサノは言う。だが，TikTokが出てきて，そういうお決まりのやり方が変わる助けとなった。

「今はどんどん，聞き手が自分が聞きたいものを選ぶ時代になってきていて，レコードレーベルや音楽業界の他の分野も多少はそれに耳を傾けるようになってきていると思います」と彼女は語った。

燃え尽きのリスク

しかし，これには否定的側面もある。TikTokはミュージシャンにとってはチャンスを創造するかもしれないが，アーティストの中には常に「活動して」いなければならないと感じる者もいる。クリエーターの燃え尽きは現実のことだ。

「TikTokでたくさんのフォロワーを得た人々には，どこかの時点で自分が立ち止まったら，みんなが自分をフォローしてくれなくなるのではないか，自分を忘れてしまうのではないか，あるいは離れていってしまうのではないか，という不安のようなものがあるのです」とシリサノは言う。

ダモイーは21歳のテキサス州ダラス出身の，独立した音楽アーティスト兼コンテンツ・クリエーターである。彼女は作曲家，プロデューサー，歌手，作詞家であり，多くの楽器を演奏する。たいていは話題になっている他の歌のカバーやリミックスをたくさん投稿している。そして，それはものすごい作業量である。TikTokで1分流れるものを創るのに，たいてい約6時間かかる。

「始めたばかりの頃，100人のフォロワーを獲得するのに1週間近くかかりました」と彼女は語る。「そして，そう，ワン・ゼロ・ゼロという数字を見たとき，ビックリしたことを覚えています。うわー，私って有名人だわ，と思いました。とてもうれしかったわ」とダモイーは笑って言う。

動画は失敗することもあれば，大成功することもある。しかし，だいたいは，TikTok は自分のようなミュージシャンを押し上げてくれると感じている，とダモイーは言う。だからといって楽になるわけではないが。

ダモイーは学校の勉強，私生活，築き上げようとしているフォロワーたちからの支持のバランスをとることを学びつつある。

「はっきり言って，これは特に心の健康にとっては大きな負担でした。最近は，ほんとに休憩する必要があったので，この１カ月は投稿しないで過ごしています」と彼女は言う。

「目標は，どのレーベルにも目もくれずに，独立したアーティストとして成功すること，そして，それでもひとりで音楽をリリースすることを心地よく感じるところまでプラットフォームを構築することです」と彼女は付け加えた。

言い換えると，彼女はオンラインでの支持者を集めることと，音楽を作ることの完全なバランスを見つけたいと望んでいる。そして，実際にこのバランスを見つけたら，音楽業界の昔ながらの勢力に認めてもらう必要はなくなるだろうと思っている。

◀解　説▶

１．⑴空所の後ろに目的語 music があるので，③「(目的・活動など）を追求する，～に従事する」が正解。①「～を防御する」，②「～を見つける」，④「切り替える」

⑵ field は「(質問など）にうまく受け答えする」の意味なので，①「～に対処する」が正解。空所の後ろの「レコードレーベルの社長からの電話」から，下線部の意味を類推することもできる。②「～から隠れる」，③「(衣類）を身につける」，④「～を安く売り払う」

⑶空所の後ろに目的語 a dance があるため，③「(曲など）を作る，創作する」が正解。①は end up in ～ などの形で「結局～の状態になる」。②「(手・物など）を高く持ち上げる」，④「現れる」

⑷空所の後ろに目的語 a song があるため，①「(曲など）をリリースする，発表する」が正解。②「～を報告する」，③「～を要請する」，④「～を返

す」

⑸ organically は「有機的に」の他に「自然に」の意味があり，③「自然に」が正解。①「注意深く」，②「広範囲に」，④「考え深げに」

⑹「TikTok の（　　）流行になった」という文なので，④「拡散的な」が正解。①「(人が）能力がある」，②「調和した」，③「(家などが）住むのに適する」

⑺空所は，その前の「自分を忘れてしまうのではないか」と同様の意味になると考えられるので，③「(興味などが）移る，(次の場所に）移る」が正解。①「(戦争などが）勃発する」，②「追いつく」，④「(人の手から手へと）回して渡す」

⑻ flop は「完全に失敗する」の意味なので，①「失敗する」が正解。後ろの take off「軌道に乗る」の反対の意味になると推測することもできる。②「繰り返す」，③「成功する」，④「試みる」

⑼ cultivate は「〜を養う，高める」の意味なので，①「〜を伸ばす，発展させる」が正解。②「〜を隠す」，③「〜を混ぜる」，④「(場所）を（何かを求めて）探す」

2．与えられた英文は「しかし，これには否定的側面もある」という意味。空所㈣の前の「影響力を買って幸運を得る」と題された部分では，TikTok をうまく利用することによって，アーティストが成功している例が述べられている。しかし，空所㈣からは「燃え尽きのリスク」というタイトルになっており，TikTok を利用することによる常に活動しなければならないという強迫観念など，否定的な側面や欠点について述べられているため，この文は㈣に入れるのが最適である。よって，④が正解。

3．①には「成功する」の意味の thrive または succeed が入る。

②には「独立した」の意味の independent が入る。

③は without *doing* で「〜しないで」の意味。

④には関係副詞 where が入り，where … music alone までが先行詞 the point の説明となっている。

⑤には「心地よい」の意味の comfortable が入る。

4．⑴「本文によると，一般の人たちと比べると，TikTok ユーザーは何をする可能性がより高いか？」

①「ライブコンサートに行く」

このような記述は本文にない。
②「音楽をダウンロードする」
「影響力を買って幸運を得る」の第1段第2文（With 1 billion …）には，TikTokユーザーが音楽をダウンロードしているとは述べられていない。
③「アーティスト商品を買う」
「音楽の新たな聴き方」の第4段最終文（And 17％ buy …）の内容に一致する。
④「音楽業界で働く」
冒頭部分の第4段（TikTok is changing …）にTikTokが音楽業界に変化をもたらしたことは述べられているが，TikTokユーザーが音楽業界で働くとは述べられていない。
(2)「本文で述べられていないのは次のどれか？」
①「ダモイーが60秒のTikTokを創るのにたいてい数時間かかる」
「燃え尽きのリスク」の第3段最終文（A minute-long TikTok …）の内容に一致する。
②「TikTokで話題になったことの1つに，昔のセリーヌ=ディオンの歌の一部をリップシンクしている場面があった」
「影響力を買って幸運を得る」の第4段第2文（Celine Dion's "It's …）の内容に一致する。
③「タイ=ヴェルデスは複数都市のアメリカ横断ツアーに出かけた」
冒頭部分の第3段第2文（He got a record …）の内容に一致する。
④「TikTokとYouTubeは音楽の新たな才能を売り込むために協力し合っている」
本文にこのような記述はない。
(3)「本文に述べられているものは以下のどれか？」
①「ゲイルの歌がTikTokで宣伝されたことは一度もなかった」
「音楽の新たな聴き方」の第10段第2～最終文（Last August, an Atlantic … of Gayle's tour.）の内容に一致しない。
②「ニーナ=ウェッブはTikTokで歌を売り込むための様々な戦略を試してみた」
「影響力を買って幸運を得る」の第2段（Webb says she's …）の内容に一致する。

③「TikTok チャレンジはたいてい一息で歌を一曲歌うことを含む」

「影響力を買って幸運を得る」の第5段第2文（That came out …）には「スノーマン」という曲のコーラス全体を一息で歌う例が挙げられているが，TikTok チャレンジではそれが普通であるとは述べられていない。

④「タイラー=コロンは携帯電話ショップで働いていたときに，タイ=ヴェルデスと出会った」

冒頭部分の第1段第1文～第2段第2文（Tyler Colon played … mobile phone store.）より，タイラー=コロンとタイ=ヴェルデスは同一人物である。

II 解答

1．(1)―② (2)―① (3)―② (4)―④ (5)―③ (6)―③ (7)―② (8)―③ (9)―②

2―③

3．(1)―③ (2)―② (3)―③

◆全　訳◆

≪多くの選択肢から決断をすることについて≫

ネットフリックスにログインすると，6,000 近くのタイトルからなるメニューが提供されるだろう。アマゾンで新しい歯ブラシを検索すれば，普通のものから電動式，3本セットから12本セットのものまで，20,000 種類を超える選択肢の猛攻撃を受けるだろう。おかしいほど優柔不断な――そして，ストレスを研究している――者として，私はあまりに多くの選択肢を与えられているなかで決断を行うことの圧迫について，しばしば考える。ありあまるほどの選択肢から決断するとき，私たちは何を経験するのか？　行き詰ってしまうだろうか，それとも精力的になるだろうか？　より自信を持つだろうか，それとも自信をそがれてしまうだろうか？　これは私たちの健康や幸福に持続的な影響を及ぼすおそれがあるだろうか？

選択の自由は西洋文化の柱である。しかし，多すぎる選択肢ということもある。シーナ=アイエンガーとバリー=シュワルツのような研究者はこの分野の研究の先駆者で，あまりに多くの選択肢に対処することは，「選択肢過多」と呼ばれる好ましくない経験を生み出すおそれがあることを発見した。

人はできる限り多くの選択肢を欲しがる傾向がある。手に入れようとしているものが車であれ食事であれ，提供する選択肢が少ない会社に対して，それが多い会社に引きつけられる。なぜなら，品揃えが多い方がぴったり合うものを見つける可能性が最大限になると信じているからだ。

だが，実際にこれら全ての選択肢から決断をするということになると，感覚がマヒしてしまう――そして，選ぶことを完全に放棄してしまう。さらに悪いことには，やっと決断に達しても，どんなものであれ自分が行った選択について，より不満を感じたり，後悔したりする。

私には，これは現代社会に影響を及ぼす日常のストレスの多くを説明しているように思える。これは，初めて住宅を購入する人が，情報を集め始めたときに感じる非常にわくわくしていた気分が，理想的な地域，学区，建築スタイルを選べないのではないか，という不安に取って代わられることの説明となる。社交的な 20 代の人が街に新しいレストランがオープンすることについて調べる前に感じる好奇心が，次第に，自分の期待に沿うものでないのではないかという心配に変わっていくことの説明になる。

選択肢の過多が最終的には後悔や不満につながることを私たちはわかっているのだが，これらの決断をしている最中に人がどう感じているかは，それほど明らかではない。共同研究者と私はこう思った。人々はよい決断をするための自分の能力に本当に自信があるのだろうか？　そして，もしそうであるなら，この経験がよいものから悪いものへと変わるのはいつだろうか？

研究のために，私たちは心臓血管の反応を調べることによって，決断をする際の参加者の体内で起きていることを見ようとした。人々が決断についてより気にするとき，心臓の鼓動はより速く激しくなる。他の基準――心臓がどれだけの血を送っているか，そしてどれだけ血管が拡張しているか――も自信の度合いを示すことが可能である。

私たちの研究の参加者は，ソーシャルメディアの個人プロフィールについてレビューした。私たちは彼らに多くの選択肢から，またはほんの少しの選択肢から 1 つのプロフィールを選ぶよう求めた。研究の他の条件では，単に 1 から 10 の段階でプロフィールを評価するよう求めた。参加者が多くの選択肢から選んだときには，決断によりエネルギーが費やされていることがわかった。彼らの心臓の鼓動がより速く激しかったのだ。

しかしまた，動脈の収縮も見られた。これは，彼らが自分の決断にあまり自信がないと感じていたことの兆候でもある。言い換えれば，より多くの選択肢を与えられると，「正しい」とか「正確な」決断をすることがより重大に，また同時により実現不可能に感じられるようになる。絶望的なほど準備ができていないと思いながら重要な試験を受けるときや，適切な資格がないまま，あこがれの仕事の面接におもむくときにも，心臓血管系は同様の反応をする。

特に，このような心臓の作用に軽くさらされるだけでも，もしそれがそれなりの度合いで起これば，健康への長期的影響をもたらすと信じられている。そうした作用はある種の心臓疾患や高血圧につながるのだ。

ある決断が大きな賭けであると感じること――しかし，正しい選択をすることについて特に自信がないと感じること――は誤った選択をするのではないか，という根深い不安の一因となるおそれがある。このような不安は，その決断を総体的に考えてみることによって軽減することができる，と私は信じている。ランチに何を食べるか，そのキャラメルマキアートにぴったり合うフレーバーはどれか，など日々行う選択の多くは，大きな全体像のなかではたいしたことではない，と覚えておくことは，役に立つかもしれない。新しい仕事に就くなど，一見より重要に思える選択でさえ，究極的には変えることもできる。このように考えれば，「誤った」選択をすることに伴う結果はあまり恐ろしいものではなくなる。

また，こうした状況に入る際に，自分が欲しい――また，絶対に欲しくない――ものについて，選択肢の範囲の中から，ほんの少しの明確な基準や概念を持っておくことも役に立つだろう。これによって，あり得る選択肢を絞ることができるし，また自分の決断能力についてより自信が持てるだろう。

だから，今度あなたがどのタイトルを見るか決められなくて，ネットフリックスをあれこれ見て何時間も費やしたり，アマゾンで3本パックと12本パックのどちらの歯ブラシを注文するべきか迷ったりしたら，選択肢の重要度を軽くすることが，こんなにたくさんの選択肢に満ちあふれた世の中を切り抜けていくのに役立つことを思い出してほしい。

◀解　説▶

1．(1) bombard は「(人) を (情報・質問などで) 攻め立てる」の意味なので，②「～を圧倒する」が正解。「20,000 種類を超える選択肢で（

）れるだろう」という文から意味を類推することもできる。①「～を破壊する」，③「～を突き通す」，④「～を満足させる」

(2) an abundance of～で「ありあまるほどの～」という意味なので，①が正解。「(　　) 選択肢から決断する場合」というフレーズから推測することもできる。②「エピソード」，③「アイデンティティ，身元」，④「機会」

(3)「あまりに多くの選択肢に対処する『選択肢過多』と呼ばれる（　　）経験」となるので，マイナスの意味を持つ②「好ましくない，不都合な」が正解。①「適切な」，③「初歩の」，④「楽しい」

(4) live up to～は「(期待など）に沿う」の意味なので，④「(必要・期待など）を満たす」が正解。目的語 her expectations があることから意味を類推することもできる。①「～を変える」，②「～を決める」，③「～を超える」

(5) genuinely は「本当に，真に」という意味なので，③「本当に」が正解。①「できれば」，②「でたらめに」，④「たいていは」

(6)「プロフィールを1から10の段階で（　　)」という文なので，③「～を評価する」が正解。①「～を加える」，②「～を見つける」，④「～を救う，節約する」

(7)「より多くの選択肢を与えられると，『正しい』とか『正確な』決断をすることがより（　　）に，また同時により実現不可能に感じられるようになる」という文で，空所には「実現不可能」と近い意味の語が入ると考えられるので，②「きわめて重大な，困難な」が正解。①「人工的な」，③「死をもたらす」，④「いつもの」

(8) complement は「～と合う，～を補完する」という意味なので，③「～と合う」が正解。「そのキャラメルマキアートにぴったり（　　）フレーバーはどれか」という文から類推することもできる。①「(食事などに)～が付く，～を伴う」，②「～に対処する」，④「(人）のところに宿泊する」

(9)「こんなにたくさんの選択肢に満ちあふれた世の中を（　　)」という文なので，②「～をうまく進む」が正解。①「～に向ける」，③「～を組織化する」，④「～を研究する」

2．与えられた英文は「研究のために，私たちは心臓血管の反応を調べることによって，決断をする際の参加者の体内で起きていることを見ようとした」という意味。空所(ウ)の後ろには，人が決断のことを気にする際の「心臓の鼓動」や「血管の拡張」の変化について述べられている。よって，この文は(ウ)に入れるのが最適なので，③が正解。

3．(1)「文章の中で述べられているのは以下のどれか？」

①「研究では，決断をすることは血圧の上昇とは関係がないことを示している」

第 10 段（Notably, even minor … disease and hypertension.）の内容と一致しない。

②「企業では選択肢過多を避けるために，顧客への選択肢を減らすようになっている」

本文にそのような記述はない。

③「自分が欲しくないものが分かっていることは，決断をする能力における自信を高める」

第 12 段第 1 文（It could also …）の内容と一致する。

④「自分が下した決断に客が不満を感じることはまれである」

第 4 段第 2 文（Even worse, when …）の内容と一致しない。

(2)「文章の中で述べられていないのは以下のどれか？」

①「人々はできる限り多くの選択肢を提供する企業をより好む傾向がある」

第 3 段第 2 文（Whether it's buying …）では「提供する選択肢が少ない会社よりも多い会社に引きつけられる」と述べられているのと一致するので，正答ではない。

②「人々は選択肢過多の好ましくない結果については知らない」

第 6 段第 1 文（Although we know …）の内容と反するので，②が正解。

③「あまりに選択肢が多すぎると，人々は決断をすることを避けることがある」

第 4 段第 1 文（But when it …）の内容に一致する。

④「人は決断をすることによって引き起こされる不安を減らす方法を見つけることができる」

第 11 段第 2 文（I believe this …）の内容に一致する。

(3)「この文章の筆者によって示唆されているのは以下のどれか？」

①「企業は客による誤った選択の問題に対処すべきだ」
本文にそのような記述はない。
②「自分の決断を変える可能性は選択肢過多の原因の一つである」
本文にそのような記述はない。
③「頻繁な選択肢過多は人々の健康に長期的な好ましくない影響を及ぼすことがある」
第10段（Notably, even minor …）の内容に一致する。
④「人々が下すどの選択も幸福にとって重要になるだろう」
本文にそのような記述はない。

Ⅲ 解答

(1)—④　(2)—②　(3)—③　(4)—②　(5)—②　(6)—②
(7)—①　(8)—②　(9)—②　(10)—①

◀解　説▶

(1)「オンライン授業に出るのは飽き飽きした。クラスメートと面と向かってディスカッションするのはすごく楽しいよ！」 be fed up with ～ で「～に飽き飽きしている，うんざりだ」の意味なので，④が正解。① against，② for，③ to はいずれも be fed up とともには用いない。

(2)「パンデミックと世界中での紛争のために私たちは非常に不安定な世界にいるという事実（　　），私はそれでも未来が提供してくれるものについてとてもわくわくしている」という文なので，逆接の関係を表す② despite ～「～にもかかわらず」が正解。① against ～「～に反対して」，③ regardless of ～「～に関係なく」，④ without ～「～なしで」

(3)「ソーシャルメディアが普及したおかげで，人々はつながっているというよりむしろ孤立していると感じているかもしれない」 *A* rather than *B* で「*B* というよりむしろ *A*」の意味なので，③が正解。①と④は，それぞれ形容詞 better，worse と形容詞 isolated が重なるため文法的に誤り。② other than ～「～以外の」

(4)「私の兄たちはみな違っていていつもけんかばかりしているが，共通点もたくさんある」 have ～ in common で「共通点が～ある」の意味なので，②が正解。① for，③ out，④ without はこの表現では用いない。

(5)「私はオンライン授業だと気楽だ。時間の余裕があるし便利だから」 feel at ease with ～ で「～に対して気楽に感じる」の意味なので，②が正解。① against，③ for，④ up はこの表現では用いない。

(6)「人を助ければ，いつかまたその人たちから助けてもらえるだろうということを，忘れないでいましょう」 keep *A* in mind で「*A* を覚えておく，忘れないでいる」の意味なので，②が正解。本問では *A* が that 節で後ろに置かれている。① ahead，③ on，④ out はこの表現では用いない。

(7)「上司の指示に従ってさえすれば昇進するとあなたは思うのですか？」 as long as ～ は接続詞で「～しさえすれば」の意味なので，①が正解。② narrow，③ short，④ wide は as ～ as の形で用いて接続詞にならないので不可。

(8)「次の世紀に，日本の人口が着実に減る運命であることは言うまでもない」 It goes without saying that ～ で「～は言うまでもない」の意味なので，②が正解。① comes，③ leaves，④ moves はこの表現では用いない。

(9)「以前にもまして，AI の利用はビジネスの成功には欠かせない」 more than ever で「以前にもまして」の意味なので，②が正解。than ever の前には形容詞・副詞の比較級がくるので① Less も文法的には可能だが，意味が反対になる。③ Never，④ Once はこの表現では用いない。

(10)「ここでは毎日雨が降り，とても寒い。私はこの先ずっと沖縄かハワイで暮らしたい気がする」 feel like *doing* で「～したい気がする」の意味なので，①が正解。② imagine，③ make，④ wish はこの表現では用いない。

Ⅳ 解答

(1)―② (2)―② (3)―③ (4)―① (5)―③ (6)―④
(7)―④ (8)―② (9)―③ (10)―③

◀解 説▶

(1)「子どもたちの世話を一日中してくださりありがとうございました」に続く文なので，②「おかげで助かりました」が正解。make *A*'s day で「*A* を喜ばせる，幸せにする」の意味。①「私を怒らせた」，③「間違いを犯した」，④「主張した」

(2)「運転免許のテストはどうだったか？」と尋ねる相手に，B は空所の後ろで「今度，ドライブにお連れします」と言っているので，②「すごく簡単でした」が正解。a piece of cake で「とても簡単なこと」の意味。①

「全てあなた次第です」，③「それは全くばかげています」，④「それはおそらく間違いです」

(3)「今週末メキシコ料理店に行きませんか？」という誘いに対する返事だが，Aは最後で「じゃあ，また今度」と言っているので，③「ごめんなさい。やることがたくさんあるので」が正解。①「大賛成です」（couldn't agree more「大賛成だ」），②「ずっとメキシコ料理店に行きたいと思っていました」，④「素晴らしい！　それはいい考えですね」

(4)Aは初めに駅の場所を尋ねており，空所の後ろでは「だから，このあたりのことはまだよく知らない」と言っているので，①「先週ここに越して来たばかりです」が正解。②「この町のたくさんの人を知っています」，③「この市には何度も来たことがあります」，④「もうここには5年住んでいます」

(5)お互いが北海道出身だとわかった後で，Bは空所の後ろで「北海道のどこの出身ですか？」と尋ねているので，③「もし差し支えなければ，もし私が尋ねてもかまわなければ」が正解。①「もし問題があるなら」，②「もしそんなものがあるなら」，④「私の故郷がお好きなら」

(6)「最近どんどん暑くなっていませんか？」と言うAに対して，Bは空所の後ろで「もうエアコンなしでは暮らせません」と言っているので，④「全くその通りです」が正解。You can say that again. は相手の発言に強く同意するときの表現。①「あなたには全く同意しません」，②「ひどいどしゃぶりですね」（It's raining cats and dogs. で「ひどいどしゃぶりですね」の意味），③「そんな考えはどこから思いついたんですか？」

(7)「この計画にあまり乗り気ではないようですね」と言うAに対して，Bは空所の後ろで「変えること自体はかまわないが，お金がかかりすぎるのでは？」と言っているので，④「私の立場をはっきりさせてください」が正解。make *oneself* clear で「～の考え［立場など］をはっきりさせる」の意味。①「あなたを祝福させてください」，②「もう一度自己紹介させてください」，③「私に感謝を述べさせてください」

(8)Bが「近々，近況を伝え合いませんか？」と言った後の言葉なので，②「いかがですか？」が正解。What do you say? は提案などについて「いかがですか，どう思いますか？」と相手の意向を尋ねる表現。①「どういう意味ですか？」，③「どういう場所ならいいですか？」，④「あなたの都合のよい時間はいつですか？」

⑼「野球の試合のチケットを２枚欲しい」と言うＡに対して，Ｂは空所の後ろで「４枚だけ残っている」と言っているので，③「あなた今日は運がいいですね」が正解。①「あなた今日はいい気分ですね」，②「あなた今日は落ち着いていますね」，④「あなたは今日そのポジションです」

⑽「隣の部署のクリスが（　　）クビにされた」という文なので，③「突然，不意に」が正解。①「手に負えなくて，どうにもならなくて」，②「一時休止中で」，④「全く不可能で，問題外で」

V 解答

(A)—⑥　(B)—⑫　(C)—②　(D)—⑨　(E)—④　(F)—⑧
(G)—③　(H)—⑬　(I)—①　(J)—⑩

◆全　訳◆

≪ニューロダイバーシティについてのインタビュー≫

「ニューロダイバーシティ」という用語は，人間は身の回りの世界を様々なやり方で経験するものであって，「正しい」考え方や振る舞い方はない，という考えを説明している。しばしば自閉スペクトラム症（ASD）および注意欠如多動症（ADHD）と関連して用いられる。教育コンサルタントのケイト=カモシタは，他の人々が自分の目標とニーズに合ったプログラムを見つける手助けをすることによって，情熱をビジネスに変えた。彼女は 30 代半ばに ADHD と診断され，ADHD をもちながら暮らしている個人や家族をサポートすることや，彼らが直面している問題に対する認識を高めることに特に興味を持っている。ケイトはカリフォルニア出身だが，現在は夫と２人の息子とともに東京に住んでいる。ケイトは Savvy Tokyo のルイーズ=ジョージ=キッタカのインタビューに答える。

LGK：日本へ来られたのは何のためですか？

KK　：私は 2006 年，JET プログラムで，三重県で教えるために初めて日本に来ました。私は高校時代に留学し，それから大学の海外留学部門で働きました。私の留学アドバイザーは以前 JET で教えていた人で，その人に日本に行くよう勧められました。それから 16 年後に，まだ日本にいるとは思ってもみませんでした。

LGK：「ラーニング・コンパス」というビジネスを始めようと思ったきっかけは何ですか？

KK　：2021 年の春に東京の上智大学教育学部で修士号を取った後，私は英語教師として働いていて，弁護士が海外留学する準備の手伝いをしていました。英語を教えるよりも，彼らが適切なプログラムを見つける手助けをし，申し込みの手順を指導する方が好きだと気づきました。私は学校が大好きなので，自分のことを「永遠の学生」と呼んでいて，ロンドン大学キングス・カレッジで 3 つめの学位，心理学と神経科学の修士号を取るための勉強を始めています。

LGK：どんなサービスを提供しているのですか？

KK　：基本的には，学生自身とその家族が適切な教育の道を歩む手助けをしています。より高い学位を取ることであれヨガの資格を取ることであれ，クライアントが自分の目標のための最適なプログラムを見つけるサポートをします。

LGK：ニューロダイバーシティ運動に関わろうと決めたのはなぜですか？

KK　：このビジネスを始めた後，ソーシャルメディアで ADHD のインフルエンサーや教育者が増えました。ニューロダイバーシティ運動は海外では大規模なものになっていて，34 歳で ADHD だと診断された者として，私も関わりたいと思ったのです。

LGK：ADHD の教育者としてどんな種類のサポートが提供できるのですか？

KK　：私は個人，家族，そして企業とともに取り組んでいます。私は精神科医でもコーチでもなく教師であり，私の教える科目は ADHD です。私はバーチャル教室を運営していて，人々が ADHD への理解を深めるのを助けるコースを作りました。

LGK：あなたのビジネスを大きくするのに最大の困難は何でしたか？

KK　：ADHD の人の場合，自分が始めたことを必ず終えるためには助けが必要かもしれません。ADHD の脳には説明責任と進路から外れないようにするための助けが必要なので，私が最初にやったことは，実はビジネスのコーチを雇うことでした。ビジネスを始めるためにこのように時間とお金を投資することができて，ありがたいと思っています。

LGK：クライアントとともに取り組むことで最もよいことは何ですか？

KK　：これまでのところ，私のクライアントは全員が第一志望の学校に入学しており，彼らの功績を私は非常に誇りに思っています。ADHD という特徴は常にやりがいがあります（ADHD の脳にはドーパミンの増加が必要なので，これもまたよいことです)。私はすでに多くの人々が診断を受けたり，診断のための手順を始めたりする助けをしてきました。また，私のインスタグラムのアカウントが，よくある誤った考えを否定するのに役立ち，人々が ADHD について自由に話す気持ちを促しているのを知ったことも非常にうれしいことです。

LGK：あなたの ADHD との道のりについて教えてもらえませんか？

KK　：前に述べたように，私は 2016 年，34 歳のときに ADHD だと診断されました。実際，30 代半ばや 40 代に女性がこの診断をされるのは非常によくあることです。私は GAD，つまり全般性不安障害だと診断されましたが，これは私が頻繁に不安になるということです。私はまた産後うつ病と PMDD，つまり月経前不快気分障害だと診断されましたが，このどちらも ADHD との高い相互関係があります。昔，医者にどうしてこれが単なる不安ではあり得ないのかと話したのを覚えていますが，医者は私が ADHD について考えたことはあるかと尋ねました。

LGK：そのときから状況はどうなったのですか？

KK　：正直言って，私は最初の診断についてちょっと懐疑的でしたが，ADHD 用の薬を飲み始めるとすぐに，不安は直ちにやわらぎ始めました。

LGK：事実がわかって以来，あなたにとって人生はどのように変わりましたか？

KK　：100 万パーセントよくなりました。だから，自分に出された診断や ADHD についてこんなにはっきりと話すのです。成績はよかったので学校では問題なかったのですが，人間関係で問題があり，「神経過敏，声が大きすぎる，興奮しすぎ，変わった人」とよく言われたものでした。いったん正しい情報が身につくと，よい方向へ変化することができました。私は自分に欠如していると知らなかった取扱説明書をやっと手に入れたのです。

LGK：どうしたら ADHD をもって生きるのがどういうことかを人はもっと理解できるのでしょうか？

KK　：ADHD の人たちは注意や集中力を一定に保つことに困難があります。注意力が足りないわけではなく，注意力はありあまるほどあるのですが，それを遮断することがただできないだけなのです。私がこの遮断システムを説明する1つのやり方は，チャンネルがすべて違う10台のテレビがある部屋にあなたがいて，ボリュームをコントロールすることも，リモコンを見つけることもできない状況を想像することです。私たちは自分の脳が集中していることをコントロールすることはできませんが，特に自分が関わっていたり，興味があったりするときには集中できるのです。だから，子どもはテレビゲームには何時間も集中できるのに，宿題には5分も集中できないのです。

LGK：ADHD を含むニューロダイバーシティを持つ人々にとっての資源という点において，日本ではどの位置にいるのですか？

KK　：この国の人々はいまだにニューロダイバーシティを学習障害だとみなしていて，その深刻さをただ学業や職業的状況における成績だけで判断しているようです。私たちには手頃な費用でカウンセリング，テスト，作業療法や家族療法を提供してくれる医師がもっと必要で，ニューロダイバーシティであることを日本の学校や雇用者に明かすことの恥ずかしさを軽減する必要があります。

LGK：あなたの将来について聞かせてください。

KK　：今は個人とのお仕事が多いのですが，大企業や学校が，私が提供できる訓練の機会について，私にコンタクトをとるようになってくれればと心から思います。私はまた ADHD アブロードというポッドキャストもやっていて，そこでは世界中のニューロダイバーシティについて話すつもりです。もしあなたが外国に住んでいて ADHD であるなら，話をしましょう。あなたからご連絡をもらいたいです。

◀解　説▶

(A)空所の前に動詞 think があることより節が続くと考えられるため，⑤，

⑥，⑨，⑩が候補に挙がる。前に「留学アドバイザーに日本に行くよう勧められた」と述べられているので，「それから16年後に，まだここ（=日本）にいるとは思ってもみませんでした」と続くのは自然であり，⑥が正解。⑤は theyの受ける名詞が前にない。⑨は，ここはビジネスとは関連がない話題である。⑩は youがインタビュアーを指すことになるため不可。

(B)空所の前に動詞 likeがあり *doing* や to *do* が続くと考えられるため，⑪と⑫が候補に挙がる。⑫を入れると動名詞句 helping ～ と guiding ～ が並列され，「彼らが適切なプログラムを見つける手助けをし，申し込みの手順を指導する方が好きだ」という自然な内容になるので，⑫が正解。⑪は to *do* であるため並列の関係が成立せず不可。

(C)空所の後ろに ～ or … とあることより，whether ～ or …「～であろうと…であろうと」が考えられる。②を入れると，「より高い学位を取ることであれヨガの資格を取ることであれ」となり，空所の前に自然につながるので，②が正解。

(D)空所の前の after を接続詞と考えると，節構造である⑨，⑩が候補に挙がる。⑨を入れると「ビジネスを始めた後に，ソーシャルメディアで ADHDのインフルエンサーや教育者が増えた」という自然な文になるため，⑨が正解。⑩は youがインタビュアーを指すことになるため不可。

(E)空所の前に someoneがあることより，④を入れると関係代名詞 who以下が someoneを修飾して，「34歳で ADHDだと診断された者として，私も関わりたいと思ったのです」という自然な文になるため，④が正解。なお，someoneの前の asは前置詞で「～として」の意味。

(F)空所の前に主語 youがあることから，述部から始まる①，⑧，⑬が候補に挙がる。⑧を入れると「ADHDの人の場合，自分が始めたことを必ず終えるためには助けが必要かもしれません」という自然な文になるので，⑧が正解。may well *do* は「～かもしれない，～だろう」の意味である。①は「自分が始めたことを必ず終えるためには，宿題に集中することができません」という不自然な意味になる。⑬は，動詞 callは to *do* とは用いないので不可。

(G)空所の後ろに動名詞句 taking ～ が続くことより，*doing* を目的語にとる動詞 start を含む③を入れることを考える。start *doing* で「～し始める」の意味。「ADHD用の薬を飲み始めるとすぐに，不安は直ちにやわらぎ始めました」という自然な意味になるので，③が正解。as soon as ～は「～するとすぐに」という意味の2文を接続する接続詞。

(H)空所の前に主語Iがあることから，述部から始まる⑬を入れると，「人間関係で問題があり，『神経過敏，声が大きすぎる，興奮しすぎ，変わった人』とよく言われたものでした」となり，自然な文になる。したがって，⑬が正解。

(I)空所の後ろにfor five minutesと時間を表す表現があることより，①を入れると「宿題には5分も集中できない」という自然な文になるため，①が正解。focus on ～で「～に集中する」の意味。

(J)接続詞Ifの後ろなので，節が続くと考えられるが，空所の後ろに現在時制のhaveがあることより，現在時制の⑩が正解。「もしあなたが外国に住んでいてADHDであるなら，話をしましょう」となり，自然な文になる。

❖講　評

2023年度も，読解問題2題，文法・語彙問題1題，会話文問題2題の計5題の出題で例年通り。時間配分は，Ⅰ（35分），Ⅱ（25分），Ⅲ（5分），Ⅳ（5分），Ⅴ（10分）程度が理想的である。

Ⅰの読解問題は，「TikTokを通じた新しい音楽のあり方」がテーマの英文で，分量，設問形式も例年通りの出題。同意表現選択，空所補充は例年通りの難易度だが，1の(2)，(3)，(7)はイディオムの知識が必要な問題であった。4の内容説明・内容真偽問題は，本文と対応する箇所が分散しているものもあるので，前もって選択肢を読んでおくなど準備をしておくと，該当する箇所を早く見つけやすい。

Ⅱの読解問題は，「多くの選択肢から決断をすることについて」がテーマで，英文の難易度は例年通り。同意表現選択問題は，1の(1)，(5)，(8)は単語の難易度がやや高いため，下線部前後の文脈から意味を推測する必要があった。

Ⅲの文法・語彙問題は標準的な文法や語彙・イディオムの知識が問われており，難易度は例年と変わらない。基本的な問題が大半なので，ケアレスミスをなくして，高得点を狙いたい。

Ⅳの空所補充問題は例年同様の会話型である。口語的なイディオム，慣用句を問う問題で，基本的な知識を問うものが多い。普段から単語だけではなく，熟語・イディオムの力も強化することが必要である。

Ⅴは会話文形式の読解問題で，例年通り空所補充形式での出題であった。空所の前後に注意し，空所に入りうる品詞や文構造を考え，候補を絞った上で解答することが大切である。(C)と(G)は接続詞の知識，(F)はイディオムの知識が必要な問題であった。

全体として、一の評論は、用語や概念を丁寧に積み上げていく解説的な文章で、設問もそれを一つ一つ確認していく意図で作られている。二の評論は、感覚的な把握が要求される文章で、一とは違う読解力が問われる。この一と二の問題の質の差は、大学側の意図的な設定ではないかと思われる。二では随筆が出題されることが多いが、総合的な読解力を試そうという考えの表れではないかと思われる。三の古文は、文法や単語の知識だけでなく、全体の論理的な把握力を問う問題もあった。紛らわしい選択肢はなくはないが、おおむね取り組みやすかったと思われる。

❖講　評

現代文二題、古文一題の出題で、いずれも例年通りである。

一はモチベーションをテーマにした心理学の評論からの出題。具体例が豊富に挙げられていて理解しやすい。問一の内容説明は標準レベル。問二の空所補充は、選択肢が組み合わせになっているので、やや易レベルだろう。問三の内容説明は標準かやや易レベル。問四の内容説明は標準レベル。問五の内容説明も標準レベルであるが、選択肢の作り方が文全体がおかしいという形ではなく、ほぼ正しい中に一カ所だけ間違いが混ざりこんでいるという形なので、選択肢を丁寧に読む必要がある。問六の内容説明は、標準レベルである。問七の空所補充は、正解を空所に補充できてもどういうことを言っているのかわからないという受験生もいたと思われる。「ダイナミズム」は評論でときどき使われる語であるが、わかりやすい語ではない。やや難レベルだろう。問八は記述問題なのでやや難レベルとしておくが、一つ一つの用語の概念をきちんと整理できているかを問う良問である。

二はラフカディオ・ハーンについての評論からの出題。やや幻想的なテーマを扱った文章である。問一の読み、問二の書き取りは標準レベルである。問三の空所補充は、標準かやや難レベルだろう。問四の内容説明は標準レベル。問五の表題はやや易レベル。問六の慣用表現は、紛らわしい選択肢があるので、やや難レベルだろう。問七の四字熟語、問八の空所補充は、標準レベルである。問九の内容説明は、やや難レベル。筆者の述べている内容をきちんと整理する必要がある。

三は中世の歌論からの出題。問一の文法は、易レベル。こういう基本的な問題では確実に得点しておきたい。問二の空所補充は、標準レベル。問三の内容説明は、文脈を考えなければならないので、やや難レベル。問四の口語訳は、実質的に語意の問題になっている。標準レベルである。問五の箇所指摘、問六の口語訳は標準レベル。問七の内容説明は、判断材料が少なく、しかも「推定」される性格を問われているので、難、またはやや難レベル。問八の文学史は、設問文にヒントがある。やや易レベルである。

場所もきちんとそろえるという内容だろうと文脈から類推できるので、2と判断する。傍線aは、茶から歌にすでに話題が変わった部分にあるので、1の「茶会」、5の「茶道具」は不適と判断する。3は、直前の部分と重複するので不自然である。4については、「振舞い」が前後の文脈から唐突すぎる。

問四　「あきらめ」は、「諦《あきら》む（＝あきらめる、断念する）」と「明《あき》らむ（＝はっきりさせる）」の二つがあるが、ここでは後者である。3の「限界あるものとわきまえ」、4の「捨て」、5の「排除して」は、「諦む」の語意をもとにして訳しているので不適と判断する。2については、このように訳せる意味を持つ単語は傍線bにはない。

問五　第一段落第三文が「先づ茶の数寄といふ者は」、第二段落第一文が「また茶飲みといふ者は」、第三段落第一文が「さて茶くらひといふは」という形で始まっていることに注目する。「先づ」「また」「さて」という接続語から、三つのものが並列されていると判断できる。

問六　「だに」は、〝①軽いものをあげて重いものを類推させる（〜さえ）、②最低限の希望を表す（せめて〜だけでも）〟の二つの意味があるが、傍線dの直前に「いづれにてもあれ（＝どれであっても）」とあるので、ここでは②の意味である。直訳は《せめて一つの種類の数寄だけでもあれば》となるので、2を選ぶ。1は「欠けていれば」では逆の意味になってしまう。3・4・5では、最上級を要求していることになり、最低限の希望とはならない。

問七　「茶くらひ」は、三つの数寄の中では一番下位に当たると考えられるので、そのように下位を自認する人がどういう人物かと考える。1の「自惚れの強い」は、むしろ逆である。2の「短気」、3の「頑固」は、文脈に合わない。4と5でやや迷う。自分を客観視し、「冷静な」判断ができている人物であるという答えも否定しにくいが、あえて自分自身を下位と認めるという点で、4の「謙虚」と判断する。

また茶飲みというものは、特別に茶の道具について言うことなく、どこでも十服茶（＝十服の茶を飲んで種類を判別するもの）などを飲んで、宇治茶ならば「（これは）三番茶である。時期は三月一日あたりに摘んだ茶である」と飲み、栂尾では、「これはとばたの茶園（の茶である）」とも、「これはさかさまの茶園（の茶である）」と飲んで判別できるように、よくその産地の茶であると故山名金吾などのように飲んで識別できる人を茶飲みというのである。これを歌でいえば、歌の良し悪しを判別し、歌で使うべき言葉かそうでないかの判断ができ、歌の内容が（風流で）正しいかそうでないかをはっきりと見抜き、他人の歌についても優れているかどうかを見分けるなどのことができる人は、たしかに歌の神髄に通じてわかっているとみなすべきである。これを先の茶飲みの同類にすべきである。

さて茶食らいというのは、大茶碗で粗悪な茶でもよい茶でも、茶といえば飲んでいて、まったく茶の良し悪しもわからず、たくさん飲んでいる人は、茶食らいである。これは歌でいうと、（歌で使うべきかどうかという）言葉の選択もなく、内容の良し悪しも言わず、下手な人とも一緒になり、上手な人とも一緒になって、どれだけでも（たくさん）詠むことを好んで詠むような人は、茶食らいの同類である。

この三つの数寄は、どれであっても、一つの種類さえあれば、（歌の）座に参加することができる。（わが弟子の）智蘊は「私は茶食らいの（程度の）者である」と申しました。

◀解　説▶

問一　ニは完了・存続の助動詞「り」であるが、それ以外はすべて動詞の活用語尾である。

問二　第一段落で茶と歌についての説明が対句的に対応していることに注意する。茶では「建盞・天目…茶の具足を、心の及ぶ程たしなみもちたる」とあり、歌では「硯・文台…[A]て」という部分が対応している。空欄Aと対応しているのは「たしなみ」である。四文字という条件もヒントになる。「たしなむ」は〝用意する〟の意。

問三　傍線aを直訳すると〝会所などそうであるはずの人〟となる。この「しかるべき」という語の指示内容を判断する。直前に「硯・文台…などをうつくしく」とあり、道具などをきちんとそろえるという内容なので、道具だけでなく、

2と判断する。2の「正当化」以外の選択肢は、いずれもこの《否定―肯定》の図式に合わない。

問九　4については、「基づく」が不適。第十七段落にあるように、「ショーペンハウエルやスペンサー」は「近代西洋的な『自我』」を否定するための材料として用いられている。1は第十八段落と第十九段落、2は第十八段落第二文、3は第十二段落最終文、5は第十五段落第一文の内容に、それぞれ合致する。

三

出典　正徹『正徹物語』〈下巻　九二〉

解答

問一　4
問二　たしなみ
問三　2
問四　1
問五　茶の数寄、茶飲み、茶くらひ
問六　2
問七　4
問八　4

◆全　訳◆

歌の数寄（＝芸道の道）についてはたくさんある。茶の数寄にもいろいろある。まず、茶の数寄というものは、茶の道具をきれいにして、建盞、天目、茶釜、水差などのいろいろな茶の道具を、思う限り用意して持っている人は、茶数寄である。これを歌でいうと、硯、文台、短冊、懐紙などをうつくしく用意して、いつも一続（＝歌会で題を探って一定数の歌を詠むこと）などを詠み、会所などについてもきちんとしつらえている人は、茶数寄の同類である。

いるはずである。空欄Bの前の「とうに忘れ去ってしまった時と場所との感覚」とは、「前世からのもの」と第八段落で説明されている。「前世」と対比されるのは「現世」、つまり今生きている現実世界である。これに当たるのは3である。対比を考えると、1であれば「異国」と「本国」、2であれば「神の国（＝天上）」と「地上」という二項対立になってしまうが、「異国」や「地上」は空欄Bの前の「前世」に当たらない。4は、空欄Bの前の部分と同内容になってしまうので不適。5については、「遠い未来にきたるべき時と場所の感じ」というとらえ方は、《過去→現在→未来》という時間把握であるが、本文では《前世→現世→来世》という別の時間把握である。

問四　5の「霊魂の不滅性」が不適。第十八段落第一文に「霊魂もまた、キリスト教で説かれるような不滅なものではない」とある。

問五　前半であげられている例は、ハーンが神戸に住んでいたころ聞いた三味線弾きの声と、ロンドンで聞いた少女の声の二つである。二例とも声についての記憶であることから、1を選ぶ。2の「少女の『こんばんは』」、3の「物の怪の三味線弾き」、4の「神戸時代のハーン」は、いずれも二つのうちの片方しか取り上げていないので不適。5の「みごとな訳文」は、この部分の中心テーマであるとは到底言えない。

問六　慣用表現の知識問題である。なお「因果」とは〝すべての行為は後の運命を決定する〟ということ。

問七　空欄C直前の「当時最新の科学知識だった進化論や遺伝学、またショーペンハウエルの哲学など」と、「妖怪話のような［C］」とが対比されていることをおさえる。信頼できるものと信頼できないものとの対比である。それを踏まえて2を選ぶ。3と4は、「妖怪話」ということからの連想にすぎず、対比は意識されていない。5は論外。1と2でやや迷うかもしれないが、1は信頼できないというニュアンスというより、不思議だ、不可解だというニュアンスが中心になるので、不適と判断する。

問八　第十八段落最終文に〈日本人の自我のありようは、西欧の「個性」や「人格」といった「ケチ臭い」観念をクチクするだろう〉とある。ハーンが西欧的観念に否定的で、「日本人（庶民）の心意」を肯定的にとらえていることから、

二

出典　兵藤裕己『物語の近代――王朝から帝国へ』〈I　主体／自我という病　ラフカディオ・ハーンと近代の『自我』〉（岩波書店）

解答

問一　イ、みにく　ハ、そそ
問二　ロ、交錯　ニ、駆逐
問三　3
問四　5
問五　1
問六　5
問七　2
問八　2
問九　4

◆要　旨◆

ラフカディオ・ハーンは、門つけの三味線弾きの声に、忘れてしまった時と場所との感覚が蘇るのを感じた。また、ロンドンで聞いた少女の声を思い出すと、前世からのものとしか思えない快感と哀感をおぼえる。ハーンはそのことを科学的知見によって説明できると考えている。さらにハーンは、肉体や霊魂は未生以前の無量劫の経験と記憶の複合体で、その組み合わせが解消して次の組み合わせになるのであり、そのような自我のありようは西洋の「個性」や「人格」といった観念を駆逐するだろう、と述べている。ハーンは、理性主体の意識存在である近代の「自我」観念を、日本人の心意によって相対化することを試みているのである。

▲解　説▼

問三　空欄Bの後に「ぜんぜん別種のもの」とあることに注目する。だから、空欄Bと空欄Bの前の部分とは対比されて

問六　傍線eは、人間が動くためには動因が必要である、ということである。選択肢のうちから、《動因がないから行動できない》という内容のものを選ぶ。2の「学びたいという気持ち」が動因である。1・4・5は、動因がないからではなく、知識や技術がないから行動できないという例である。3は、動因がないのではなく、「ゲームをしたい」という動因がさらに強い「睡眠欲」という動因に圧倒されてゲームができないという例である。

問七　空欄Zを含む一文が「このように」というまとめの接続語で始まっていることに注目する。この一文は、「エネルギー性と方向性」「動因と誘因」「接近―回避」と、ここまで述べてきたモデル全体のまとめになっている。実際の場面においては、こういったさまざまな要因が複雑に絡み合ってモチベーションが決まってくるのだから、ふさわしいのは4「ダイナミズム（力学）」である。前段落の傍線fには「接近と回避の合力によって決まる」とあり、そこでは「接近―回避」という逆方向の力の足し算だから「合力」になるが、ここでは「エネルギー性と方向性」「動因と誘因」「接近―回避」と、さまざまなベクトルの合わさったところになるので「ダイナミズム（力学）」となる。こういった諸要因について、1のように「統制」したり、2のように「管理」したりすることは、そもそも無理である。また、諸要因が3のように「変型」するわけではなく、5のように「一致」することもない。

問八　「実際の行動」について、直後で夏場のセールスマンの「接近動機づけ」と「回避動機づけ」を例に説明されているので、この部分を利用してまとめる。「接近動機づけ」と「回避動機づけ」については、三段落前に、快楽原則に基づいて「快を求める接近動機づけと不快を避ける回避動機づけ」と説明されている。

機づけに着目した説明が「接近―回避モデル」である。このように実際の場面におけるモチベーションは、エネルギー性と方向性、動因と誘因、接近―回避といった諸要因の力学によって決まってくるのである。

◀解　説▶

問一　モチベーションを理解するためには、第四段落にあるように「エネルギー性」と「方向性」の二つの要素を考えなければならない。この内容に合致するのは4である。1は、後半部分でモチベーションの高さの原因を「エネルギー性」においているので不適。3は、「エネルギー性」と「方向性」の関係が不適。両者はそれぞれ別の要素であり、前者が後者を「決定づける」という関係ではない。5は「方向性によってのみ」という限定が不適。2がやや紛らわしいが、「不十分な場合」というような程度に関して言及している部分は本文中にない。

問二　Xの「アクセル」、Yの「ウィンカー」は、「エネルギー性」「方向性」そのものではなく、それを指示もしくは表示するだけのものであるので不適。よって2・4・5は不適。3と4にある「タイヤ」は論外。

問三　1については、「飛行機代」の安さはプル要因なので、これが当てはまらない。

問四　5が傍線eの段落の内容に合致する。2の「プッシュ要因は動因とはなり得ない」という部分は、第十二段落の内容と矛盾する。「興味」＝「動因」である。1は、「興味があっても、動因が活性化されなければ」という部分が不適。3は「以外」と限定している点が不適。「生理的欲求」は代表的な欲求であるが（第二十三段落第二文）、欲求のすべてではない。4は、「欲求を意識できなければ」という部分が不適。第二十二段落最終文に「欲求は必ずしも当人に意識されるとは限らず」とある。

問五　3が第二十六段落の内容に合致する。1は、モチベーションを左右するものを「誘因」だけに限定している点が不適。動因も関係している。2は、誘因の正負を強弱によって判断している点が不適。正負は、引くのか遠ざけるのかという方向によって決まる。4については、「正の誘因」とある部分は「正の動因」が正しい。5は、「抑制する」が不適。「負の誘因」は「回避や予防などを」促進する。

国語

一

出典　鹿毛雅治『モチベーションの心理学――「やる気」と「意欲」のメカニズム』〈第1章　モチベーションとは何か〉（中公新書）

解答

問一　4
問二　1
問三　1
問四　5
問五　3
問六　2
問七　4
問八　現実の人の行動は、快を求めて近づくか不快を避けて遠ざかるかという相反する動機の力の差し引きによって決まるということ。（六十字以内）

◆要　旨◆

やる気に関して我々は動的なイメージを持っているが、モチベーションを理解するには、「エネルギー性」だけでなく、「方向性」という要因も考えなければならない。また、人は自力で動く場合と他の何かに動かされる場合がある。個人内から押す力と環境から引っ張られる力によってモチベーションを理解する枠組みを「プッシュ－プル・モデル」という。その発展形が「動因モデルと誘因モデル」である。誘因の正負や強さには動因も関連する。動因の接近動機づけと回避動

· memo ·

2022年度

問題と解答

■学部別入試

問題編

▶試験科目・配点

	教　科	科　目	配　点
学部別3科目方式	外国語	コミュニケーション英語Ⅰ・Ⅱ・Ⅲ，英語表現Ⅰ・Ⅱ	200点
	地　歴	日本史B〈省略〉，世界史B〈省略〉から1科目選択	100点
	国　語	国語総合（漢文の独立問題は出題しない）	150点
英語4技能試験活用方式	外国語	英語4技能資格・検定試験を出願資格として利用	—
	地　歴	日本史B〈省略〉，世界史B〈省略〉から1科目選択	100点
	国　語	国語総合（漢文の独立問題は出題しない）	150点

▶備　考

- 英語4技能試験活用方式について

英語4技能資格・検定試験（実用英語技能検定，TEAP，TOEFL iBT®，IELTS™〈アカデミック・モジュールに限る〉，TOEIC® L&R & TOEIC® S&W，GTEC〈CBTタイプに限る〉，ケンブリッジ英語検定）において所定の基準（詳細は省略）を満たし，出願時に所定の証明書類を提出できる者のみが出願可能。

合否判定は「地理歴史」「国語」の2科目の総合点で行う。

英語

（80分）

〔Ⅰ〕　次の英文を読んで設問に答えなさい。

If you speak one of about two dozen dominant languages, you can navigate the web in your own tongue. If you come across a website or document in an unfamiliar language, your browser will instantly translate for you. Search engines can tell you what you're looking for from a few keywords. Digital keyboards carry the special characters and diacritical marks[1] you need. Voice assistants understand you. Spell checkers automatically catch your mistakes, while predictive text helps you write memos and emails.

All these conveniences are （　A　） by language-specific artificial intelligence（AI）programs, and they're available to more than 4 billion speakers of languages like English, Spanish, Mandarin, and Hindi. But this is not how the other half browses. Roughly 3.5 billion speakers of around 7,000 other languages don't have access to some or any of these AI-powered tools — shutting them out of the internet's most powerful benefits, many of which we take for granted.

If nothing is done, this gap will create a group of digital haves and have-nots: those who can browse nearly any corner of the web with ease, and those who will （　B　） to access information that isn't written in their languages.

[　　(ア)　　] "People say the internet democratized information, but it didn't — it democratized information in English," said Ari Ramkilowan, a data scientist developing machine translation tools for South African languages. "For people to truly get access to it they need to see it in a language that they're comfortable with."

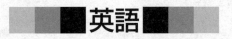

Ramkilowan is one of many AI researchers across the globe working on advancing natural language processing (NLP) for so-called "low-resource" languages — which is to say, languages that don't have massive databases of digital text that can be used to create sophisticated computer programs for applications like dictionaries or translation tools. Languages become low-resource for a variety of reasons, ranging from the size of the population and its access to the internet to the amount of text written online in those languages. Therefore, scientists are developing (C) to make computer programs do more with less data, so that more users of low-resource languages can move around the web with ease.

［　(イ)　］ While the researchers share a common goal, they're working with vastly different levels of funding and institutional support. A few have (D) with model approaches that other languages could apply.

In India, startups have taken the lead. After cellular data prices fell dramatically in 2016, hundreds of millions of Indian consumers got access to the internet for the first time — and promptly found themselves confronted by websites, apps, and digital services available only in English and Hindi. Since then, a large number of tech startups have raced to develop NLP for all 22 official Indian languages.

［　(ウ)　］ Some have already been purchased by the likes of retail giant Flipkart and telecom company Reliance. The huge number of Indian language speakers made investment in them an attractive business opportunity as soon as smartphone use shot up (E), which offers a glimmer of hope for other widely-spoken languages like Javanese and Igbo. For smaller language communities, the startup approach might be more challenging.

African data scientists are collaborating across the continent. The Masakhane project is a group of 144 researchers from 19 countries working to advance NLP for African languages. The researchers face similar challenges: meager funding, few opportunities to meet and learn from distant peers, and trouble finding text data locked away behind copyright claims, obscure file formats, or the doors of private libraries. So they've created a group to pool resources, share knowledge, and help each other move their projects forward.

Many Masakhane initiatives are conducted by researchers willing to (F) countless hours to collecting songs, stories, and prayers, or convincing local news agencies to turn over their archives. They've built language databases from scratch and created preliminary translation models for dozens of languages. But progress is time-consuming. Contributors working nights and weekends can gather text data hundreds or thousands of words at a time; the (G) state-of-the-art language models, by comparison, require hundreds of billions of words.

[(エ)] Google is NLP's corporate giant. The company's Translate tool now supports 108 languages, although performance varies widely between high-resource languages like Spanish and German and low-resource languages like Yoruba and Malagasy. Still, the tool has enabled billions of internet users to access online content posted in lots of languages they don't speak — a massive contribution to the internet's promise of creating a more open and connected world.

Google directs some of its vast wealth toward developing techniques to improve translation for low-resource languages. These include tricks like using a translator to make up text data when the volume of the available data is small, or building multilingual models that can transfer basic grammatical knowledge between several related languages. While these methods have the benefit of improving NLP performance for many languages at once, they have (H). So far, none of these solutions has allowed low-resource language models to approach the performance of their high-resource peers.

The Basque government funds NLP as a point of national pride. At the University of the Basque Country, roughly 60 computer scientists and linguists known as the Ixa group are on a nationalist mission to develop NLP for the Basque language, with funding from the region's semi-autonomous government. Beginning in the 1990s, Ixa created a spellchecker, a digital dictionary, and later a

Basque translator, all with the goal of standardizing the language and (　I　) its use.

(K)この研究は，スペインの独裁者フランシスコ・フランコによる数十年にわたる文化的抑圧の間に絶滅に直面した自分たちの言語を保護しようとするバスク人コミュニティの強い願望によって動機付けられています。As a result, a community of just 750,000 speakers has developed a remarkably flexible set of NLP tools. “Our goal is to be able to use Basque in everyday life, without facing any problems because other people don’t understand our language,” said Ixa co-founder Kepa Sarasola.

For companies and individuals alike, expanding NLP means expanding access — to new markets, to more products and services, and to the internet’s founding promise that connecting people across the globe will make the world a better place. “It becomes particularly important when you think about the internet as a primary(J) way of spreading information,” said Masakhane researcher Jade Abbott. “We need to support these languages because we’re now excluding a large portion of the population from not only understanding the conversation that’s happening online but also contributing to it.”

(Adapted from “Data scientists are trying to make the internet accessible in every language” by Nicolás Rivero, *Quartz*, April 12, 2021)

(注)

1　diacritical marks　発音区別符号

1　次の各問の答えを①～④の中から１つ選び，その番号を解答欄にマークしなさい。

(1)　空欄(A)に入れる最も適切なものはどれか。

①　driven

②　ignored

③　suspended

④　taken

(2)　空欄(B)に入れる最も適切なものはどれか。

①　deny

②　feel

③　reserve

④　struggle

(3)　空欄(C)に入れる最も適切なものはどれか。

①　achievements

②　brands

③　symptoms

④　techniques

(4)　空欄(D)に入れる最も適切なものはどれか。

①　come down

②　come in

③　come on

④　come up

(5)　下線部(E) shot up の意味に最も近いものは次のどれか。

①　changed gradually

②　grew rapidly

③　remained temporarily

④　stopped suddenly

(6)　空欄(F)に入れる最も適切なものはどれか。

①　analyze

②　dedicate

③ oppose

④ transfer

(7) 下線部(G) state-of-the-art の意味に最も近いものは次のどれか。

① most advanced

② most expensive

③ most popular

④ most respected

(8) 空欄(H)に入れる最も適切なものはどれか。

① advantages

② capabilities

③ limits

④ reductions

(9) 空欄(I)に入れる最も適切なものはどれか。

① identifying

② merchandizing

③ promoting

④ restricting

(10) 下線部(J) primary の意味に最も近いものは次のどれか。

① complementary

② essential

③ peripheral

④ supportive

2　次の文が入る最も適切な場所を本文の (ア) ～ (エ) の中から一つ選び，その番号を解答欄にマークしなさい。

The startups hope they can become successful by helping businesses reach millions of potential customers in their own languages.

① (ア)

② (イ)

③ (ウ)

④ (エ)

3 下線部(K)この研究は，スペインの独裁者フランシスコ・フランコによる数十年にわたる文化的抑圧の間に絶滅に直面した自分たちの言語を保護しようとするバスク人コミュニティの強い願望によって動機付けられています。を英訳すると，たとえば以下のような英文になる。

"The research is motivated by the Basque community's strong desire to preserve its language, (①) faced (②) during (③) of cultural (④) under Spanish (⑤) Francisco Franco."

それぞれの空欄に最も適切な語を1つ書いて，文を完成させなさい。ただし，次の[ ]内の単語は，必ず1度のみ用いること。同じ語を2度以上用いてはならない。

[decades, repression]

4 本文の内容について，次の質問に対する最も適切な答えを①～④の中から1つ選び，その番号を解答欄にマークしなさい。

(1) What is NOT true about Mr. Ari Ramkilowan?

① His work involves a number of South African languages.

② He researches how to process linguistic data using computers.

③ He believes that English has democratized the internet.

④ He is one of many around the world researching NLP.

(2) Which of the following is stated in the text?

① Low-resource languages have never attracted large companies' attention.

② Google has no interest in developing a high-performance translation tool for low-resource languages.

③ Research of low-resource languages has always been funded by a local government.

④ It takes a long time to create basic translation models for low-resource languages.

(3) What is <u>NOT</u> stated in the text about the Masakhane project?

① It is a multinational research project.

② It is funded by local libraries in South Africa.

③ It has created databases for a variety of languages.

④ It focuses on African languages.

(4) According to the text, which is true about the Basque language?

① The NLP tools for the language have been developed by a company.

② There is no digital dictionary for the language.

③ The language is spoken by more than 700,000 speakers.

④ The NLP research into the language did not start until 2000.

(5) Which of the following is stated in the text?

① More than 3.5 billion speakers of minority languages don't have access to the internet.

② Javanese and Igbo are examples of languages which are not widely spoken.

③ NLP for low-resource languages will give people more opportunities to spread information.

④ All the languages spoken in India are available on the internet.

〔Ⅱ〕 次の英文を読んで設問に答えなさい。

The cheery news from the publishing world is that sales of books — actual hardcover books — were way up during 2020. The cheerless news from the retail world is that sales in physical bookstores fell. I'll mourn if the stores die, (A) we'll lose the excitement of browsing and the unexpected encounter with a new and exciting volume.

But the steadiness of hardcover sales, even if buyers seem to be flocking to the familiar rather than searching for the new, is an important marker for the claim that all is not lost.

How important? Consider a just-released study by the linguist Naomi Baron, who created a controversy with her fine 2015 book "Words Onscreen: The Fate of Reading in a Digital World." There she argued that the move from print to digital was causing a variety of harms. Baron's most recent paper reviews the literature on how digital devices affect our cognitive function — and her conclusions are depressing.

[(ア)] She tells us, (B), of a 2018 experiment in which students visited a museum and looked at paintings. Some were asked simply to observe. Some were asked to take photographs. Some were asked to both take photographs and distribute them via Snapchat. The group that later remembered the paintings best comprised (C) those who simply observed and took no photos. "The very process of taking photos," Baron writes, "interferes with the cognitive act of viewing."

Indeed, much of the article is dedicated to noting the problems that occur when we offload (D) memories and thinking. It's long been understood that using GPS to navigate makes it harder to remember routes later on. But that's not all. Baron cites one recent study showing that GPS users have trouble even recalling which landmarks they passed along the way. Another indicated that without GPS, our brains see a burst of neural activity as we figure out how to navigate an unfamiliar cityscape, but when we use GPS, the hippocampus[1] essentially switches off.

［　(イ)　］ All of which brings us to physical texts. Baron <u>endorses</u>(E) Nicholas Carr's shallowing hypothesis, which she describes as the notion that "when reading on a digital device, people make less mental effort than when reading print." The idea has been much debated, but increasingly seems to be true. The fear is that the loss of mental effort will lead to a loss in overall thoughtfulness. Baron reports: "In 2019, U.S. teenagers averaged 7 hours and 22 minutes daily of screen time — not including work for school assignments. Of this, 39% was spent using social media, compared with 2% for eReading."

Although it's a commonplace of the literature that reading on paper leads to greater comprehension than reading on the screen, many researchers have wondered whether those findings are simply the results of testing people who grew up with paper and later moved to digital. Based on this theory, as digital reading replaces paper, rates of comprehension should rise.

［　(ウ)　］ As time passes, and young people gain more experience reading digitally, the advantage of reading a physical text actually grows larger. If this result holds, we'll be forced to conclude that the advantages of reading on paper as against reading digitally rest on something more than familiarity.

Baron's own research suggests that the gap is indeed growing. She suggests as a partial explanation the weight and feel of a book, the tactile[2] sensations that help memory. In addition, she writes, with a printed text, it's easier for the hippocampus to build a "cognitive map." Ask readers to recall something from a physical book, and there's a good chance that they will remember, for instance, (　F　) it was at the top or bottom of a page. But with digital texts, particularly when scrolling through them, there is nothing to map.

［　(エ)　］ There's also a difference, Baron argues, between "reading" a book and "using" a book. Even if we want to find a page in a physical book, she points out, we must thumb our way through it, thus increasing the chance that we'll (　G　) something unexpected and, at the same time, helping establish the context surrounding our search.

But the highly convenient search tools that accompany the digital encourage us to use books, rather than read them. Our search becomes, in terms Baron borrows from psychology, egocentric rather than allocentric. In other words, we find what we're looking for rather than what the world presents to us. And the egocentric reader, the data tell us, is the less reflective and critical.

If we hope for a democratic future of serious thought and dialogue rather than mutual condemnation (H), we need reflective and critical citizens. For that, we need physical, touchable, serious books. That's reason enough to celebrate the fact that hardcover sales are thriving, and to hope for a future in which they (I) never die.

(Adapted from "A book you remember, a Kindle you forget" by Stephen L. Carter, *The Japan Times* (Bloomberg), July 9, 2021)

(注)

1　hippocampus　(脳の)海馬

2　tactile　触覚の

1　次の各問の答えを①～④の中から1つ選び，その番号を解答欄にマークしなさい。

(1)　空欄(A)に入る最も適切なものは次のどれか。

①　but

②　for

③　or

④　so

(2)　空欄(B)に入る最も適切なものは次のどれか。

① by the way

② for example

③ nevertheless

④ on the contrary

(3)　下線部(C) comprised の意味に最も近いものはどれか。

① concentrated

② connected

③ constituted

④ contradicted

(4)　下線部(D) offload の意味に最も近いものはどれか。

① come up with

② fill in

③ get rid of

④ take on

(5)　下線部(E) endorses の意味に最も近いものはどれか。

① doubts

② examines

③ opposes

④ supports

(6)　空欄(F)に入る最も適切なものはどれか。

① whether

② which

③ who

④ why

(7)　空欄(G)に入る最も適切なものはどれか。

①　catch up

②　hit upon

③　keep away

④　put off

(8)　下線部(H) condemnation の意味に最も近いものはどれか。

①　blame

②　cooperation

③　fear

④　understanding

(9)　下線部(I) they が指し示しているのはどれか。

①　egocentric readers

②　physical, touchable, serious books

③　reflective and critical citizens

④　serious thought and dialogue

2　次の文が入る最も適切な場所を本文中の空欄 (ア) ～ (エ) の中から1つ選び，その番号を解答欄にマークしなさい。

Recent work, however, suggests the contrary.

①　(ア)

②　(イ)

③　(ウ)

④　(エ)

3　本文中の内容について，次の質問に対する最も適切な答を①～④の中から1つ選び，その番号を解答欄にマークしなさい。

(1) Which of the following is NOT stated in the text?

① The sales of physical hardcover books increased during 2020.

② Naomi Baron wrote a book titled "Words Onscreen: The Fate of Reading in a Digital World" published in 2015.

③ According to Naomi Baron, the shift from print reading to digital reading does no harm.

④ Naomi Baron supports the notion that digital devices affect human cognitive function.

(2) Which of the following is stated in the text?

① In the 2018 experiment, the group who took photographs and distributed them via Snapchat remembered the paintings best.

② According to Naomi Baron, taking photos enhances the cognitive act of viewing.

③ GPS users are less likely to recall the landmarks they passed along the way than those not using GPS.

④ When we use GPS, our brains work actively as we figure out how to navigate an unfamiliar place.

(3) According to the text, which of the following is suggested by Naomi Baron?

① The gap between the advantage of reading on paper and that of reading digitally is shrinking.

② It's more difficult for the hippocampus to build a "cognitive map" with printed texts than with digital texts.

③ Digital books are more often "used" rather than "read."

④ Digital reading encourages us to become allocentric readers.

〔Ⅲ〕 以下の空欄に入る最も適切なものを①～④の中から１つ選び，その番号を解答欄にマークしなさい。

(1) Her outstanding reputation was known (　) everyone living in the town.

① at

② for

③ from

④ to

(2) The restaurant is always crowded, so it is (　) to make a reservation in advance.

① recommend

② recommendation

③ recommended

④ recommender

(3) All preparations for the concert to be held next month are going (　) schedule.

① according to

② familiar with

③ inferior to

④ responsible for

(4) Kenji and I have known (　) since we were in junior high school, but we have never had an argument.

① each one

② each other

③ one after another

④ one other

(5) It was exactly (　　　) that the two big-name celebrities got married.

① before two years

② past two years

③ two years ago

④ two years long

(6) That company has been in existence for more than 100 years, and it takes (　　) in its products.

① apart

② part

③ pride

④ turn

(7) The final trial on the new drug, which took more than a decade to develop, was (　) completed.

① succeed

② success

③ successful

④ successfully

(8) One piece of good news was that the construction of the building went more smoothly than (　　　).

① expect

② expected

③ expecting

④ to be expected

(9) (　　　) adults, children seem to acquire foreign languages quite easily.

① In contrast to

② In response to

③ In spite of

④ In terms of

⑽ The problem is that the people to (　　) you're speaking may not necessarily be interested in the topic.

① what

② who

③ whom

④ whose

〔Ⅳ〕 以下の空欄に入る最も適切なものを①～④の中から１つ選び，その番号を解答欄にマークしなさい。

(1) A: Oh no! I have a flat tire. Can I use your bicycle? I have to (　　) the post office before it closes.

B: Sure. Let me get you the key.

① stop by

② stop for

③ stop off

④ stop with

(2) A: What time is your dentist appointment this afternoon?

B: Oh, wait. Is today Thursday?

A: Yes! Gosh, you are so (　　).

① cheerful

② forgetful

③ punctual

④ timely

(3)　A: Did you watch the baseball game on television last night?

B: (　　　). I had to work the late shift at my part-time job.

A: Ah, that's a shame.

① I caught it

② I missed it

③ I rescheduled it

④ I watched it

(4)　A: Can I help you? (　　　).

B: I was just looking for the campus bookstore.

A: Ah, it's just over there, next to the café.

① The bookstore is not here

② The café is over there

③ You look happy

④ You look lost

(5)　A: Hello, my name is Tom. I'm here for the audition. (　　　)?

B: Yes, but you're a bit early. They don't start for another hour.

A: Oh, I see. Do you mind if I wait, then?

① Am I in the right place

② Am I late

③ Are you in the right place

④ Would you like to join me

(6)　A: Hey, I just got a great new place. Do you want to come over and (　　　)?

B: Absolutely. What day works for you?

A: How about this Friday?

① check it out

② find it out

③　plan it out

④　see it out

(7)　A：I have been feeling so out of shape recently.

B：Why don't you join a gym?　I saw one just opened down the street.

A：That's not a (　　　).　I'll head over there tomorrow.

①　bad decision

②　bad idea

③　good decision

④　good idea

(8)　A：Hey!　How about lunch tomorrow?

B：Great!　Can we have a late one?　I'm (　　　) until 1 p.m.

A：Sure, no problem.

①　free

②　open

③　set up

④　tied up

(9)　A：The water is so warm.　Come on, let's jump in!

B：Are you sure?　I hate swimming in cold water.

A：(　　　).　Come on!

①　Call me

②　Dry off

③　Take off

④　Trust me

(10)　A：Are you coming to the party tomorrow?

B：I don't think so.

A：Really?

B: I just have so much work to do tomorrow, so I don't think I can (　　).

① catch it

② make it

③ prepare it

④ test it

〔V〕 次の(A)～(J)の空欄に入る最も適切なものを①～⑬の中から1つ選び，その番号を解答欄にマークしなさい。ただし同じものを2度以上使ってはならない。

International model Kiko's day starts at 6 a.m., early enough to do her morning routine of yoga and meditation, make some vegan breakfast, and get ready to start working at 7:30 a.m. sharp. Her energy and passion make it hard to believe that she once suffered from an eating disorder that put her life at risk. As an anorexia[1] *survivor, the 23-year-old model's powerful experiences have now become her strength and motivation to change the modern modeling and fashion industry into a more ethical environment for humans, animals, and the planet. Currently based in Berlin, Germany, Kiko shares her story with Yukari Tanaka (YT) in "Japan Today."*

YT: How did you get into modeling?

Kiko: One day, I was walking around Omotesando, Tokyo, and I was asked ___(A)___ about modeling because of my height. I did sign with an agency, but I didn't start my modeling career until I turned 16. When I turned 16, I flew to Canada for a study abroad program ___(B)___, but also got really involved in the international modeling industry. From there, I did some fashion weeks in New York, London, Paris, Tokyo, and Vancouver.

YT: What was it like at the start of your modeling career?

Kiko: When I got signed to a Canadian agency, I was told to lose 5 to 10 pounds （2.2 to 4.5 kg） within a week. I had never thought I was overweight up until then, but my agency had told me that I was too fat for the industry. I was only 17 with very little self-confidence, which made me believe (C) . I went on an extreme diet after the meeting. I was eating less and exercising more. I only ate salad and an apple for the entire day, and I went to the gym where I would spend 2 to 3 hours exercising. After about a month and a half, I only weighed 44 kg.

One day, I had an appointment with my counselor at school, and (D) she immediately knew I had to be sent to a clinic. The clinic then sent me to a bigger hospital, where I was hospitalized that day because my heart rate was low, and the doctor told me I could have a heart attack anytime.

YT: And how did you overcome your eating disorder?

Kiko: It took me a while to realize that I had to love myself, first. I had to respect myself enough to eat well and listen to my hunger signals. Also, discovering the vegan lifestyle during my recovery was (E) . I wanted to gain weight in a healthy way, as I knew that many girls who have suffered from eating disorders tend to become bulimic[2], and I wanted to avoid falling into that pattern myself.

When you have an eating disorder, you also tend to become depressed. I didn't socialize anymore, I didn't want to meet or go out with my friends, and I didn't understand why I was alive. Learning about the vegan lifestyle really gave my life meaning. I (F) animal life and the impact that meat consumption and the meat and dairy industry have on our environment. I started really educating myself on these topics, and I felt very passionate about life again. It ____(G)____ I was part of something positive.

YT: How would you define sustainable fashion?

Kiko: Sustainable fashion is fashion that is kind to the planet and utilizes recycled materials or secondhand clothing. For example, I worked with ECOALF, a sustainable fashion brand originally from Spain, and they use recycled materials such as plastic water bottles from the ocean — the idea is to clean the ocean by making new clothes.

Personally, I support ethical fashion. My definition of ethical fashion is fashion that is not only kind to the planet, but also to humans and animals. You can be wearing a brand that is kind to the planet, but if it does not support fair wages for all the people involved in the production process, that is not ethical. Sometimes, the brands I work with don't perfectly align with my ethical values, and it is something I struggle with on a regular basis.

YT: In 2019, you produced your own ethical and vegan fashion show "F.A.K.E.," Fashion for Animal Kingdom and Environment. What was the purpose of this project?

Kiko: I wanted to break that stereotype where people associate eco-friendly, ethical, and vegan fashion with looking boring. Also, because of ____(H)____ my eating disorder at the start of my modeling career and knowing the amount of pressure that exists in the industry, I wanted to include every type of model in the show in terms of looks and what they stood for. Everybody should be celebrated: each body shape, height, weight, skin color, and gender. All these characteristics are always an issue in the modeling industry, and I wanted to bring all those values to light.

YT: Do you have any exciting projects coming up?

Kiko: I'm currently working on a project to create an ethical model agency. I've been modeling for a while now, and it is frustrating when sustainable and ethical brands work with models who ____(I)____ or when the brands don't care about what the models stand for. I think it would be nice if this project could address these issues.

YT: You also hold seminars around Europe to coach your clients about self-love. What do you teach?

Kiko: I'm a certified health coach and have a certification in holistic nutrition and plant-based nutrition. When I coach people, I try to focus on what they are currently going through in their lives, and I try to see what is causing them ____(J)____. I also talk about nutrition. It is a mix of what I call "primary food," which is not literally the food we eat on a daily basis but more about spiritual and physical activity, career, and relationships that might be more important than "secondary food," which is the food you actually eat. I do tend to focus more on the "primary food" in my coaching, emphasizing self-confidence and sharing tips on how to love yourself more.

(Adapted from "Japanese ethical fashion model/entrepreneur and anorexic survivor Kiko aims to change industry" by Yukari Tanaka, *Japan Today*, October 26, 2020)

（注）

1　anorexia　拒食症

2　bulimic　過食症の

****

①　truly life-changing for me

②　makes a difference in the world

③　how I suffered from

④　every word my agent was telling me

⑤　where I not only learned English

⑥　started caring about

⑦　why I started modeling

⑧　made me feel like

⑨　to feel the way they do

⑩　if I had ever thought

⑪　changing to a vegan diet

⑫　the moment she saw me

⑬　have no clue about the brand

1　主上の、詩に詠み込まれた自らへの気持ちを喜ぶ様子。

2　主上の、警固の武士たちの賢明な判断に感謝する様子。

3　主上の、苦難を乗り越えて駆けつけてくれた高徳に感心する様子。

4　警固の武士たちの、主上の下した英断を讃嘆する様子。

5　警固の武士たちの、主上の旅が順調であることを安堵する様子。

問八　『太平記』は『平家物語』とならぶ代表的な軍記物語であるが、次の中から軍記物語ではない作品を一つ選び、その番号をマークせよ。

1　陸奥話記　　2　承久記　　3　明月記　　4　義経記　　5　信長公記

4　準備が間に合わなかった
5　資金が用意できなかった

問四　空欄［C］に入る最も適切な語を次の中から一つ選び、その番号をマークせよ。
1　かな　2　がな　3　ばし　4　けり　5　ばや

問五　傍線c「勾践」と傍線d「范蠡」は中国春秋時代の人物である。勾践と范蠡はそれぞれ誰をなぞらえたものか。その人物を本文中から抜き出せ。

問六　傍線e「読みかねて持ちあつかひける」の意味として最も適切なものを次の中から一つ選び、その番号をマークせよ。
1　前もって読んで、適切に対応した
2　読んで状況を把握し、適切に対応した
3　読んで状況を把握し、どう対応したものかと困惑した
4　読んで理解できず、適切に対応した
5　読んで理解できず、どう対応したものかと困惑した

問七　傍線f「龍顔殊に御快げに打ち笑ませ給へども」とあるが、誰のどのような様子を描写したものか。最も適切なものを次の中から一つ選び、その番号をマークせよ。

衛の懿公〜失せたりき…『貞観政要』「論忠義」に見える故事。衛は周代の諸侯国の一つ。

「義を見てせざるは勇なし」…『論語』中の句による。人として行うべきと思いながら、実行しないのは勇気がないということだ。

臨幸の路次に参り合ひ…行幸の途中で待ち伏せし

路なき山の雲を凌ぎ…道もない山の雲のたちこめるなかを越え

微服潜行…賤しい身なりで忍んで行くこと。

問一　傍線a「もだ」を漢字で記せ。

問二　空欄［A］と空欄［B］それぞれに入る漢字の組み合わせとして最も適切なものを次の中から一つ選び、その番号をマークせよ。

1　恥・誉　　2　屍・名　　3　屍・財　　4　咎・名　　5　傷・血

問三　傍線b「支度相違しけり」の意味として最も適切なものを次の中から一つ選び、その番号をマークせよ。

1　目論見がはずれた
2　食事がとれなかった
3　身支度が整わなかった

やと待ちたりける。

臨幸余りに遅かりければ、人を走らかしてこれを見するに、警固の武士、山陽道をば経ずして、播磨の今宿より山陰道に懸かりて、行幸をなしまゐらせける間、b高徳が支度相違しけり。「さらば、美作《みまさか》の杉坂こそ究竟《くっきょう》の深山《みやま》なれば、ここにて奪ひ奉らん」とて、三石《みついし》の山より筋違《すじか》ひに、路なき山の雲を凌ぎ、杉坂へ越えたりければ、「主上、早や院庄《いんのしょう》へ過ぎさせ給ひぬ」と申しける間、力なくして、ここより皆散々《ちりぢり》になりけるが、せめていかにもして、この所存を上聞に達せ［　C　］と思ひける間、微服潜行して、時分を伺ひけれども、しかるべき隙もなかりければ、主上の御座ありける御宿《おんやど》の庭前《ていぜん》に、大きなる桜の木のありけるを押し削つて、大文字に一句の詩をぞ書きたりける。

c天勾践《こうせん》を冗《いたず》らにすること莫《な》かれ
d時に范蠡《はんれい》無きに非ず

警固の武士ども、朝これを見つけ、何事をいかなる者が書きたるやらんとて、e読みかねて持ちあつかひける間、上聞に達してけり。主上は、則ち詩の心を御悟りありて、f龍顔《りょうがん》殊に御快《おんこころよ》げに打ち笑ませ給へども、武士ども、あへてその来歴を知る者なかりければ、思ひ咎むることもなし。

〈注〉　今木三郎高徳…倉敷市児島を本拠とした南朝の忠臣。
「志士仁人は、身を殺して仁を為すことあり」…『論語』中の句による。志ある者、仁義を弁える者は、命を捨てて仁道を成し遂げる。

問九 傍線d「脆さでもって叩く」とはどういうことか。最も適切なものを次の中から一つ選び、その番号をマークせよ。

1 あまり説得力のない脆弱な批判をすること。
2 相手の脆弱なところを突いて攻撃すること。
3 自身が脆弱であることを逆手に取って戦うこと。
4 相手の論拠が脆弱であるという理由で、自身を正当化すること。
5 ホンモノは脆弱だという理由で、限られた条件の芸術体験以外を否定すること。

(三)

次の文章は、倒幕計画が露顕し、挙兵したものの捕えられ、隠岐に流される途上の後醍醐帝をめぐる『太平記』中の逸話を記した一節である。この文章を読み、後の問に答えよ。

その比《ころ》、備前国の住人に、今木三郎高徳《たかのり》と云ふ者あり。主上笠置《かさぎ》に御座《ぎょざ》ありし時、御方《みかた》に参つて義兵を挙げんとせしが、事未だならざる先に、笠置も没落し、また楠《くすのき》も討たれぬと聞こえしかば、力を失ひて(a)もだしけるが、君隠岐国へ移されさせ給ふと聞こえしかば、二心なき一族どもを集めて評定しけるは、「「志士仁人は、身を殺して仁を為すことあり」と云へり。されば、衛《えい》の懿公《いこう》、北狄《ほくてき》のために殺されてありしをみて、その臣に弘演と云ひし者、悲しみに堪へず、自ら腹を掻き切つて、懿公の肝を己れが胸の内に収め、先君の恩を死後に報じて失せたりき。「義を見てせざるは勇なし」と。いざや、臨幸の路次《ろし》に参り合ひ、君を奪ひ取り奉つて、則ち大軍を起こし、[A]を戦場に曝《さら》すとも、[B]を子孫に伝へん」と申しければ、皆「子細あらじ」と同《どう》じければ、「路次の難所に相待ちて、その隙《ひま》を伺ふべし」とて、備前と播磨の境なる船坂山《ふなさかやま》の峠に隠れ伏して、今や今

問六　空欄 B に入る最も適切な言葉を次の中から一つ選び、その番号をマークせよ。

1　エビデンス
2　ダイバーシティー
3　エンパワーメント
4　サステナビリティー
5　グローバリゼーション

問七　空欄 C に入る言葉として最も適切なものを次の中から一つ選び、その番号をマークせよ。

1　芸術性　2　一回性　3　希少性　4　風土性　5　外在性

問八　傍線c「有島のこの発想」とあるが、それはどのような内容か。最も適切なものを次の中から一つ選び、その番号をマークせよ。

1　美術品に関する情報を調べていても、それだけでは意味はない。
2　外国から来た美術品を見に行っても中途半端な経験しか得られない。
3　純化されたホンモノしか認めないのは乱暴な考え方であって不適切である。
4　美術品を鑑賞するために、わざわざその美術品が製作された土地まで行くのは無駄である。
5　美術品のオリジナルが日本に来た機会を逃してしまうと、いつでも見られる複製品を後から見ても無意味である。

問一 傍線ロ、ハの読み方をひらがなで記せ。

問二 傍線イ、ニのカタカナを漢字で記せ。

問三 空欄 A に入る最も適切な漢字二文字の言葉を考えて記せ。

問四 傍線a「そんな思い上がり」とはどのような思い上がりか。その説明として最も適切なものを次の中から一つ選び、その番号をマークせよ。

1 海外の著名な芸術家の作品について、付け焼刃の知識でいっぱしに分かった気になる思い上がり。

2 海外の著名な芸術家の作品を、インターネットがあればどこでも見ることができると過信する思い上がり。

3 海外の著名な芸術家の作品が日本の美術館にやってくると、その価値も分からないのに行ってみようとする思い上がり。

4 海外の著名な芸術家の作品を、交通の便や商業のネットワークの進歩によって、まとめて見ることができると錯覚する思い上がり。

5 海外の著名な芸術家の作品には、それを育んだ固有の場所性があるのに、海外に持ち出しても価値が失われないと考える思い上がり。

問五 傍線b「白樺派」とあるが、白樺派の作家を次の中から一人選び、その番号をマークせよ。

1 芥川龍之介　2 谷崎潤一郎　3 志賀直哉　4 小林多喜二　5 永井荷風

発想にはなかなかにうならされるものがあります。場所が芸術を芸術たらしめる……のならば、有島がその［ C ］を理由に鑑賞環境に執着したのも道理といえるのではないでしょうか。置き場所が変わるだけで品の表情が一変してしまうことがよくあります。

ベンヤミンが考えた芸術作品のオーラの凋落とは、有島にとって複製技術ではなく交通空間に、かつては動かすなどと考えの及ばぬものが別の世界に旅立ってしまえることを支える技術や制度のなかにあったようにみえます。ヒトやモノがどこにだって行けるとき、どこにだって行けると ハ信憑されるとき、アウラは大きな選別の ニケイキをむかえます。

いずれにせよ、 c有島のこの発想を使えば、怠慢にはもっともな理由を与えることができるでしょう。おかげさまでニセモノがあふれている、あれもこれも本当のホンモノではない。芸術鑑賞だけではありません。外国の書物に関して、翻訳では絶対に伝わらないニュアンスが原文にはある、と言うとき。音楽の本質に関して、ライブにはデータの音源にはない特別なマジックがある、と言うとき。ホンモノは純化された極として現れ、不純な自称ホンモノたちを粉砕できる便利なハンマーになるでしょう。 d脆さでもって叩くのです。多かれ少なかれ、多くの人が行っている言語操作です。

有島武郎もまた、極化されたものを愛する人でした。女性記者と心中するという古い意味で文学的な最期もふくめて、極端な人といってもいいです。有島は芸術作品の核に作家の「個性」を認めます。芸術が尊いのは唯一無二の個性の表現物であるからだ。いまでは、ありふれた考え方かもしれませんが、この個性尊重を極まで推し進めようとした結果、有島は個性の反映物である作品単体にとどまらず、その周囲の環境もふくめて個性を捉えることになりました。

（荒木優太『有島武郎―地人論の最果てへ』による）

ンモノの場所じゃないのだから！

有島の例示を借りれば、「伊太利《イタリ》のやうな明るい空気の中で、ロ絢爛な光彩を放つ大きな画図の間に、一枚の野心的でない素直な和蘭《オランダ》画家の描いた日常生活を主題にした画面に接して見るがいい。夫《そ》れは可《か》なり注意深い同情ある眼を持った人にでも無視され易い運命に遇はねばやまぬだらう」。イタリアの地でオランダの風景画を見たって仕方ない。故に、ニセモノの場所に赴こうがパソコンの画面を眺めていようがどっちにしてもニセモノの経験しかできないのだから、わざわざ外出するには及ばないのだ、と。

こうして出不精の怠惰には、脆さに敏感であるという真っ当な文化的理由を与えることができるのです。

ここで有島は、なにをしているのでしょうか。端的にいえば、ホンモノのホンモノ性を狭く採って、極化させることで、凡百のホンモノなるものの地位を繰り下げています。たしかにコピーではないオリジナルの芸術作品は貴重なものです。が、それを正統な場所で鑑賞しないならば、それは真正のホンモノとは呼べず、中途半端な経験しか得られません。

同じことを難しく言い直してみましょうか。ヴァルター・ベンヤミンというドイツの批評家が「複製技術時代の芸術作品」という名高い文章のなかで、「アウラ」という概念を提示したことがあります。英語読みすればオーラ、他に代えがたい威光のようなものです。ベンヤミンは、同じものを大量に生み出す複製技術によって芸術作品のアウラ、一回性が毀損されたのだ、と考えました。ルーブル美術館にあるオリジナルのモナ・リザは当然貴重なものですが、同じ威圧をポスターやTシャツに印刷されたモナ・リザに感じるかといえば、そんなことはありません。こちらは無限にコピーできるからです。

おそらく有島は芸術作品のアウラの源泉を、適切な鑑賞環境との一致に見出しています。本来的な場所にないのならば、ホンモノのホンモノ性であるところのアウラは発生しない。ちぐはぐでは消え失せてしまう。

たとえ同じ品であったとしても、それがどこに置かれるかによって、展示／鑑賞環境によってアウラは増減してしまう、このですが、案ずることはありません。そんな人にもぴったりの言い訳があります。これさえあれば、自分の関心や趣味が狭いだなんて無駄に自己卑下せずにすむ。有島武郎というｂ白樺派の一人としてよく括られる大正期の作家は、「美術鑑賞の方法に就て」という評論文のなかで次のように述べました。

> 今は既にクラシックになつた過去の芸術にあつては、その芸術の生れ故郷との関係は仮初めのものではない。剣がその鞘を慕ふやうに、それらの芸術はそれを生み出した雨と日光と水と土とを慕つてゐる。然るに彼等はその生れ故郷から王者の威勢によつて、(拝金主義の象徴である悪魔・)マムモンの黄金の光によつて、暴戻な兵士の荒くれた手によつて、かどはかされた処女のやうに見も知らぬ異郷に運び去られてそこに懐郷の涙を流してゐる。

芸術作品には、それを育み、力を鼓吹する固有の場所性、ホームがある。暖かい所、寒い所、乾いた所、湿った所、標高が高いとこ低いとこ、海が見えるとこ見えないとこ、四季があるとことそうでないとこ……様々な場所が各様の力を与えている。が、海外に運び出され、世界中に散在することになった作品は、本来当てにできる「雨と日光と水と土」、つまり場所の風土性による［　B　］を失効さす愚行を犯している。かくして有島は、古典の十全な鑑賞にあっては作品はその誕生地に置かれねばならず、「異郷」へと簒奪された作品群は「生れ故郷」へと返還されねばならぬ、と提言するのです。

大事なのは、本当の芸術鑑賞、本当の受容の経験なるものは、交通や運輸といった外在的な運動があいだに入れば途端にイハタンしてしまう脆いものだということです。「生れ故郷」から断たれ、作品と場所の一致がちぐはぐなものになってしまえばもう台無し。

ここからこんなアドバイスが生じます。ホンモノがこっちに来たって、どうせ本当の経験なんてできやしないのさ、なにせホ

問八　傍線e「これがシンガーの動物倫理が持つ両義性である」とあるが、この両義性とはどのようなものか。本文に即して六十字以内（句読点を含む）で説明せよ。

（二）

次の文章を読み、後の問に答えよ。

もう亡くなった海外の著名な芸術家の作品が日本の美術館にやってきた、という報を［A］に挟めば、うとい私だって、いい機会だし行ってみようかな、と思ったりします。

それで、まずはインターネットに接続して、交通経路を確認するついでにどんなものが展示されているのか調べ、そのまま画像検索に移行し、過去作の様々なイメージの上をクリックを重ねながら高速で滑っていくのです。一連の作業が終わった頃には、ご推察の通り、もうわざわざ遠出なぞせずともすべては周知のこと、aそんな思い上がりのなかで、出不精はいよいよこじれていきます。

ヒトもモノもカネも、そして情報も、国境を越えて乱舞していくグローバリゼーションの現象は、今日とどまることを知りません。交通の便は格段に進歩し、商業のネットワークはいわずもがな。にもかかわらず、世界のこの狭さはなんなのでしょう。遠い異国にある未見のものに本来は簡単につながれるはずなのに、そんなチャンスが大群になって襲いかかってきたために、かえって自分の殻を固く閉ざしているかのようです。そうです、狭いのは世界ではなく自分の方です。外に目を向けず、付け焼刃の知識でいっぱしに分かった気になって、自分の領土に入ってきたものばかりにぶつくさいって、通や古参を気どることと引き換えに倦怠を受け渡された自分自身が狭いのです。

た場合は、経済的なコストが軽視されることとなり、動物を利用した産業が成り立たなくなるということ。

3　苦痛の有無を倫理的行為の是非の判断基準としたため、対象が苦痛を感じないことが保証されれば、動物を実験や畜産に用いることが許容され、動物を愛する人々に支持された功利原則に基づいた動物解放運動に逆行してしまうということ。

4　科学技術の進歩を見据えて苦痛を感じない動物を生み出すことを想定したとしても、現実問題として、動物実験や畜産はその多くが苦痛を伴うものであり、人為的な操作で苦痛を感じない動物を生み出すのは実行可能性が極めて低いということ。

5　動物が苦痛を感じないようにすることで、苦痛を減少させるという功利原則の目的の一方は達成できるが、動物の産業利用が継続することによって、動物の「自由」が得られなくなるという点で、快楽を増大させるというもう一方の目的は達成できないということ。

問七　本文からは次の一文が脱落している。入るべき箇所は本文の［Ⅰ］から［Ⅴ］のどこか。最も適切なものを次の中から一つ選び、その番号をマークせよ。

人間にはどうしても「時代の子」という側面がある。

1　［Ⅰ］　2　［Ⅱ］　3　［Ⅲ］　4　［Ⅳ］　5　［Ⅴ］

訴えた点。

２　先駆者たちが、功利原則を道徳の中心に据えることで自らの根強い種差別的な意識を払拭しようとしたのに対して、シンガーは、動物関連科学の飛躍的発展を背景に、人間と動物の同質性を傍証する知見を示して種差別批判を展開した点。

３　先駆者たちが、動物の権利の擁護や肉食批判を行い、自らも動物を使わない生活をしようと心掛けたのに対して、シンガーは、人間と動物の同質性の観点から動物解放論を展開しつつ、理論と自らの生活における実践は切り離して考えていた点。

４　先駆者たちが、動物を人間とは違う低い存在と位置付け、人間との共通性はないことを前提としていたのに対して、シンガーは、動物を人間と同じく苦しむことができる存在だとして、人間と同様に動物に苦痛を与えるのは悪であると主張した点。

５　先駆者たちが、動物は人間より低い存在だという前提のもとで人間と動物の共通性を見出し、動物解放を訴えたのに対して、シンガーは、苦しむことができる点で人間と動物に差はないとして、動物にも人間同様の平等な配慮が必要だと説いた点。

問六　傍線ｄ「彼の唱える動物倫理は、それが功利主義的な理論であることによって、決定的な瑕疵を孕んでいた」とあるが、これはどういうことか。最も適切なものを次の中から一つ選び、その番号をマークせよ。

１　苦痛を伴わない動物を人為的に生み出し、その動物を実験や畜産に用いることは功利主義的には間違っていないが、動物解放運動に共感する多くの人々にとっては、納得が得られるものではないということ。

２　功利原則に則り、動物に苦痛を与えないことを第一目的として最大限の力を割いて家畜の飼育や動物実験を行おうとし

1　暗黙の人種差別が現在も存在することが、二〇二〇年にアメリカで起こった暴動の拡大で露呈したように、種差別についてもきっかけさえあればそれが顕在化し、存在が明らかになっていくと考えられるため。

2　南アフリカでアパルトヘイトが撤廃されたのが一九九四年になってからであったように、差別批判の意識が人々に定着するには時間がかかるため、種差別についてもその撲滅には時間を要すると推測されるため。

3　自分とは異なるグループに属するというだけで相手に苦痛を与える行為は間違っているという考え方は、長い人類史において昔も今も変わらない普遍的な価値観であり、それは対象が動物であっても例外ではないため。

4　人種差別は、現在、批判されるようになっているが、人種差別の構造は最近までの歴史過程の中で勝ち取ってきた成果であり、今は非常識に見える種差別についても同じ過程をたどる可能性があるため。

5　以前は多くの人々や文化において当たり前に行われてきた人種差別が現在では悪だと考えられるようになったのと同様に、今は人間と同等に扱われない動物の権利もいずれは理解され、種差別批判が当然と考えられるようになる可能性があるため。

問五　傍線c「この意味で、種差別批判を中心に動物解放論を展開したシンガーの功績は決定的で、種差別批判に基づく動物解放論を唱えたという限りで、彼は間違いなく現代動物倫理学の創始者なのである」とあるが、シンガーの提唱する動物倫理学は、それ以前と比べてどのような点で異なっているのか。最も適切なものを次の中から一つ選び、その番号をマークせよ。

1　先駆者たちが、動物をlower animalやbruteと捉えながらも、人間と動物との共通性を示して動物利用の残酷さを告発したのに対して、シンガーは、動物を人間より低い存在とした上で、そこに共通性を見出し、動物の苦痛からの解放を

4　苦しみを感じることができるかどうかと快楽や選好の最大化は無関係だろう

5　進化論が立証されていても、動物と人間の間に種としての境界はあるだろう

問三　傍線a「理論それ自体に不徹底なところがあったからではないか」とあるが、ベンサムやかつての動物擁護者のどのような点を見てシンガーは不徹底だと考えたのか。最も適切なものを次の中から一つ選び、その番号をマークせよ。

1　自分の利害と他の人種の利害との衝突があった時に、自分が属する人種メンバーの利害の方に重きを置くことで、平等の原理を犯していた点。

2　苦痛は、人間が感じる場合でも豚やマウスが感じる場合でも、それを感じる存在全てにとって悪いことであり、そこに種による差はない、という発想がなかった点。

3　人間と人間との間の問題は、人間と動物との間でも同じであるという考え方に基づき、人間にとっての不利益は、動物にとっても不利益であると考えていた点。

4　同じ苦痛であっても他の種より自分と同じ種のメンバーの苦痛の方が重いと考える種差別を、人間と人間の間の人種問題では適用しなかった点。

5　同じ種に属するにもかかわらず、西欧人とアフリカ人では苦しみに与えられる重みが違っていたのと同様に、動物同士の関係においても苦しみに与えられる重みに差をつけていた点。

問四　傍線b「種差別批判がおかしいという感覚も、それは今現在の遅れた権利意識であり、すぐには無理でもやがては常識化する可能性がないとはいえないだろう」とあるが、そのように考えられる理由として最も適切なものを次の中から一つ選び、その番号をマークせよ。

正当化させる理論的根拠になってしまうのである。動物解放の目的は苦痛を感じない奇妙な動物を生みだすことだなどというのは、動物を愛する人々の到底受け入れられるところではないだろう。しかし、シンガーのような功利原則に基づく限り、こうした厭わしい結論を回避することはできない。こうした奇妙な哀しい動物を生みださないためには、動物利用それ自体を認めない倫理原則が必要である。しかし、功利主義は決してそのような原則ではないのである。

（田上孝一『はじめての動物倫理学』による）

問一　空欄 a から d のそれぞれに入る言葉の組み合わせとして最も適切なものを次の中から一つ選び、その番号をマークせよ。

1　実は　・　それゆえ　・　確かに　・　とりわけ
2　つまり　・　その上　・　したがって　・　ひいては
3　このように　・　そして　・　ところが　・　ましてや
4　もっとも　・　しかも　・　しかしながら　・　あたかも
5　以上のように　・　さらに　・　まさに　・　それどころか

問二　空欄 A に入る表現として最も適切なものを次の中から一つ選び、その番号をマークせよ。

1　皮膚の色を理由に差別を受けている者の快楽も最大化するべきだろう
2　快楽を感じたり選好を持ったりするのは何も人間だけに限られないだろう
3　思考能力や言語能力を、苦痛を訴える能力として認めざるを得ないだろう説得力の源泉ともなっていた。では、これらの動物に苦痛を感じさせないようにして、なお畜産や実験に用いるのはいいのだろうか？

確かに現実問題として、苦痛を与えずに家畜を飼育したり、動物を実験に使ったりするのは難しい。これらの動物使用で重視されるのは何よりも経済的なコストであり、第一目的として苦痛を与えないことに最大限力を割くようなことをすれば、産業として成り立たないからである。

しかし、技術進歩によって原理的にこれらの動物に苦痛を与えないことができたらどうであろうか。遺伝子操作により通常ならば激痛を感じるような状態に置かれても難なく過ごせる動物が生みだされたら、それらの動物を利用するのは問題ないのだろうか。あるいはより極端な例として、あらかじめ大脳を取り除いた動物をカプセルの中で植物のように育てることは許されるのか。

もちろん、功利主義ならば、これに反対する理由はない。そういう奇妙な動物でも、苦痛を感じさせなければ何ら倫理的な問題が生じないからだ。

しかし、これは種差別批判に共感し、動物解放へのコミットメントに促された多くの人々の納得する理論的観点なのだろうか。確かに奇妙な動物は苦痛を感じていない。だから、これらの動物を実験に用いたり殺して食べたりすることは、功利主義的には間違っていない。しかし、動物の解放を求める人々は、文字通り動物の「自由」を求めるのではないか。自由は快苦に還元されるものではなくて、功利原則とは独立したそれ自体としての価値ではないのか。

e これがシンガーの動物倫理が持つ両義性である。確かにシンガーは種差別を批判し、動物の苦痛をなくすことを訴える限りでは正しかった。しかし、その理論を功利主義に基づかせたことにより、動物解放の理論と運動に大きな歪《ゆが》みをもたらしてしまったのだ。シンガーの理論は、シンガー本人がそれを望まなくても、動物を操作して苦痛を感じなくさせて、動物利用の永続化をまた、動物を否定的な価値を含み持つ brute と表現していたのだった。人間との同質性を前提にした上での差異ではなくて、人間とは違う低い存在ではあるものの、そこに人間との共通性を見いだそうというのが先駆者の思考様式であり、ここにはなお種差別の残滓《ざんし》があったわけである。こうした古い偏見を打破し、人間と動物との同質性を傍証する数多くの知見を見いだしえた動物関連科学が飛躍的に発展した現代にあってこそ、シンガーのような突き抜けた立論が可能になったと考えられる。この意味で、動物倫理学はその根本において新しい学問だといえる。

以上のようなシンガーの動物倫理は、まさにそこにおいて大量の動物が苦しめられているという、本格化した工場畜産の悪をこれ以上なく弾劾するものだったために、『動物の解放』で紹介された工場畜産の実態の衝撃とともに、広範な影響を及ぼすことになった。そして何よりも「種差別」という概念が決定的な理論的根拠として提出され、この概念が動物倫理学という学問自体の土台石ともいえるような役割を果たすこととなった。

V 端的にいえば、現代の動物倫理学をゴンペルツやソルトのような旧来の議論と区別するのは、それがこの種差別という概念に依拠しているかどうかにある。先駆者は動物と人間との近似性を訴え、肉食をはじめとする動物利用の残酷さを告発し、自らも動物を使わない生活をしようと心掛けたが、なお彼らの議論が強固な理論的防壁を築きえなかったのは、そこに種差別という概念が欠けていたためである。この意味で、種差別批判を中心に動物解放論を展開したシンガーの功績は決定的で、種差別批判に基づく動物解放論を唱えたという限りで、彼は間違いなく現代動物倫理学の創始者なのである。

しかし、彼の唱える動物倫理は、それが功利主義的な理論であることによって、決定的な瑕疵《かし》を孕んでいた。シンガーの種差別批判はあくまで功利原則に基づいて、苦痛を感じる存在への平等な配慮を求めるものである。では苦痛を感じていない動物はどうなのだろうか。

シンガーが中心的に問題にしている実験動物や畜産動物はその多くが苦痛を感じる動物であり、それがシンガーの立論が持つこの種差別が悪いことの理由はシンガーの場合は極めて明確である。それは人間では忌避される、犯罪に対する刑罰のためというような正当な理由がなく苦痛を与えるという行為が動物では許されるのは間違っているということである。つまり、シンガーは、ベンサムが問題にした、苦しむことができるかどうかという論点を唯一の基準にして、倫理的行為の是非を判定しているということである。

もし、ある存在が苦痛を感じるならば、苦痛を考慮に入れないというのは道徳の立場からは許されない。どのような本性の存在であれ、平等の原理が要求するのは、その苦しみは、他のどんな存在の苦しみとも……同等に計算されるべきだということである。もし、ある存在が苦痛、喜びや幸福を経験することができなければ、考慮に入れるべきものは何もない。正にこの理由で、感覚を備えている……かどうかということが、利益を配慮すべき存在とそうでない存在とを分ける境界線としてただ一つ弁護できるものである。

要するにシンガーの動物倫理学とは、動物を人間同様に苦しむことができる存在だと捉えた上で、通常人間に対してなされる配慮を動物の場合は行わないのは種差別だとして、動物への人間同様の平等な配慮を説く学説である。基準になるのは快苦の感覚であり、快楽を増大させて苦痛を減少させよという功利原則だ。まさにベンサムはこうした功利原則を道徳の中核に据え、しかも動物は功利原則の適用対象でもあるかのような示唆をした。しかし、そのベンサムが自らの理論を徹底させて動物の苦痛からの解放を説くことまで一貫できなかったのは、根強い種差別的な意識を払拭できなかったからである。こうした先達の歴史的限界を超えて、功利主義を論理的に徹底させることができたのが、現代人たるシンガーの面目躍如である。

Ⅳ　ソルトのような先駆者にしても、動物をまずは lower animal とみる歴史的制約からは逃れられなかった。ゴンペルツもによって、平等の原理を犯す。奴隷制を支持した白人のレイシストは典型的に、彼等が西欧人の苦しみに与えるのと同じくらいの重みを、アフリカ人の苦しみに与えなかった。同様に種差別主義者たちは、彼等の利害と他の種の利害との衝突がある時に、彼等自身の種のメンバーの利害により重みを与える。人間種差別主義者たちは、苦痛はそれが豚やマウスによって感じられる場合も、それが人間によって感じられる場合と同じように悪いということを受け入れない。

つまり種差別とは、人種差別と同じ過ちを、人間と動物の間で犯してしまうことだというわけである。しかし、こういえば当然、「それはおかしい、人間と人間との問題は人間と動物との問題とは違う」という反論が直ちに起こるだろう。実はそれこそが種差別なのである。苦痛を与えることが悪いのならば、苦痛を感じる存在全てにとって悪いのであって、それが人間でなくともやはり悪いのである。

これがすんなりと受け入れるのが難しい立言だということは、よく理解できる。しかし、ここで考える必要があるのは、現在の我々が直ちにその悪を実感できる人種差別も、ついこの間までそれが当然だと考える多くの人々と文化があったということである。公民権運動が本格化するまで、アメリカ合衆国の南部では確固とした黒人差別があった。今でも暗黙の差別が存在するのは、白人警察官の対黒人暴力への抗議に端を発した、二〇二〇年における暴動の拡大で立証されてしまっている。そして南アフリカでアパルトヘイトが撤廃されたのは実に一九九四年になってからのことだった。

つまり、一見して人種差別批判は常識で種差別批判は非常識なようにみえても、その人種差別批判自体が悠久の歴史を持つ人類史に普遍的な価値ではなく、最近までの歴史過程によって勝ち取ってきた成果だということである。ならば[b]種差別批判がおかしいという感覚も、それは今現在の遅れた権利意識であり、すぐには無理でもやがては常識化する可能性がないとはいえないだろう。

誰しもこの文章を読めば、人間同様に動物も苦しめてはいけない、人間を苦しめてはいけないのならば、同じ理由で動物も苦しめてはいけないといっているようにみえるだろう。[b]当然、言葉の上だけではなく実際に動物を苦しめてはいけないし、他ならぬ自分自身も直接的にはもちろん、間接的にも動物を苦しめるような行いに加担してはいけないという道徳をベンサムが語っているように思えるだろう。ここから当然、ベンサムは最も大規模に動物を苦しめる産業である肉食の廃止を訴え、自身もゴンペルツのように厳しく動物性製品の使用を控えていたように思われるだろう。[c]実際にはベンサムはベジタリアンではなかったし、[d]ゴンペルツのようなビーガンではなかった。ベンサムは自身の前言と矛盾するような屁理屈で肉食を正当化するのだが、その詳細をここに論ずるまでもないだろう。これはベンサムに限ったことではなく、自著では動物の権利を擁護したり肉食の批判をしたりしながら、自らの実践で自身の理論を裏切るようなことは、かつては珍しくもなかったのである。むしろゴンペルツやソルトのような徹底した人のほうが奇人変人の類いに思われていたのである。

しかし、ベンサムやかつての動物擁護者が自らの理論を自身の実践に生かせなかったのは、アリストテレスが指摘したアクラシア（意志の弱さ）からくるだけではなく、a理論それ自体に不徹底なところがあったからではないかというのが、シンガーの見立てである。それはかつての動物を論じた理論家が押しなべて、「種差別」という強固な偏見に囚《とら》われていたからではないかということである。

Ⅲ　種差別という言葉自体はシンガーではなく実験心理学者のリチャード・ライダーによって造語されたものだが、シンガーと『動物の解放』によって広く知られるようになった。シンガーはこの言葉の定義を自著の中で何度か行っているが、分かりやすいものとしては彼の主著である『実践の倫理』（第二版）によるものがある。

レイシストは、彼等の利害と他の人種の利害との衝突がある時に、彼等自身の人種のメンバーの利害により重みを置くこと実際この論点は功利主義を確立したベンサムによっても明確に意識され、次のような有名な言葉が遺《のこ》されている。

> 人間以外の被造物である動物が、圧制の手によって与えられないでいる諸権利を得られるだろう日が来るかもしれない。フランス人は既に、皮膚の黒さは苦しめる者の気まぐれを防がなくてよい何の理由にもならないことを発見していた。足の本数、皮膚の毛深さ、あるいは仙骨の末端が、感覚のある存在に同じ運命を与える理由としては等しく不十分であると、ある日認識されるかもしれない。一体どこに越えられない一線を引けるのか？　思考能力か、あるいは、多分、言語能力か？　しかし、成長した馬や犬は、生後一日や一週間、あるいは生後一箇月の新生児ですらよりも、比較を絶して理性的であるのはもちろん、より意思疎通ができる動物である。……問題は理性的であるかでも話せるかでもなく、苦しむことができるかどうかである。

［Ⅱ］今日この文章が有名になったのはシンガーによるところが大きい。しかし、それ以前でも、確かに一般には知られていなかったが、ソルトの『動物の権利』でも取り上げられ、ソルトの著作と並んで当時のベジタリアニズムや動物権利運動に強い影響を与えたハワード・ウィリアムズの『食の倫理』でも引用されている。『食の倫理』は独自な理論が体系的に展開されているのではなく、ヘシオドスやピュタゴラス以来の古典家による反肉食的な言説を収集したもので、ベジタリアニズムが新規で奇《き》矯《きょう》なものではなく、長い歴史に裏打ちされた確固たる学説と実践であることが一目に分かるようになっており、それが広く読まれた理由となっているように思われる。

［　a　］、シンガー以前にもこのベンサムの文章は動物擁護の先駆者たちの間に伝わってはいたのだが、シンガーの画期的なところは、この文章の真意とその実践的帰結を、これを書いたベンサム本人以上に明らかにしたところにある。

国語

（六〇分）

（一）　次の文章を読み、後の問に答えよ。

　ピーター・シンガーは現代を代表する動物倫理学者であるのみならず、倫理学という学問全体における第一人者であり、現代において最も有名で影響力の強い哲学者の一人といっていいだろう。彼の問題関心と著作範囲は幅広く、最近では援助に関する倫理学的考察が、非常に強い影響を世界全体に及ぼしている。シンガーの本を読んで収入の多くを恵まれない人々に寄付するようになった人や、さらには片方の腎臓を無料で提供する人までも現れるようになっている。

　こうした強いカリスマを持ったシンガーが終始一貫依拠している理論上の立場は功利主義であり、この意味で彼は最も有名で代表的な現代の功利主義者である。そして、彼の動物倫理理論も、始めから終わりまで功利主義に基づいて構想されている。このことが彼の動物論が強い説得力を持つと同時に、動物倫理や動物解放運動がその後に大きく誤解される原因ともなった。その意味で、彼の動物倫理学は両義的な意味を持っている。

［Ⅰ］シンガーが依拠する功利主義は、功利原則に依拠した倫理学説である。功利主義は快楽や選好を最大化できることに善を見いだす学説だが、ここで問題なのは、［　A　］という点である。

解答編

英語

I **解答** 1．(1)—①　(2)—④　(3)—④　(4)—④　(5)—②　(6)—②　(7)—①　(8)—③　(9)—③　(10)—②

2—③

3．① which　② extinction　③ decades　④ repression　⑤ dictator

4．(1)—③　(2)—④　(3)—②　(4)—③　(5)—③

◆全　訳◆

≪低リソース言語に対応する翻訳ツール≫

もしあなたがおよそ20数カ国語の主要言語の1つを話すなら，自分の言語でウェブサイトを閲覧することができる。なじみのない言語で書かれたウェブサイトやドキュメントに出合ったとしても，ブラウザが直ちに翻訳してくれる。キーワードを数語入力すれば，探している情報を検索エンジンが教えてくれる。デジタルキーボードには，必要な特別文字や発音区別符号が付いている。ボイスアシスタントはあなたの言うことを理解してくれる。スペルチェッカーは自動的に間違いを見つけ，一方で，入力予測はメモやメールを書くのを助けてくれる。

これらすべての便利な機能は，言語を特定した人工知能（AI）プログラムによって動いており，英語，スペイン語，標準中国語，ヒンディー語などの言語の40億を超す話者が利用できる。だが，これは他の半分のウェブサイト閲覧には当てはまらない。これ以外の約7,000の言語を話すおよそ35億の人々は，AIが動かしているこれらのツールのいくつか，あるいはそのどれも使うことができない。それらが私たちがその多くを当たり前だと思っているインターネット最大の恩恵からその人たちを締め出しているのだ。

もし何の対策もなされなければ，このギャップはデジタルにおける持つ者と持たざる者，つまりウェブサイトのほとんどどこでも簡単に閲覧できる者と，自分の言語で書かれていない情報を得るのに苦労する者という集団をつくり出すことだろう。

「インターネットが情報を民主化したと人は言いますが，実際はそうではありません。インターネットが民主化したのは英語による情報なのです」と南アフリカの諸言語のための機械翻訳ツールを開発するデータサイエンティストのAri Ramkilowanは言う。「人々が本当に情報を手に入れるためには，自分が不自由なく使える言語で見る必要があるのです」

Ramkilowanはいわゆる「低リソース」言語のための自然言語処理（NLP）の向上に取り組む，世界に多数いるAI研究者の1人である。低リソース言語とはつまり，辞書や翻訳ツールのようなアプリケーション向けの洗練されたコンピュータプログラムを生成するために利用することのできる，デジタルテキストの巨大なデータベースをもたない言語のことである。言語は人口の多さ，インターネットへのアクセスから，それらの言語でインターネット上に書かれた文書の量に至るまで，様々な理由から低リソースになる。そのため，科学者たちは低リソース言語を使うより多くの人々がウェブサイトを簡単に閲覧することができるように，コンピュータプログラムがより少ないデータでより多くのことができるための技術を開発している。

研究者たちは共通の目標をもっているが，一方，資金援助や機関からの援助のレベルにおいては大きな違いのある中で取り組んでいる。他の言語が応用することのできるモデルアプローチを考案した研究者も少数いる。

インドでは，新進企業が先頭に立っている。2016年に携帯電話のデータの価格が劇的に下がった後，インドの何億もの消費者が初めてインターネットにアクセスした――そして，たちまちのうちに，ウェブサイト，アプリやデジタルサービスが英語とヒンディー語でしか手に入らないという事態に直面した。それ以来，多くのテクノロジー新進企業が，22のインドの公用語のためのNLPを争って開発している。

新進企業は，様々な業界が何百万もの潜在的な顧客に顧客自身の言語環境下で接するのを助けることによって，成功することができることを望んでいる。それら企業の中には巨大小売のFlipkartやテレコム会社のRelianceのような企業によって，すでに買収されたものもある。スマートフォンの利用が急速に増えるのと同時に，インドの言語の話者の数がきわめて多いために彼らへの投資が魅力的なビジネスの機会となり，それによってジャワ語やイボ語など広く話されている他の言語へもかすかな望みが見える。それより小規模の言語社会にとっては，新進企業の取り組みはより困難を伴うものとなるであろう。

アフリカのデータサイエンティストは大陸をまたがって協力し合っている。Masakhane プロジェクトは19カ国の144人の研究者からなる集団で，アフリカの諸言語のためのNLPを向上させるために取り組んでいる。これらの研究者たちは同じ難題に直面している。それは，乏しい資金，遠方の研究者たちと会って彼らから学ぶ機会の少なさ，そして著作権の背後に閉ざされて文書データを見つけるのが困難なこと，わかりにくいファイルフォーマットや非公開ライブラリーの扉である。そのため，彼らはリソースを蓄え，知識を共有し，お互いがプロジェクトを前進させるのを助け合うためのグループをつくった。

多くのMasakhaneのイニシアチブは，歌，物語，祈禱を集めたり，地元の通信社に保存記録を調べてくれるよう説得したりするのに，果てしない時間を割くことをいとわない研究者たちによって取られている。彼らはゼロから言語のデータベースを構築し，多くの言語のための予備的な翻訳モデルをつくり上げた。しかし，前進には時間がかかる。協力者たちが夜も週末も働いて一度に集められる文書データはせいぜい数百または数千語であるが，それと比べて，最先端の言語モデルには数千億語が必要となる。

Google はNLPの巨大企業である。同社の翻訳ツールは今や108言語をサポートしている。ただ，スペイン語やドイツ語のような高リソース言語と，ヨルバ語やマダガスカル語のような低リソース言語の間では翻訳の質に大きな開きがあるが。それでも，このツールによって何十億ものインターネット利用者が，自分の話さない多くの言語で投稿されたオンラインコンテンツにアクセスすることができるようになったのであるから，より開かれつながった世界を創るというインターネットの約束には大きく貢献している。

Google はその多くの富のいくらかを，低リソース言語のための翻訳を向上させるための技術を開発するのに向けている。これらの中には，手に入るデータの量が少ないときには文書データを作成するのに翻訳機を使うとか，いくつかの関連する言語の間で基本的な文法的知識を転用することのできる多言語モデルを作るというような方策も含まれる。これらの方法には多くの言語のためのNLPの性能を同時に向上させるという利点はあるが，それには限界もある。これまでのところ，これらの解決策のどれも，低リソース言語のモデルが高リソース言語のモデルの性能に近づくことを可能にはしていない。

バスクの行政は民族の誇りを示す一環としてNLPに資金を提供している。バスク大学では，Ixaグループとして知られるおよそ60人のコンピュータサイエンティストと言語学者が，バスク語のためのNLPを開発するという民族的な任務に就いていて，その地区の半自治政府から資金を援助されている。1990年代からIxaはスペルチェッカー，デジタル辞書，後にはバスク語の翻訳ツールを作り出したが，それらはすべてバスク語を標準化しその利用を促進することを目的としたものである。

この研究は，スペインの独裁者フランシスコ=フランコによる数十年にわたる文化的抑圧の間に絶滅に直面した自分たちの言語を保護しようとするバスク人コミュニティの強い願望によって動機付けられている。その結果，わずか75万の話者しかいないコミュニティが際立って柔軟なNLPツールを開発したのである。「私たちの目標は，他の人々が私たちの言語を理解しないからといってどんな問題にも直面することなく，日常生活でバスク語を使うことができるようになることです」とIxaの共同創設者のKepa Sarasolaは語る。

企業と個人のどちらにとっても同様に，NLPを拡大するということはアクセスを拡大することを意味する――新たなマーケットへの，より多くの商品やサービスへの，そして，世界中の人と人をつなぐことは世界をよりよい場所にするというインターネットの創設時の約束への。「インターネットを情報を広める主要な方法だと考えるとき，そのことは特に重要になります」とMasakhaneの研究者であるJade Abbottは語った。「現在私たちは，人口の多くの部分を，オンラインでなされている会話を理解することからだけでなく，またそれに貢献することからも排除しているので，これらの言語を支援する必要があるのです」

◀解　説▶

1．(1)「これらすべての便利な機能は言語を特定した人工知能（AI）プログラムによって（　A　）されている」という文なので，①「動かされる」が正解。②「無視されている」，③「一時停止されている」，④「取られている」

⑵後ろに to 不定詞が続き，struggle to *do* で「～するのに苦労する，～しようと奮闘する」の意味なので，④が正解。他はいずれも to 不定詞が続かない。①「～を否定する」，②「～を感じる」，③「～を予約する」

⑶ develop「～を開発する」の目的語であり，「コンピュータプログラムがより少ないデータでより多くのことができるための」という内容が続くので，④「技術」が正解。①「達成」，②「ブランド」，③「兆候，症状」

⑷空所の後ろに with ～とあり，come up with ～で「～を考案する，思いつく」の意味なので，④が正解。①は come down with ～で「(風邪など) にかかる」の意味。②は come in with ～で「(グループなど) に参加する」の意味。③ come on は「やって来る」の意味。

⑸ shoot up は「急速に増える，上がる」の意味なので，②「急速に増えた」が正解。①「徐々に変化した」，③「一時的にとどまった」，④「突然停止した」

⑹空所の後ろに countless hours to collecting … とあり，dedicate *A* to *doing* で「*A* (時間など) を～することに割く」の意味なので，②が正解。①「～を分析する」，③「～に反対する」，④「～を移動させる」

⑺ state-of-the-art は「(テクノロジーなどが) 最先端の」の意味なので，①「最も進んだ」が正解。後ろに「言語モデルは，それと比べて，数千億語を必要とする」とあることから推測することもできる。②「最も高価な」，③「最も人気のある」，④「最も尊重されている」

⑻空所を含む文の先頭では対比を表す接続詞 While ～「～であるが一方」が用いられており，空所の前には「NLP の性能を同時に向上させるという利点」について述べられているので，それと対比的な意味の③「限界」が正解。①「利点」，②「能力」，④「減少」

⑼空所の後ろの its use「その (＝言語の) 利用」を目的語として取る動詞を選べばよいので，③「～を促進する」が正解。①「(原因など) を突き止める」，②「(商品) を売買する」，④「～を制限する」

⑽ primary は「主要な」という意味なので，②「主要な，本質的な」が正解。①「補足的な」，③「周辺の」，④「協力的な」

2．与えられた英文は「新進企業は，様々な業界が何百万もの潜在的な顧客に顧客自身の言語環境下で接するのを助けることによって，成功することができることを望んでいる」という意味。空所(ウ)の直前の第 7 段最終文（Since then, a large …）と空所(ウ)の段落の最終文（For smaller language …）に，与えられた文と同様「新進企業（startup)」について述べられていることに注目する。与えられた文の「新進企業が支援している，顧客自身の言語で何百万もの潜在的な顧客に接触しようとしている様々な業界」の例が，空所の次の文の「Flipkart や Reliance」といった大企業だと考えれば自然なつながりになる。よって，③が正解。

3．①は先行詞である its language を受ける，非制限用法の関係代名詞節（, which …）が入る。

②は face extinction で「絶滅に直面する」の意味。

③は decades of ～ で「数十年にわたる～」の意味。

④は cultural repression under ～ で「～による文化的抑圧」となる。

⑤は dictator で「独裁者」の意味。

4．(1)「Ari Ramkilowan について正しくないのは以下のどれか？」

①「彼の研究は多くの南アフリカの言語に関わるものである」

第 4 段の空所(ア)の次の文（“People say the …）の内容に一致する。

②「彼はコンピュータを使った言語データの処理の仕方を研究している」

第 5 段第 1 文（Ramkilowan is one …）の内容に一致する。

③「彼は英語がインターネットを民主化したと信じている」

第 4 段の空所(ア)の次の文（“People say the …）の内容に一致しない。

④「彼は NLP を研究している世界中の多くの人々の 1 人である」

第 5 段第 1 文（Ramkilowan is one …）の内容に一致する。

(2)「文章の中で述べられているのは以下のどれか？」

①「低リソース言語が大企業の注目を引いたことは一度もない」

第 12 段第 1 文（Google directs some …）の内容に一致しない。

②「Google は低リソース言語のための高性能の翻訳ツールを開発することに関心がない」

第 12 段第 1 文（Google directs some …）の内容に一致しない。

③「低リソース言語に関する研究は常に地元の政府から資金援助を受けてきた」

第 9 段第 3 文（The researchers face …）の内容に一致しない。

④「低リソース言語のための基本的な翻訳モデルを作るには長い時間がかかる」

第 10 段第 2・3 文（They've built language … progress is time-consuming.）の内容に一致する。

⑶「Masakhane プロジェクトについて文章に述べられていないものは以下のどれか？」

①「多国籍の研究プロジェクトである」

第 9 段第 2 文（The Masakhane project …）の内容に一致する。

②「南アフリカの地元の図書館から資金が出されている」

第 9 段第 3 文（The researchers face …）の内容に一致しない。

③「様々な言語のためのデータベースを構築している」

第 10 段第 2 文（They've built language …）の内容に一致する。

④「アフリカの諸言語に焦点を当てている」

第 9 段第 2 文（The Masakhane project …）の内容に一致する。

⑷「文章によると，バスク語について正しいのは次のどれか？」

①「バスク語のための NLP ツールはある会社によって開発されている」

第 13 段第 2 文（At the University …）の内容に一致しない。

②「バスク語のためのデジタル辞書はない」

第 13 段最終文（Beginning in the …）の内容に一致しない。

③「バスク語は 70 万人を超える話者によって話されている」

第 14 段下線部㈷の次の文（As a result …）の内容に一致する。

④「バスク語に関する NLP の研究は 2000 年になってやっと始まった」

第 13 段最終文（Beginning in the …）の内容に一致しない。

⑸「文章に述べられているのは以下のどれか？」

①「少数派の言語の 35 億人を超える話者がインターネットにアクセスできない」

第 2 段最終文（Roughly 3.5 billion …）の内容に一致しない。ここでは「およそ 35 億人が翻訳ツールや検索などを利用できない」とは述べられているが，「インターネットにアクセスできない」とは述べられていない。

②「ジャワ語とイボ語は広く話されていない言語の例である」

第 8 段空所㈸の後 2 つ目の文（The huge number …）の内容に一致しない。

③「低リソース言語のためのNLPは人々に情報を広めるためのより多くの機会を与えるだろう」

最終段第1文（For companies and individuals …）の内容に一致する。

④「インドで話されているすべての言語がインターネットで利用できる」

第7段第2文（After cellular data …）の内容に一致しない。

II　解答

1．(1)—②　(2)—②　(3)—③　(4)—③　(5)—④　(6)—①　(7)—②　(8)—①　(9)—②

2—③

3．(1)—③　(2)—③　(3)—③

◆全　訳◆

≪デジタル書籍を利用することの弊害≫

出版業界の明るいニュースは本――実際のハードカバーの本――の売り上げが2020年にかなり増えたことだ。小売業界の明るくないニュースは紙の本を扱う本屋での売り上げが減ったことだ。本屋がなくなってしまったら私は嘆き悲しむ，というのは，ぶらぶらと本を眺める楽しみや，新しいわくわくする本との予期しない出会いが失われてしまうからだ。

しかし，ハードカバーの売り上げが安定していることは，たとえそれを買う人が新しいものを探すよりもむしろなじみのあるものに群がっているように見えるとしても，すべてが失われてしまったわけではないという主張を裏付ける重要な指標である。

どれほど重要なのだろうか？『スクリーン上の言葉：デジタル世界における読書の運命』という2015年に出された素晴らしい本によって論争を巻き起こした，言語学者のナオミ=バロンによる発表されたばかりの研究を考えてみるとよい。そこで彼女は，紙の本からデジタル書籍への移行は様々な害を及ぼしていると論じている。バロンのごく最近の論文では，デジタルデバイスがどのように私たちの認知機能に影響を及ぼすかについての文献について論評している――そして，彼女の結論は気のめいるものである。

例えば彼女は，学生が美術館を訪れて絵画を見るという2018年の実験について語っている。ある者はただ眺めるよう指示された。ある者は写真を撮るよう指示された。またある者は写真を撮って，それをスナップチャットで配信するよう指示された。その後に絵を最もよく覚えていたグループは，ただ眺めるだけで写真を撮らなかった者から成っていた。「まさにこの写真を撮るという過程が眺めるという認知的行為の邪魔になる」と彼女は書いている。

実際，記事の多くは私たちが記憶や考えることをしなくなる際に起こる問題について述べることに割かれている。GPS を使ってどこかへ行くと後から道順を思い出すことがより難しくなることはかねてからわかっている。しかし，それだけではない。バロンは，GPS 利用者が途中どんな目印を通ったかを思い出すのにさえ苦労することを示す，最近のある研究について述べている。また別の研究では，GPS がないと，なじみのない都市の風景の中をどうやって進めばよいかを考えて私たちの脳は神経が急激に活動するが，GPS を使うと海馬は基本的に活動を停止してしまう。

こうしたことはすべて私たちを紙の文書へと向かわせる。バロンはニコラス=カーの浅薄化仮説を支持しており，それを「デジタルデバイスで読書しているときには，紙の本で読書しているときより頭を使う努力をしない」という概念だと説明している。この考えについては多くの議論がなされているが，ますます正しいように思えてくる。恐ろしいのは，頭を使う努力をしなくなることが思考そのものの欠如へとつながっていくだろうということだ。バロンはこのように報告している。「2019年，アメリカのティーンエイジャーがスクリーンを眺める時間は一日平均7時間22分でした――学校の課題のために使う分は含めないでです。このうち39％はソーシャルメディアを利用するのに使われ，それに比べて電子書籍での読書に利用されるのは2％でした」

文学においては，紙の本で読むほうがスクリーン上で読むよりもより高い理解につながることは当たり前のことだが，多くの研究者は，そのような発見は単に紙の本で育ち，後にデジタルに移行した人々をテストした結果に過ぎないのだろうかと考えてきた。この説に基づくと，デジタル書籍による読書が紙の本に取って代わると，理解の度合いは上がるはずだ。

ところが，最近の研究ではそれと反対のことを示している。時が経って，若者がデジタル書籍で読書をする経験が増えると，実際には紙の本で読書をすることの利点は増えてくる。もしこの結果が正しいのなら，デジタルで本を読むことと対比した紙の本で読むことの利点は，何か慣れ以上のことに基づくのではないかと結論せざるを得ない。

バロン自身の研究では，この差は実際大きくなっていることを示している。説明の１つとして彼女は，本の重みや感触，つまり記憶を助ける触覚的感覚を挙げている。さらに，紙の本のほうが，海馬が「認知的地図」を構築しやすいとも書いている。読者に何か紙の本で覚えていることを尋ねてみるがよい，すると例えば，それはあるページの一番上だったか，それとも一番下だったかを覚えている可能性が高いだろう。しかし，デジタル書籍で，特にスクロールしながら読む場合には位置決めとなるよりどころが何もない。

また，本を「読む」ことと本を「利用する」ことの間の差もある，とバロンは唱える。たとえ紙の本の中であるページを見つけたい場合でも，私たちは途中ページをめくらなければならないため，何か予期しないことに出会い，同時に自分が探していることの周辺の文脈をしっかり理解する助けとなる可能性が高まる，と指摘する。

しかし，デジタルに伴うきわめて便利な検索ツールは私たちが本を読むよりもむしろ，利用することを促す。バロンが心理学から借用する用語を使って言えば，私たちの検索は他者中心的というより自己中心的になる。言い換えれば，その世界が私たちに提供するものというより，自分が探しているものを見つける。そして，データによれば，自己中心的な読者はより思慮深さと批判精神に欠けている。

もし私たちが互いを責め合うのでなく真剣な考えと対話のある民主的な未来を望むのなら，思慮深く批判精神のある市民が必要である。そのためには，紙でできていて，触れることができ，思考を要する本が必要である。それがハードカバーの売り上げが良くなっているという事実を祝福し，そのような本が消滅することの決してない未来を望むに足る理由なのである。

◀解　説▶

1．⑴空所の後ろの「ぶらぶらと本を眺める楽しみや，新しいわくわくする本との予期しない出会いが失われてしまう」という文は，空所の前の「本屋がなくなってしまったら私は嘆き悲しむ」の理由を述べたものなので，②「というのは〜だからだ」が正解。①「しかし」，③「それとも」，④「だから」

⑵空所の後ろの文で言及されている「学生が美術館を訪れて絵画を見ると

いう2018年の実験」とは，空所の前の第3段最終2文（There she argued … conclusions are depressing.）の「デジタルデバイスがどのように私たちの認知機能に影響を及ぼすか」を調べる具体例として挙げられているので，②「例えば」が正解。①「ところで」，③「それにもかかわらず」，④「それどころか」

(3) compriseは「～から成る，～を構成する」という意味なので，③「～を構成する」が正解。①「集中する」，②「接続する」，④「矛盾する」

(4)第5段は，デジタルデバイスが記憶や思考に与える影響について述べている。offloadは「(不要なもの）を取り除く，用済みにする，(積み荷）を降ろす」という意味なので，③「取り除く」が正解。ここでは「記憶や考えることを用済みにする」の意味。①「(アイデアなど）を思いつく」，②「(用紙など）に記入する」，④「(特徴など）を帯びる」

(5) endorseは「(考えなど）を是認する，支持する」という意味なので，④「～を支持する」が正解。ここでは，「仮説を支持する」の意味で用いられている。①「～を疑う」，②「～を調べる」，③「～に反対する」

(6) whether ～ or … で「～であるか，それとも…か」の意味なので，①が正解。②・③・④はいずれも関係詞で先行詞を必要とするため不可。

(7)空所の後ろに「何か予期しないこと」とあるので，②「～に出くわす，～を思いつく」が正解。①「追いつく」，③「近づかない」，④「～を延期する」

(8) condemnationは「批判，非難」という意味なので，①「非難」が正解。～ rather than …「…よりもむしろ～」とあるので，前の部分の「(真剣な考えと対話のある）民主的な未来」と反対の意味のものを選べばよい。②「協力」，③「恐れ」，④「理解」

(9) theyの前には「ハードカバーの売り上げが良くなっている」と述べられているので，「それらが消滅することの決してない」の「それら」はハードカバーと同様の意味の語を指すとわかる。よって，②「紙でできていて，触れることのできる，思考を要する本」が正解。①「自己中心的な読者」，③「思慮深く批判精神のある市民」，④「真剣な考えと対話」

2．与えられた英文は「ところが，最近の研究ではそれと反対のことを示している」という意味。この文には逆接を表すhoweverがあり，空所(ウ)の前には「デジタル書籍による読書が紙の本に取って代わると，理解の度合いは上がるはずだ」とあり，空所の後ろにはそれとは逆接的な内容の「実際には紙の本で読書をすることの利点は増えてくる」ということが述べられている。よって，③が正解。

3．(1)「文章の中で述べられていないのは以下のどれか？」

①「2020年の間に紙のハードカバーの本の売り上げが増えた」

第1段第1文（The cheery news …）の内容と一致する。

②「ナオミ=バロンは，2015年に出版された『スクリーン上の言葉：デジタル世界における読書の運命』というタイトルの本を書いた」

第3段第2文（Consider a just-released …）の内容と一致する。

③「ナオミ=バロンによると，紙の本による読書からデジタル書籍による読書への移行には何の害もない」

第3段第3文（There she argued …）の内容と一致しない。

④「ナオミ=バロンは，デジタルデバイスが人間の認知機能に影響を及ぼすという考えを支持している」

第3段最終2文（There she argued … conclusions are depressing.）の内容と一致する。

(2)「文章の中で述べられているのは以下のどれか？」

①「2018年の実験では，写真を撮ってそれをスナップチャットで配信したグループは絵画について最もよく覚えていた」

第4段空所(ア)の後5つ目の文（The group that …）の内容に一致しない。

②「ナオミ=バロンによると，写真を撮ることは眺めるという認知的行為を高める」

空所(ア)の段落の最終文（“The very process …）の内容に一致しない。

③「GPS利用者は，GPSを利用しない人と比べて途中に自分が通った目印を覚えていないことが多い」

第5段第4文（Baron cites one …）の内容に一致する。

④「GPSを使うと，なじみのない場所への行き方を考える際に私たちの脳は活発に働く」

第5段最終文（Another indicated that …）の内容に一致しない。

(3)「文章によると，ナオミ=バロンによって示唆されているのは以下のどれか？」

①「紙の本で読書するのとデジタル書籍で読書する利点の間のギャップは小さくなっている」

第 9 段第 1 文（Baron's own research …）の内容に一致しない。

②「海馬が『認知的地図』を構築するのは，デジタル文書よりも紙の文書でのほうが難しい」

第 9 段第 3 文（In addition, she …）の内容に一致しない。

③「デジタル書籍は『読まれる』よりも『利用される』ほうが多い」

第 11 段第 1 文（But the highly …）の内容に一致する。

④「デジタル書籍による読書は私たちが他者中心的になることを促す」

第 11 段第 2 文（Our search becomes …）の内容に一致しない。

III 解答

(1)—④　(2)—③　(3)—①　(4)—②　(5)—③　(6)—③
(7)—④　(8)—②　(9)—①　(10)—③

◀解　説▶

(1)「彼女の抜群の評判はこの町に住むすべての人に知られていた」 be known to ～ で「～(人) に知られている」の意味なので，④が正解。②は be known for ～ で「～(特徴，能力など) で知られている」の意味。① at と③ from はいずれも known とともに用いない。

(2)「そのレストランはいつも混んでいるから，前もって予約しておくのが勧められる」 to 以下の内容を受ける形式主語 it と過去分詞 recommended は，「前もって予約することが勧められる」という受動の意味関係となる。① recommend は一般動詞の原形なので be 動詞の後ろには置けない。② recommendation は名詞であり，形式主語では It is＋形容詞＋to *do* とするのが原則なので不可。④ recommender は「勧める人」の意味なので不可。

(3)「来月行われるコンサートの準備は予定に従って進められている」 according to ～「～(予定，規則など) に従って」 ② familiar with ～「(人が) ～をよく知っていて」，③ inferior to ～「～より劣って」，④ responsible for ～「～に責任があって」

(4)「ケンジと私は中学校からのつきあいだが，一度もケンカをしたことがない」 known の目的語として用いることができるのは② each other「お互い」だけである。① each one「それぞれの人，もの」は意味的におかしい。③ one after another「次から次へと」は副詞のはたらきをするので不可。④ one other「もう一人〔一つ〕の～」は後ろに単数名詞が必要である。

(5)「有名な2人のセレブが結婚したのはちょうど2年前のことだった」 ～ agoで「～(年月) 前に」の意味なので，③が正解。① before ～「～の前に」と② past ～「～を過ぎて」はいずれも前置詞で，後ろにnoon，3 o'clockなど一時点を表す表現がくるので不可。④ two years longは「2年もの長い年月の間」の意味で，got married「結婚した」のような一時点の動作には用いない。

(6)「その会社は100年以上存続しており，自社の製品に誇りをもっている」 take pride in ～「～に誇りをもっている」 ② take part in ～「～(競技など) に参加する」 ① apart，④ turnはtakeとともに用いない。

(7)「開発するのに10年以上かかった新薬の最終的な試験は成功のうちに終わった」 動詞completedを修飾する副詞の④ successfullyが正解。① succeedは動詞，② successは名詞，③ successfulは形容詞であるため不可。

(8)「1つの良いニュースはそのビルの建設が予期されたよりもスムーズにいったことだ」 比較級＋than expected「予想されたよりも～」

(9)「大人とは対照的に，子供は非常に簡単に外国語を身につけるようだ」 大人と子供が対比されているので，① In contrast to ～「～とは対照的に，～と比べて」が正解。② In response to ～「～に答えて」，③ In spite of ～「～にもかかわらず」，④ In terms of ～「～の点から見て」

(10)「問題は自分が話している相手は必ずしもその話題に興味がないかもしれないということだ」 空所の前に前置詞toがあるため，目的格の関係代名詞の③ whomが正解。you're speaking to them（＝people）の下線部が前に出てto whomになったと考えるとよい。① whatは先行詞を含む関係代名詞であるため不可。② whoは主格，④ whoseは所有格の関係代名詞であるため，前置詞の後ろには置かない。

Ⅳ 解答

(1)—①　(2)—②　(3)—②　(4)—④　(5)—①　(6)—①
(7)—②　(8)—④　(9)—④　(10)—②

◀解　説▶

(1)空所の後ろに「郵便局」という場所があるので，① stop by ～「～に立ち寄る」が正解。have a flat tire は「タイヤがパンクした」の意味。② stop for ～「～(用件）のために立ち止まる」，③は stop off at ～で「～(場所）に立ち寄る」の意味となる。④ stop with ～「～(家など）に泊まる」

(2)歯医者の予約を忘れていたBに対してAが言う言葉なので，② forgetful「忘れっぽい」が正解。① cheerful「陽気な」，③ punctual「約束の時間を厳守する」，④ timely「ちょうどいい時の，タイムリーな」

(3)Aに「昨夜の野球放送を見たか」と尋ねられたBは，空所の後ろで「アルバイトで遅番だった」と言っているため，② I missed it.「それを見逃した」が正解。miss は「～(機会）を逃す，～(テレビ番組など）を見逃す」の意味。That's a shame.「それは残念でしたね」 ①「それを捕まえた，それ（電車など）に間に合った」，③「予定を変更した」，④「その番組を見た」

(4)Bは「大学の本屋を探していたところです」と言っているので，④ You look lost.「あなたは道に迷ったようですね」が正解。lost は「道に迷って」という意味の形容詞。①「本屋はここにはありません」，②「カフェはあそこです」，③「うれしそうですね」

(5)Aが「オーディションに来ました」の後に何と言ったかを答える問題だが，Bが「はい，そうです。でも，ちょっと来るのが早かったですね」と言っていることから，①「この場所で正しいですか？」が正解。Do you mind if ～?「～してもいいですか？」 ②「私は遅刻しましたか？」，③「あなたは正しい場所にいますか？」，④「私に加わりませんか？」はいずれも，Bの「はい，そうです。でも，ちょっと来るのが早かった」に自然につながらないので不可。

(6)Aが「新しくすごくいい場所を見つけたんだ。こちらに来て（　　）しないか？」という文なので，① check it out「見てみる，調べる」が正解。What day works for you?「何曜日が都合がいいですか？」 ② find it out「それを見つけ出す，解明する」，③ plan it out「綿密な計画を立てる」，④ see it out「～(仕事など) を成し遂げる」

(7)「ジムに入ってはどうか？」と勧めるBに対して，Aは空所の後ろで「明日そのジムへ行ってみる」と言っていることから，That's not a bad idea.「いい考えだ，悪くない考えだ」が適切である。よって，②が正解。④は「良くない考え」の意味となり不可。①と③は，decision「決断だ」はすでに決まったことについての発言となるので不可。

(8)Aの昼食の誘いに対してBは「遅い昼食にしない？」と言っているので，「午後1時まで忙しい」とすると自然な発話になるため，④ tied up「忙しい」が正解。① free「暇な」，② open「(予定が) 空いている」，③ set up ～「～(会社など) を設立する」

(9)「冷たい水で泳ぐのが嫌だ」と言うBに対して，Aは空所の後ろでCome on!「さあ，どうぞ！ ほらほら！」と言って水に入ることを促しているので，④ Trust me「私を信じて，嘘じゃないよ」が正解。① Call me「私を呼んで」，② Dry off ～「～(体など) を拭いて」，③ Take off ～「～(衣服) を脱いで」は会話の内容に合わない。

(10)Bは空所の前で「明日は仕事がたくさんある」と言っているので，「パーティーには行けない」という内容が続くと考えられる。よって，② make it「(パーティー，会議などに) 何とかして行く」が正解。① catch it「(電車などに) 間に合う」，③ prepare it「それを準備する」，④ test it「それをテストする，試してみる」

V 解答

(A)—⑩ (B)—⑤ (C)—④ (D)—⑫ (E)—① (F)—⑥
(G)—⑧ (H)—③ (I)—⑬ (J)—⑨

◆全 訳◆

≪国際的モデル・キコへのインタビュー≫

国際的モデルのキコの一日は午前6時に始まる。朝の日課であるヨガと瞑想《めいそう》を行い，完全菜食主義の朝食をいくらか取り，午前7時30分ぴったりに仕事をし始めるための準備をするのには十分早い時間だ。彼女の活力と情熱を見ると，彼女がかつて生命の危険を伴うほどの摂食障害に苦しんでいたとは簡単には信じられない。拒食症から立ち直った人として，23歳のモデルの激しい体験は今や，現代のモデルとファッション業界を，人間と動物と地球にとって，より倫理的な環境に変えるための強さと動機になっている。現在ドイツのベルリンを拠点としているキコは，「ジャパントゥデイ」のユカリ=タナカ（YT）に自身について語る。

ＹＴ：どんな経緯でモデル業を始めたのですか？

キコ：ある日，東京の表参道を歩いていたら，背が高いのでモデルになることを考えたことがあるかと尋ねられたんです。エージェントと契約をしたにはしたんですが，実際にモデルの仕事を始めたのは 16 歳になってからです。16 歳になったとき，海外研修プログラムのためにカナダへ飛び，そこでは英語を学ぶだけでなく，国際的なモデル業界にも深く関わるようになりました。その後，ニューヨーク，ロンドン，パリ，東京，バンクーバーでファッションウィークに参加しました。

ＹＴ：モデルの仕事を始めたころはどんな感じでしたか？

キコ：カナダのエージェントと契約を交わしたときに，１週間以内に５～10 ポンド（2.2～4.5 キログラム）体重を落とすように言われました。そのときまでは自分が太り過ぎだとは思ったこともなかったのですが，この業界では太り過ぎだとエージェントに言われました。まだ 17 歳であまり自信もなかったので，エージェントに言われることをすべて信じたのです。そのミーティング後に，極端なダイエットを始めました。食べる量を減らし，運動量を増やしました。一日にサラダとリンゴ１個しか食べず，ジムへ行って２～３時間運動をして過ごしたものでした。およそ１カ月半後には，体重はたったの 44 キログラムになりました。

ある日，学校のカウンセラーとの面接で，彼女は私を見た瞬間に，私を診療所に連れて行かなければいけないと判断しました。診療所では私をさらに大きな病院へ移し，その日にそこに入院しました。というのは，心拍数が低く，いつ心臓発作を起こしてもおかしくないと医者が言ったからです。

ＹＴ：それで，摂食障害からどのように立ち直ったのですか？

キコ：まず，自分のことを大切にしなければならないと気づくのに，しばらく時間がかかりました。十分な食事を取り，自分の空腹のシグナルに耳を澄ますことができるくらいに，自分のことを尊重しなければならなかったのです。また，回復中に完全菜食主義のライフスタイルを発見したことは，私には本当に人生を変えるものでした。私は健康なやり方で体重を増やしたいと思いました。というのは，摂食障害に苦しんでいる多くの女子は過食症になりがちで，私は自分がそのようなパターンに陥ることは避けたかったのです。

摂食障害を患うと，また気持ちも落ち込みがちです。私はもはや人づきあいをせず，友達とも会ったり出かけたりしたくなくなり，自分がなぜ生きているのかわかりませんでした。完全菜食主義のライフスタイルについて学ぶことで，私の人生に意味が与えられました。私は動物の命，そして肉の消費と肉や乳製品に関わる産業が環境に及ぼす影響に関心をもつようになりました。それらのトピックについて自分できちんと勉強するようになり，再び命に対してとても情熱を感じるようになりました。それは私が何か好ましいものの一部であると感じさせてくれました。

ＹＴ：持続可能なファッションをどのように定義しますか？

キコ：持続可能なファッションとは地球に優しく，再利用された素材や古着を用いたファッションです。例えば，私はECOALFという，スペイン発祥の持続可能なファッションブランドと仕事をしていました。そのブランドでは，海から回収した飲料用プラスチックボトルのような再利用された素材を使っているのですが，それは新しい衣服を作ることによって海をきれいにするという考え方なんです。

私個人としては，倫理的なファッションを支持しています。私の考える倫理的ファッションとは，地球だけでなく，人間や動物にも優しいファッションです。地球に優しいブランドを着ることは可能ですが，もしそれが生産過程に関わるすべての人々にとって公正な賃金を与えるのでなければ，それは倫理的ではありません。ときには私が共に仕事をしているブランドが私の倫理的価値観と完全には沿っていない場合もあり，それが私が常に苦悶していることです。

ＹＴ：2019年に，あなたは「F. A. K. E.」，つまり，「動物界と環境のためのファッション」という，あなた独自の倫理と完全菜食主義にのっとったファッションショーをプロデュースしました。このプロジェクトの目的は何でしたか？

キコ：環境に優しく，倫理的で，完全菜食主義的なファッションを人々がうんざりしたものとみなす固定観念を打ち破りたかったのです。また，モデルのキャリアの初めに摂食障害でどれほど苦しんだかということ，またこの業界ではどれほど大きなプレッシャーがあるかを知っているので，外見と支持しているものの点においてあらゆるタイプのモデルをショーに入れたいと思いました。どんな体形，身長，体重，肌の色，性別の人も，すべて賞賛されるべきです。これらの要素はどれもモデル業界では常に焦点となることで，それらすべての価値に光を当てたかったのです。

ＹＴ：将来，何かわくわくするプロジェクトの予定はありますか？

キコ：私は現在，倫理的なモデルエージェントを作るプロジェクトに取り組んでいます。これまでしばらくモデルとして仕事をしてきましたが，持続可能で倫理的なブランドがそのブランドについて何も知らないモデルと仕事をするときや，ブランドがモデルの支持している考え方を気にかけないときにはがっかりします。このプロジェクトがこれらの問題に取り組むことができれば素晴らしいと考えています。

ＹＴ：あなたはまた自分を大切にすることについて，クライアントの指導をするためのセミナーをヨーロッパ各地で行っていますね。何を教えているのですか？

キコ：私はヘルスコーチの免許をもっており，ホリスティック栄養学と植物中心の栄養学に関する資格ももっています。人々の指導をするとき，私は現在その人が生活においてどんな状態を経ているのかに焦点を当てようとし，どういう経緯で彼らがいまそうであるように感じるようになったのかを理解しようとします。また，栄養についても話します。それは，実際に食べる食べ物である「二次的な食べ物」よりもおそらくは大切な，私たちが毎日食べる文字通りの食べ物ではないけれど，もっと精神的・身体的活動，仕事，人間関係に関していて，私が「主要な食べ物」と呼んでいるものが入り交じったものです。私は指導においては，自信をもつことを重視し，どのようにもっと自分自身を大切にするかについてヒントを与え，「主要な食べ物」により多くの焦点を当てる傾向が強いです。

◀解　説▶

(A)空所の前に was asked とあるので，to 不定詞，if 節，wh 節から始まる③・⑤・⑦・⑨・⑩が考えられるが，⑩を入れると I was asked if I had ever thought about modeling … となり，自然なつながりとなる。③・⑤・⑦・⑨は，空所の後ろの about … に文法的または意味的に自然なつながりにならない。

(B)空所の後ろに but also … とあるので，⑤を入れると not only ～ but also …「～だけでなく…もまた」となり，自然なつながりとなる。また，⑤の where 以下は，空所の前の Canada を先行詞とする関係副詞節となる。

(C)空所の前に動詞 believe があることから，that 節が続くと予想される。④ every word (which) my agent was telling me を入れると，believe の目的語となって文法的に正しい文となる。なお，every word の前に接続詞 that が省略されている。

(D)空所の後ろが節であるため，接続詞 the moment から始まる⑫を入れると自然なつながりとなる。the moment SV は「～した瞬間，～するとすぐ」の意味。ここは「彼女が私を見た瞬間」の意味で，後ろの she immediately knew … につながっている。

(E) be 動詞 was に続く部分なので，補語となる形容詞や名詞が続く選択肢を探せばよい。①を入れると，主語の discovering the vegan lifestyle during my recovery と補語となる形容詞 life-changing がイコールの関係になり，自然なつながりとなる。⑪を入れると was changing となり過去進行形になるが，意味的に不自然。

(F)空所の前に主語 I があることより，動詞から始まる②，⑥，⑧，⑬が考えられるが，⑥を入れると前置詞 about の目的語が animal life となり，自然なつながりとなる。この文の前後は過去時制なので，現在時制の②や⑬は入らない。また，⑧を入れると，「私が私を動物の生活のように感じさせた」という不自然な意味になる。

(G)空所の前には主語 It があり，この発話では過去のことについて述べているため，過去形の動詞から始まる⑧が正解。feel like ～ で「～のように感じる」の意味だが，～には名詞のほか節もくる点に注意。

(H)空所の前に前置詞の because of があるため，名詞節のはたらきをする③，⑦が考えられるが，③を入れると，前置詞 from の後ろに名詞句の my eating disorder が続いて自然なつながりとなる。suffer from ～「～に苦しむ」 ⑦は動名詞 modeling の後ろに my eating disorder が続くことになり，文法的に成り立たない。

(I)空所の前には主格の関係代名詞 who があるので，動詞から始まる②，⑬が考えられるが，先行詞が複数名詞 models なので，have から始まる⑬が入る。have no clue about ～「～についてまったく知らない」 ② makes は三単現の s があるため不可。

(J)空所の前に動詞 cause があるため，to 不定詞から始まる⑨が入る。cause *A* to *do* で「*A* に～させる」。また，the way S *do* は「S が～するように」の意味で，the way は接続詞のはたらきをしている。

❖講　評

2022 年度も，読解問題 2 題，文法・語彙問題 1 題，会話文問題 2 題の計 5 題の出題で例年通り。時間配分は，Ⅰ（35 分），Ⅱ（25 分），Ⅲ（5 分），Ⅳ（5 分），Ⅴ（10 分）程度が理想的である。

Ⅰの読解問題は，「低リソース言語に対応する翻訳ツール」がテーマの英文で，分量，設問形式も例年通りの出題。同意表現選択，空所補充は例年通りの難易度だが，1の(4)，(5)はイディオムの知識が必要な問題であった。4の内容真偽問題は，本文と対応する箇所が分散しているものもあるので，前もって選択肢を読んでおくなど準備をしておくと，該当する箇所を素早く見つけやすい。

Ⅱの読解問題は，「デジタル書籍を利用することの弊害」がテーマで，英文の難易度は例年通り。Ⅰと比べると英文の分量はやや少ないが，同意表現選択問題は，1の(4)，(5)，(8)は単語の難易度がやや高いため，下線部前後の文脈から意味を推測する必要があった。

Ⅲの文法・語彙問題は標準的な文法や語彙・イディオムの知識が問われており，難易度は例年と変わらない。基本的な問題が大半なので，ケアレスミスをなくして，高得点を狙いたい。

Ⅳの空所補充問題は例年同様の会話型である。口語的なイディオム，慣用句を問う問題で，基本的な知識を問うものが多い。普段から単語だけではなく，熟語・イディオムの力も強化することが必要である。

Ⅴは会話文形式の読解問題で，例年通り空所補充形式での出題であった。空所の前後に注意し，空所に入りうる品詞や文構造を考え，候補を絞った上で解答することが大切である。(D)と(J)は接続詞の知識，(I)はイディオムの知識が必要な問題であった。

八の内容説明は難レベル。内容を整理して六十字におさめるには、しっかりとした記述力が必要になる。

二は芸術作品のあるべき鑑賞についての随筆からの出題。内容はわかりやすい。問一の読みは標準かやや難レベル。問二の書き取りは標準レベルである。問三の慣用表現は、標準レベルだろう。問四の内容説明はやや易レベル。正解を見つけるのも間違いを確認するのも難しくない。問五の文学史はやや易レベル。問六の空所補充は、やや難レベル。カタカナ語のそれぞれの意味を知っている必要がある。問七の空所補充はやや易レベル。問八の内容説明は、主旨にかかわる問題であるが、標準レベルだろう。問九の内容説明は、難レベル。傍線部自体の理解が難しい。

三は中世の軍記物語からの出題。話の展開はわかりやすい。問一の書き取りは難だろう。問二の空所補充は、やや易レベル。問三の口語訳は、標準かやや易レベル。話の展開から判断しやすい。問四の文法は標準レベル。問五の人物指摘は、漢文の「臥薪嘗胆」を知っていれば標準レベルだが、知らなければやや難レベルだっただろう。漢文の知識がポイントになった。問六の口語訳は標準レベル。問七の内容説明も標準レベル。問八の文学史はやや難レベル。すべての選択肢についての知識がなければ、自信をもって答えられない。

全体として、一の現代文が長文で、これを読むのにどれぐらいの時間がかかったかということが、大きなポイントになったと思われる。一にかける時間を前もって決めておく、二・三からとりかかるなど、対策が必要である。六〇分は決して余裕のある時間ではない。特に記述問題には時間がかかるので、事前に過去問などで練習して慣れておくことが肝要だろう。

問六　「かねて（兼ねて）」は〝～できず〟の意。だから「読みかねて」は〝読むことができず〟、つまり〝理解できず〟ということになる。「持ちあつかふ」は〝もてあます〟の意。警固の武士たちは、「勾践」と「范蠡」のことを知らなかったので、詩の内容が理解できなかったのである。

問七　「龍顔」は〝帝の顔〟のこと。警固の武士たちは詩の内容を理解できなかったが、主上は〈囚われの主君を救おうとしている忠臣がおります〉というメッセージが理解できたのである。だから、主上の心理としては、1か3に絞られる。1の「自らへの気持ち」に対する〈喜び〉か、3の「苦難を乗り越えて駆けつけてくれた」という行為に対する「感心」かと考えることになるが、囚われている者の心理的立場からすると、「感心」では第三者的になってやや弱いだろう。また、主上は「苦難を乗り越えて」という事情について知っているはずがない。

問八　2『承久記』、4『義経記』、5『信長公記』は、軍記物らしいと想像がつきそうだが、1の『陸奥話記』は、あまり有名な作品ではないので、知らない受験生が多かっただろう。これは、前九年の役について書かれた軍記物語である。3の『明月記』は藤原定家の日記である。

❖講　評

現代文二題、古文一題の出題で、いずれも例年通りである。

一は動物倫理学についての評論からの出題。文章は読みにくいというわけではないが、分量が多い。また、動物倫理学という耳慣れないジャンルからの出題で、とまどった受験生もいたかもしれない。問一・問二の空所補充は標準レベル。問三の内容説明も標準レベルと思われるが、現時点での一般常識からすると異質な発想なので、引っかかりやすいかもしれない。これは次の問四以降も同じである。問四・問五の内容説明はやや難レベル。選択肢が長めである。問六の内容説明は、判断の材料とする範囲がやや広めであったので、標準かやや難レベルである。問七の欠文挿入箇所指摘はやや難レベル。紛らわしいというほどではないが、入る場所を一つずつ確認する必要があるので、手間がかかる。問ときには范蠡のような忠臣がいないわけではありません。

警固の武士たちは、朝にこれ（＝高徳の書いた詩）を見つけ、何事をどんな者が書いたのだろうかと（思ったが）、理解することができずにもてあましていたので、（主上に）報告した。主上は、すぐに詩の心を悟りなさって、お顔は特に心地よげに微笑みなさるが、武士たちは、まったくその（詩の人物の）いわれを知る者がなかったので、とがめることもない。

◀解　説▶

問一　「もだす」は漢字にすると「黙す」で、〝口を閉じて黙る〟の意。本文中では、落胆して言葉も出ない様子である。

問二　戦場に曝されるものは戦死者の死体（＝「屍」）である。今木三郎高徳は、自分の身は滅んでも、武名（＝「名」）を残そうとしたのである。

問三　「支度」には〝準備、見込み、食事〟などの意がある。高徳は主上を奪還するために、船坂山に隠れて待ち伏せした。しかし、主上警固の一行が違う道筋を選んでしまったので、高徳の計画が無駄になってしまった。そういう事情に当てはまる選択肢を選ぶ。

問四　空欄Cの前の「せめていかにもして（＝〝せめてどうにかして〟）」という表現から、願望（〝～したい〟）の意の言葉が入ると判断する。1の「かな」、4の「けり」は詠嘆であり、3の「ばし」は強調である。2の「がな」と5の「ばや」は願望の終助詞であるが、「がな」は主に体言に接続し、〝～があってほしい〟の意なので、ここでは不適である。

問五　「勾践」「范蠡」は、漢文でよくとりあげられる故事成語の「臥薪嘗胆」の登場人物である。「勾践」は呉王夫差に捕らえられた越の王であり、「范蠡」は勾践を救い出そうと努力した越の忠臣である。捕らえられた主君とその忠臣に当たるものが誰かと考える。「臥薪嘗胆」は漢文の定番教材なので、多くの高校生が習ったと思われるが、人物名まで覚えていたかどうかがポイントになっただろう。

ときに、味方として参上して義兵を挙げようとしたが、そのことを実現させないうちに、笠置も落ち、また楠（正成《まさしげ》）も討たれてしまったと聞いたので、気力も失って黙り込んだが、主上が隠岐の国へ流罪になりなさると聞いたので、裏切りの心がない一族の者たちを集めて相談したことは、「『道を志す人や仁徳のある人は、（自分の）身を殺しても仁義を行うものだ』と言っている。そうなので、衛の懿公が、北狄のために殺されたのを見て、その家臣の弘演といった者が、悲しみに堪えず、自ら腹を掻き切って、懿公の肝を自分の胸の内に収め、先君の恩に死後に報いて亡くなった。『人として（あることを）行うべきだと思いながらも実行しないのは勇気がない』と（も言う）。さあ、（主上の）御一行の路の途中に参上して、主上を奪い取り申し上げて、すぐに大軍を起こし、死体を戦場に曝しても、武名を子孫に伝えよう」と申したところ、皆は「差し支えないだろう（＝そのとおりだ）」と賛同したので、「途中の難所で待ち伏せして、その機会（＝主上を奪い取り申し上げる機会）をうかがうべきだ」ということで、備前と播磨の境にある船坂山の峠に隠れて、（主上の御一行が来るのを）今か今かと待っていた。

（主上の）御一行がいらっしゃるのがあまりに遅かったので、人を走らせてこれ（＝主上の御一行の様子）を見させると、警固の武士が、山陽道を通らずに、播磨の今宿から山陰道に入って、（主上の警固の）御旅程を続け申し上げたので、高徳の目論見ははずれた。「それならば、美作の杉坂こそ（待ち伏せに）好都合な深山であるので、そこで（主上を）奪い申し上げよう」ということで、三石の山から斜めに、道なき山の雲（のかかるような高い所）を越え、杉坂へ（峠を）越えてきたところ、「主上は、早くも院庄へと行き過ぎてしまわれた」と（偵察の者が）申したので、気力をなくして、ここから皆散り散りになったが、（高徳は）せめてどうにかして、この（私の）思いを（主上に）お伝えしたいと思ったので、目立たない服装でひっそりと進んでいって、（主上にお会いできる）機会をうかがったが、そうできる（＝お会いできる）隙もなかったので、主上がいらっしゃった御宿の庭先に、大きな桜の木があったのを削って、大きな字で一句の詩を書いた。

天は勾践の命を奪わないでください。

音源でなければならない〉、つまり〈失われやすい「ホンモノ」でなければ価値がない〉ということであり、この〈ホンモノの失われやすさ〉が「脆さ」の説明となっている。このことは、第六段落に「本当の芸術鑑賞、本当の受容の経験なるものは…脆いものだ」とあることからも確認できる。また、「叩く」とは攻撃することであり、傍線dの前の「粉砕」と同義である。傍線d全体で、〝ホンモノは失われやすいから大事にすべきだということを利用して、自称ホンモノ（＝ニセモノ）を、そんなものはホンモノではないと攻撃する〟ということになる。「ホンモノ」自身が脆弱だとする選択肢は3と5のみ。そのうち5は、後半とのつながりがわかりにくく、「脆さ」と「叩く」の対照性が読み取れない。

三

出典　『太平記』〈巻第四　備後三郎高徳事付《つけたり》呉越軍事《いくさのこと》〉

解答

問一　黙

問二　2

問三　1

問四　5

問五　c、主上〔君〕　d、今木三郎高徳

問六　5

問七　1

問八　3

◆全　訳◆

そのころ、備前の国の住人に、今木三郎高徳という者がいる。主上（＝後醍醐帝）が笠置（の皇居）にいらっしゃったに行ってみよう」という考えは、安易かもしれないが、「思い上がり」ではない。5の場所性の問題は、この文章の後ろのほうになってから出てくる問題で、ここではまだ話題に上っていない。

問五　近代文学史の知識問題であるが、有名作家ばかりである。それぞれ、芥川龍之介は新思潮派、谷崎潤一郎・永井荷風は耽美派、小林多喜二はプロレタリア文学に属する。

問六　第五段落第二文の「様々な場所が各様の力を与えている」という部分をヒントにすると、空欄Bを含む一文は、〈場所から切り離されると力を与えてもらえない〉という内容になるだろうと類推できる。ここから、3の「エンパワーメント（＝〝力を与えること〟）」を選ぶ。1の「エビデンス」は〝証拠、証明〟の意。2の「ダイバーシティー」は〝多様性〟の意。4の「サステナビリティー」は〝持続可能性〟の意。5の「グローバリゼーション」は〝社会的経済的な関連が地球規模に拡充する現象〟の意。

問七　空欄C直前に「場所が芸術を芸術たらしめる」とあることに注意。空欄Cには「場所」に当たる内容のものが入る。「場所」は地理的な意味ではなく、第十三段落で繰り返し用いられている「鑑賞環境」のことであり、第四・五段落の「雨と日光と水と土」のことである。それらから、「風土性」と判断する。

問八　第四・五段落を参考にする。芸術作品には、それを生み出した生まれ故郷の風土性が必要だというのが、有島の考えである。だから、〈風土性から切り離されたら、あまり意味がない〉という内容の2が適切。3は「不適切である」とあるが、有島の考えからすると〈適切である〉になる。同様に、4の「無駄である」も〈必要である〉がふさわしい。5については、風土から切り離されて「日本に来た」時点で、すでにダメである。「機会」は初めからない。1は、一般的には間違った内容ではないが、「有島のこの発想」についての説明ではない。

問九　傍線dの内容そのもの、特に「でもって」の意味がとりにくい。まず、本来「脆さ」と「叩く」というのは対照的な内容であることに注意しよう。また、「脆さでもって」の「でもって」は手段を表し、〝「脆さ」を利用して〟といった意味になる。傍線dの直前の内容は、〈外国の書物は原文でなければならない〉〈データの音源ではなくライブの

問三　小耳
問四　1
問五　3
問六　3
問七　4
問八　2
問九　3

◆要　旨◆

海外の芸術作品が日本にやってきたことを聞いても、インターネットで調べると、すべて知ることができたと思ってしまう。しかし、芸術作品はそれが生まれた場所の風土性から切り離されれば価値を失ってしまう、と有島武郎は言っている。芸術作品を正統な場所で鑑賞しないならば、中途半端な経験しか得られないだろう。ベンヤミンは、芸術作品のアウラ、一回性は複製技術によって毀損されたと考えた。有島は、そのアウラの源泉を、適切な鑑賞環境との一致に見ている。有島の考えでは、芸術作品の尊さは唯一無二の個性の表現である点にあり、有島は作品の個性を作品単体にとどめず、周囲の環境も含めて捉えたのである。

◆解　説◆

問三　慣用表現の知識問題。空欄A直後の「に挟めば」という表現から判断する。空欄Aの直前の「報を」もヒントになる。「小耳にはさむ」は〝意図せず情報を耳にする〟の意。

問四　傍線aの「そんな」という指示語に注目する。指示内容は、直前の「すべては周知のこと」である。1の「いっぱしに分かった気になる」に当たる。2の「どこでも見ることができる」や4の「まとめて見ることができる」は、「過信」や「錯覚」ではなく、それ自体は事実であり、「思い上がり」にはあたらない。3の「価値も分からないのない」（第二十二段落第二文）という発想につながってしまう。この発想は動物解放を目指す人々には受け入れがたいと、第二十三段落最終二文で説明されている。これが「決定的な瑕疵（＝〝傷〟）」である。第二十一〜二十三段落の内容に合致する1を選ぶ。2の「経済的なコスト」や4の「実行可能性」は、実施段階における課題であって、「決定的」な、いわば理論的な「瑕疵」ではない。3は「動物を愛する人々に支持された功利原則」が不適。「功利原則」を唱えたのはシンガーであり、「動物を愛する人々に支持された」のは「自由」である。5は「苦痛」と「快楽」という二項対立にしている点が不適。そのような構図は設定されていない。

問七　「時代の子」とは、〝時代の風潮や考えに影響される〟という意味である。このことの具体例が空欄Ⅳ直後の「ソルトのような…歴史的制約からは逃れられなかった」に当たる。その他の挿入部分では、「時代の子」との関連がない。

問八　第二段落最終文にも「両義的」という語があるのを参考にする。「両義性」とは、ここでは〈功績（プラス面）と問題点（マイナス面）の二点を併せもつこと〉をいう。よって、解答は〈〜という功績と…という問題点があること〉という形が基本的な骨格になる。功績（プラス面）は、功利主義を基礎とした種差別批判に基づく動物解放論を唱え、「動物倫理学の創始者」（第十七段落最終文）となったことである。問題点（マイナス面）は、〈功利主義による決定的な瑕疵〉（第十八段落第一文）によって「動物倫理…が…誤解される原因」（第二段落第三文）になったことである。「瑕疵」とは、苦痛の減少に注目することで、動物解放が求める「自由」とずれてしまうことである（問六解説参照）。書くべき内容はかなりあるが、要領よくこれらの内容をまとめる。

二

出典　荒木優太『有島武郎―地人論の最果てへ』〈序　世界はやがて一つのミリウに〉（岩波新書）

解答

問一　ロ、けんらん　ハ、しんぴょう

問二　イ、破綻　ニ、契機

4は、前半の「種差別」の説明が間違っているし、後半部分でも種差別から人種差別にさかのぼるという流れがおかしい。5は、〈動物と人間の関係〉とあるべきところが「動物同士の関係」に置き換わっている。

問四　かつては人種差別は当然と考えられていたが、現在は「直ちにその悪を実感できる」（第十一段落第二文）ようになった。同様に、現在は種差別は当然と考えられているが、将来は当然ではないと考えられるようになる可能性がある。この〈現在は種差別は当然と考えられている〉ことが「今現在の遅れた権利意識」である。1は、「暗黙」のうちに存在しているものが「顕在」化するという内容である。現時点で、種差別の意識は一般的に共有されており、暗黙のうちに存在しているわけではない。2は「撲滅」が不適。筆者は「可能性がないとはいえないだろう」と控えめに表現しているのであり、「撲滅」などという強いニュアンスはそぐわない。また、「撲滅」できるかどうかも不確実である。3は、グループ間の比重についての意識の問題であり、種差別についての説明ではない。4は「人種差別の構造は…成果であり」という内容が不適。「人種差別の構造」は否定すべきものであり、「成果」ではない。

問五　傍線cの「この意味」の指示内容は直前の部分である。「先駆者」とシンガーの違いは、種差別という概念の有無である。「先駆者」は「（動物を）人間とは違う低い存在ではあるものの、そこに人間との共通性を見いだそう」（第十五段落第三文）と考えていた。それに対し、シンガーは、「（動物を）人間とは違う低い存在」と見ることが種差別であると批判したわけである。1については、「シンガーは、動物を人間より低い存在とした上で」が不適。そう考えたのは、「先駆者」たちである。また、1での「先駆者」たちの考えとシンガーの考えとはほぼ同じで違いがない。2については、「功利原則を道徳の中心に据え」たのは、シンガーであり、「先駆者」たちではない。3は、「先駆者たちが…自らも動物を使わない生活をしようと心掛けた」が不適。それはゴンペルツなどの一部の人だけで、例えばベンサムは「肉食を正当化」（第七段落第五文）した。4については、「先駆者たちが…人間との共通性はない」という部分が不適。

問六　「苦痛を感じる存在への平等な配慮」（第十八段落第二文）は、「苦痛を感じさせなければ何ら倫理的な問題が生じ与えなければ動物を実験に用いたり食べたりしてもよいという理屈につながってしまい、動物の解放を求める人々には納得しがたい。動物倫理学には、動物利用それ自体を認めない倫理原則が必要になる。

◀解　説▶

問一　空欄a～dに入れることが可能な語は、1～5の選択肢の中に複数ある。適切な組み合わせを選ぶ設問なので、a～dについて間違っているものを含む番号をチェックし、消去法で対応する。aについては、2の〈まとめ〉を表す「つまり」が不適。bについては、2の〈添加〉を表す「その上」が不適。cについては、〈逆接〉が入るはずなので、2の「したがって」、5の「まさに」は不適。1の「確かに」が入る場合は譲歩構文になるので、この後に逆接の接続語が必要になるが、それは見当たらないので不適と判断する。dについては、4の〈比況〉の「あたかも」が不適。この後に「～ようだ」という表現がない。間違ったものを含んでいないのは3だけである。

問二　空欄Aの後に「この論点」とあるのに注目する。「この論点」が空欄Aの内容を指していること、また、それがその後のベンサムの言葉で説明されていることを押さえる。よって、ベンサムの説明に合致する選択肢を選べばよい。ベンサムの意見は、引用部分の最終文にあるように、人間と動物とは苦しむことができるという点で同等に扱うべきであるということである。ただし、この内容をそのまま記した選択肢はないので、〈苦しみ〉ではなく、「快楽」や「選好」に着眼した2を選ぶ。これらは一見正反対に見えるが、「快楽」や「選好」を与えないことが〈苦しみ〉につながることは後の文章からもわかる（第十四段落第二文など）。1に書かれていることは、人間と動物との関係ではなく、人間と人間の関係である。3の「思考能力」や「言語能力」は、ベンサムの意見の中で否定されている。4は論外。5の「動物と人間の間に種としての境界はあるだろう」ということは、ベンサムの意見とは逆である。

問三　傍線aの直後に「それ」という指示語があり、その直後で内容が説明されている。ベンサムの「不徹底なところ」は「『種差別』という強固な偏見に囚われていた」ということである。このことを具体的に説明している2を選ぶ。1は種差別ではなく、人種差別の問題である。3は「不利益」が不適。ここは〈苦痛〉や〈快楽〉とあるべきである。

国語

一

出典　田上孝一『はじめての動物倫理学』〈第二章　動物倫理学とは何か　シンガー動物倫理学の両義性〉（集英社新書）

解答

問一　3

問二　2

問三　2

問四　5

問五　5

問六　1

問七　4

問八　シンガーは功利主義を基盤にした種差別批判により動物倫理学を確立したが、動物の自由に関する誤解を招きもしたということ。（六十字以内）

◆要　旨◆

動物倫理学者のピーター・シンガーの理論上の立場は功利主義である。功利主義は快楽や選好を最大化することに善を見いだす。功利主義を確立したベンサムは、人間と動物とは苦しむことができるという点で同じであると述べたが、ベンサムは肉食をし、自身の理論を裏切っていた。そうなった原因は、種差別という偏見にとらわれていたからである。シンガーは、人間と同じく、動物にも快楽を増大させ苦痛を減少させるべきだと主張する。シンガーの動物倫理学は、苦痛を

////////////////////// · memo · //////////////////////

////////////////////// · memo · //////////////////////

////////////////////// · **memo** · //////////////////////

· memo ·

2025年版　大学赤本シリーズ

国公立大学 その他

- 171 〔国公立大〕医学部医学科 総合型選抜・学校推薦型選抜※ 医 総推
- 172 看護・医療系大学〈国公立 東日本〉※
- 173 看護・医療系大学〈国公立 中日本〉※
- 174 看護・医療系大学〈国公立 西日本〉※
- 175 海上保安大学校／気象大学校
- 176 航空保安大学校
- 177 国立看護大学校
- 178 防衛大学校 総推
- 179 防衛医科大学校(医学科) 医
- 180 防衛医科大学校(看護学科)

※No.171～174の収載大学は赤本ウェブサイト(http://akahon.net/)でご確認ください。

私立大学①

北海道の大学(50音順)

- 201 札幌大学
- 202 札幌学院大学
- 203 北星学園大学
- 204 北海学園大学
- 205 北海道医療大学
- 206 北海道科学大学
- 207 北海道武蔵女子大学・短期大学
- 208 酪農学園大学(獣医学群〈獣医学類〉)

東北の大学(50音順)

- 209 岩手医科大学(医・歯・薬学部) 医
- 210 仙台大学 総推
- 211 東北医科薬科大学(医・薬学部) 医
- 212 東北学院大学
- 213 東北工業大学
- 214 東北福祉大学
- 215 宮城学院女子大学 総推

関東の大学(50音順)

あ行(関東の大学)

- 216 青山学院大学(法・国際政治経済学部－個別学部日程)
- 217 青山学院大学(経済学部－個別学部日程)
- 218 青山学院大学(経営学部－個別学部日程)
- 219 青山学院大学(文・教育人間科学部－個別学部日程)
- 220 青山学院大学(総合文化政策・社会情報・地球社会共生・コミュニティ人間科学部－個別学部日程)
- 221 青山学院大学(理工学部－個別学部日程)
- 222 青山学院大学(全学部日程)
- 223 麻布大学(獣医、生命・環境科学部)
- 224 亜細亜大学
- 226 桜美林大学
- 227 大妻女子大学・短期大学部

か行(関東の大学)

- 228 学習院大学(法学部－コア試験)
- 229 学習院大学(経済学部－コア試験)
- 230 学習院大学(文学部－コア試験)
- 231 学習院大学(国際社会科学部－コア試験)
- 232 学習院大学(理学部－コア試験)
- 233 学習院女子大学
- 234 神奈川大学(給費生試験)
- 235 神奈川大学(一般入試)
- 236 神奈川工科大学
- 237 鎌倉女子大学・短期大学部
- 238 川村学園女子大学
- 239 神田外語大学
- 240 関東学院大学
- 241 北里大学(理学部)
- 242 北里大学(医学部) 医
- 243 北里大学(薬学部)
- 244 北里大学(看護・医療衛生学部)
- 245 北里大学(未来工・獣医・海洋生命科学部)
- 246 共立女子大学・短期大学
- 247 杏林大学(医学部) 医
- 248 杏林大学(保健学部)
- 249 群馬医療福祉大学・短期大学部
- 250 群馬パース大学 総推
- 251 慶應義塾大学(法学部)
- 252 慶應義塾大学(経済学部)
- 253 慶應義塾大学(商学部)
- 254 慶應義塾大学(文学部) 総推
- 255 慶應義塾大学(総合政策学部)
- 256 慶應義塾大学(環境情報学部)
- 257 慶應義塾大学(理工学部)
- 258 慶應義塾大学(医学部) 医
- 259 慶應義塾大学(薬学部)
- 260 慶應義塾大学(看護医療学部)
- 261 工学院大学
- 262 國學院大學
- 263 国際医療福祉大学 医
- 264 国際基督教大学
- 265 国士舘大学
- 266 駒澤大学(一般選抜T方式・S方式)
- 267 駒澤大学(全学部統一日程選抜)

さ行(関東の大学)

- 268 埼玉医科大学(医学部) 医
- 269 相模女子大学・短期大学部
- 270 産業能率大学
- 271 自治医科大学(医学部) 医
- 272 自治医科大学(看護学部)／東京慈恵会医科大学(医学部〈看護学科〉)
- 273 実践女子大学 総推
- 274 芝浦工業大学(前期日程)
- 275 芝浦工業大学(全学統一日程・後期日程)
- 276 十文字学園女子大学
- 277 淑徳大学
- 278 順天堂大学(医学部) 医
- 279 順天堂大学(スポーツ健康科・医療看護・保健看護・国際教養・保健医療・医療科・健康データサイエンス・薬学部) 総推
- 280 上智大学(神・文・総合人間科学部)
- 281 上智大学(法・経済学部)
- 282 上智大学(外国語・総合グローバル学部)
- 283 上智大学(理工学部)
- 284 上智大学(TEAPスコア利用方式)
- 285 湘南工科大学
- 286 昭和大学(医学部) 医
- 287 昭和大学(歯・薬・保健医療学部)
- 288 昭和女子大学
- 289 昭和薬科大学
- 290 女子栄養大学・短期大学部 総推
- 291 白百合女子大学
- 292 成蹊大学(法学部－A方式)
- 293 成蹊大学(経済・経営学部－A方式)
- 294 成蹊大学(文学部－A方式)
- 295 成蹊大学(理工学部－A方式)
- 296 成蹊大学(E方式・G方式・P方式)
- 297 成城大学(経済・社会イノベーション学部－A方式)
- 298 成城大学(文芸・法学部－A方式)
- 299 成城大学(S方式〈全学部統一選抜〉)
- 300 聖心女子大学
- 301 清泉女子大学
- 303 聖マリアンナ医科大学 医
- 304 聖路加国際大学(看護学部)
- 305 専修大学(スカラシップ・全国入試)
- 306 専修大学(前期入試〈学部個別入試〉)
- 307 専修大学(前期入試〈全学部入試・スカラシップ入試〉)

た行(関東の大学)

- 308 大正大学
- 309 大東文化大学
- 310 高崎健康福祉大学
- 311 拓殖大学
- 312 玉川大学
- 313 多摩美術大学
- 314 千葉工業大学
- 315 中央大学(法学部－学部別選抜)
- 316 中央大学(経済学部－学部別選抜)
- 317 中央大学(商学部－学部別選抜)
- 318 中央大学(文学部－学部別選抜)
- 319 中央大学(総合政策学部－学部別選抜)
- 320 中央大学(国際経営・国際情報学部－学部別選抜)
- 321 中央大学(理工学部－学部別選抜)
- 322 中央大学(5学部共通選抜)
- 323 中央学院大学
- 324 津田塾大学
- 325 帝京大学(薬・経済・法・文・外国語・教育・理工・医療技術・福岡医療技術学部)
- 326 帝京大学(医学部) 医
- 327 帝京科学大学 総推
- 328 帝京平成大学 総推
- 329 東海大学(医〈医〉学部を除く－一般選抜)
- 330 東海大学(文系・理系学部統一選抜)
- 331 東海大学(医学部〈医学科〉) 医
- 332 東京医科大学(医学部〈医学科〉) 医
- 333 東京家政大学・短期大学部 総推
- 334 東京経済大学
- 335 東京工科大学
- 336 東京工芸大学
- 337 東京国際大学
- 338 東京歯科大学
- 339 東京慈恵会医科大学(医学部〈医学科〉) 医
- 340 東京情報大学
- 341 東京女子大学
- 342 東京女子医科大学(医学部) 医
- 343 東京電機大学
- 344 東京都市大学
- 345 東京農業大学
- 346 東京薬科大学(薬学部) 総推
- 347 東京薬科大学(生命科学部) 総推
- 348 東京理科大学(理学部〈第一部〉－B方式)
- 349 東京理科大学(創域理工学部－B方式・S方式)
- 350 東京理科大学(工学部－B方式)
- 351 東京理科大学(先進工学部－B方式)
- 352 東京理科大学(薬学部－B方式)
- 353 東京理科大学(経営学部－B方式)
- 354 東京理科大学(C方式、グローバル方式、理学部〈第二部〉－B方式)
- 355 東邦大学(医学部) 医
- 356 東邦大学(薬学部)

2025年版　大学赤本シリーズ

私立大学②

357 東邦大学（理・看護・健康科学部）
358 東洋大学（文・経済・経営・法・社会・国際・国際観光学部）
359 東洋大学（情報連携・福祉社会デザイン・健康スポーツ科・理工・総合情報・生命科・食環境科学部）
360 東洋大学（英語〈3日程×3カ年〉）
361 東洋大学（国語〈3日程×3カ年〉）
362 東洋大学（日本史・世界史〈2日程×3カ年〉）
363 東洋英和女学院大学
364 常磐大学・短期大学 総推
365 獨協大学
366 獨協医科大学（医学部） 医

な行（関東の大学）

367 二松学舎大学
368 日本大学（法学部）
369 日本大学（経済学部）
370 日本大学（商学部）
371 日本大学（文理学部〈文系〉）
372 日本大学（文理学部〈理系〉）
373 日本大学（芸術学部〈専門試験併用型〉）
374 日本大学（国際関係学部）
375 日本大学（危機管理・スポーツ科学部）
376 日本大学（理工学部）
377 日本大学（生産工・工学部）
378 日本大学（生物資源科学部）
379 日本大学（医学部） 医
380 日本大学（歯・松戸歯学部）
381 日本大学（薬学部）
382 日本大学（N全学統一方式－医・芸術〈専門試験併用型〉学部を除く）
383 日本医科大学 医
384 日本工業大学
385 日本歯科大学
386 日本社会事業大学 総推
387 日本獣医生命科学大学
388 日本女子大学
389 日本体育大学

は行（関東の大学）

390 白鷗大学（学業特待選抜・一般選抜）
391 フェリス女学院大学
392 文教大学
393 法政大学（法〈Ⅰ日程〉・文〈Ⅱ日程〉・経営〈Ⅱ日程〉学部－A方式）
394 法政大学（法〈Ⅱ日程〉・国際文化・キャリアデザイン学部－A方式）
395 法政大学（文〈Ⅰ日程〉・経営〈Ⅰ日程〉・人間環境・グローバル教養学部－A方式）
396 法政大学（経済〈Ⅰ日程〉・社会〈Ⅰ日程〉・現代福祉学部－A方式）
397 法政大学（経済〈Ⅱ日程〉・社会〈Ⅱ日程〉・スポーツ健康学部－A方式）
398 法政大学（情報科・デザイン工・理工・生命科学部－A方式）
399 法政大学（T日程〈統一日程〉・英語外部試験利用入試）
400 星薬科大学 総推

ま行（関東の大学）

401 武蔵大学
402 武蔵野大学
403 武蔵野美術大学
404 明海大学
405 明治大学（法学部－学部別入試）
406 明治大学（政治経済学部－学部別入試）
407 明治大学（商学部－学部別入試）
408 明治大学（経営学部－学部別入試）
409 明治大学（文学部－学部別入試）
410 明治大学（国際日本学部－学部別入試）
411 明治大学（情報コミュニケーション学部－学部別入試）
412 明治大学（理工学部－学部別入試）
413 明治大学（総合数理学部－学部別入試）
414 明治大学（農学部－学部別入試）
415 明治大学（全学部統一入試）
416 明治学院大学（A日程）
417 明治学院大学（全学部日程）
418 明治薬科大学 総推
419 明星大学
420 目白大学・短期大学部

ら・わ行（関東の大学）

421 立教大学（文系学部－一般入試〈大学独自の英語を課さない日程〉）
422 立教大学（国語〈3日程×3カ年〉）
423 立教大学（日本史・世界史〈2日程×3カ年〉）
424 立教大学（文学部－一般入試〈大学独自の英語を課す日程〉）
425 立教大学（理学部－一般入試）
426 立正大学
427 早稲田大学（法学部）
428 早稲田大学（政治経済学部）
429 早稲田大学（商学部）
430 早稲田大学（社会科学部）
431 早稲田大学（文学部）
432 早稲田大学（文化構想学部）
433 早稲田大学（教育学部〈文科系〉）
434 早稲田大学（教育学部〈理科系〉）
435 早稲田大学（人間科・スポーツ科学部）
436 早稲田大学（国際教養学部）
437 早稲田大学（基幹理工・創造理工・先進理工学部）
438 和洋女子大学 総推

中部の大学（50音順）

439 愛知大学
440 愛知医科大学（医学部） 医
441 愛知学院大学・短期大学部
442 愛知工業大学 総推
443 愛知淑徳大学
444 朝日大学 総推
445 金沢医科大学（医学部） 医
446 金沢工業大学
447 岐阜聖徳学園大学 総推
448 金城学院大学
449 至学館大学 総推
450 静岡理工科大学
451 椙山女学園大学
452 大同大学
453 中京大学
454 中部大学
455 名古屋外国語大学 総推
456 名古屋学院大学 総推
457 名古屋学芸大学 総推
458 名古屋女子大学 総推
459 南山大学（外国語〈英米〉・法・総合政策・国際教養学部）
460 南山大学（人文・外国語〈英米を除く〉・経済・経営・理工学部）
461 新潟国際情報大学
462 日本福祉大学
463 福井工業大学
464 藤田医科大学（医学部） 医
465 藤田医科大学（医療科・保健衛生学部）
466 名城大学（法・経営・経済・外国語・人間・都市情報学部）
467 名城大学（情報工・理工・農・薬学部）
468 山梨学院大学

近畿の大学（50音順）

469 追手門学院大学 総推
470 大阪医科薬科大学（医学部） 医
471 大阪医科薬科大学（薬学部） 総推
472 大阪学院大学 総推
473 大阪経済大学 総推
474 大阪経済法科大学 総推
475 大阪工業大学 総推
476 大阪国際大学・短期大学部 総推
477 大阪産業大学 総推
478 大阪歯科大学（歯学部）
479 大阪商業大学 総推
480 大阪成蹊大学・短期大学 総推
481 大谷大学 総推
482 大手前大学・短期大学 総推
483 関西大学（文系）
484 関西大学（理系）
485 関西大学（英語〈3日程×3カ年〉）
486 関西大学（国語〈3日程×3カ年〉）
487 関西大学（日本史・世界史・文系数学〈3日程×3カ年〉）
488 関西医科大学（医学部） 医
489 関西医療大学 総推
490 関西外国語大学・短期大学部 総推
491 関西学院大学（文・法・商・人間福祉・総合政策学部－学部個別日程）
492 関西学院大学（神・社会・経済・国際・教育学部－学部個別日程）
493 関西学院大学（全学部日程〈文系型〉）
494 関西学院大学（全学部日程〈理系型〉）
495 関西学院大学（共通テスト併用日程〈数学〉・英数日程）
496 関西学院大学（英語〈3日程×3カ年〉） 新
497 関西学院大学（国語〈3日程×3カ年〉） 新
498 関西学院大学（日本史・世界史・文系数学〈3日程×3カ年〉） 新
499 畿央大学 総推
500 京都外国語大学・短期大学 総推
502 京都産業大学（公募推薦入試） 総推
503 京都産業大学（一般選抜入試〈前期日程〉）
504 京都女子大学 総推
505 京都先端科学大学 総推
506 京都橘大学 総推
507 京都ノートルダム女子大学 総推
508 京都薬科大学 総推
509 近畿大学・短期大学部（医学部を除く－推薦入試） 総推
510 近畿大学・短期大学部（医学部を除く－一般入試前期）
511 近畿大学（英語〈医学部を除く3日程×3カ年〉）
512 近畿大学（理系数学〈医学部を除く3日程×3カ年〉）
513 近畿大学（国語〈医学部を除く3日程×3カ年〉）
514 近畿大学（医学部－推薦入試・一般入試前期） 医 総推
515 近畿大学・短期大学部（一般入試後期） 医
516 皇學館大学 総推
517 甲南大学 総推
518 甲南女子大学（学校推薦型選抜） 新 総推
519 神戸学院大学 総推
520 神戸国際大学 総推
521 神戸女学院大学 総推
522 神戸女子大学・短期大学 総推
523 神戸薬科大学 総推
524 四天王寺大学・短期大学部 総推
525 摂南大学（公募制推薦入試） 総推
526 摂南大学（一般選抜前期日程）
527 帝塚山学院大学 総推
528 同志社大学（法、グローバル・コミュニケーション学部－学部個別日程）

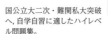

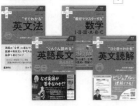

2025年版　大学赤本シリーズ　No. 410

明治大学（国際日本学部－学部別入試）

2024年6月25日　第1刷発行

ISBN978-4-325-26469-9

定価は裏表紙に表示しています

編　集　教学社編集部

発行者　上原 寿明

発行所　教学社

〒606-0031

京都市左京区岩倉南桑原町56

電話　075-721-6500

振替　01020-1-15695

印　刷　太洋社